Waleri Panjuschkin • Michail Sygar

Gazprom

Waleri Panjuschkin
Michail Sygar

unter Mitarbeit von Irina Resnik

Gazprom

DAS GESCHÄFT MIT DER MACHT

Aus dem Russischen von
Helmut Ettinger

Droemer

Besuchen Sie uns im Internet:
www.droemer.de

Die Folie des Schutzumschlags sowie die Einschweißfolie sind
PE-Folien und biologisch abbaubar.
Dieses Buch wurde auf chlor- und säurefreiem Papier gedruckt.

Umschlaggestaltung: ZERO Werbeagentur, München
Umschlagillustration: Jürgen Gawron
Satz: Adobe InDesign im Verlag
Druck und Bindung: Ebner & Spiegel, Ulm
Printed in Germany
ISBN 978-3-426-27452-1

2 4 5 3 1

»Gas ist eine Waffe. Es brennt, es explodiert,
es kann Menschen ersticken.«

Wjatscheslaw Scheremet,
ehem. stellvertretender Vorstandsvorsitzender von Gazprom

Inhalt

Vorwort

Das Gas, das in Russland gefördert wird und die halbe Welt mit Wärme versorgt, war stets eine Waffe, und eine gefährliche dazu. Als in der Sowjetunion bald nach dem Zweiten Weltkrieg die erste Gasleitung Saratow–Moskau gebaut werden sollte, erhielt diesen Auftrag Wojenstroi, die Organisation für die Errichtung militärisch wichtiger Objekte, die KGB-Chef Lawarenti Berija leitete. Berija war damals auch für die Entwicklung der sowjetischen Atombombe zuständig, was beide Projekte nahezu auf eine Stufe stellte. Die Gasleitung bauten Kriegsgefangene, im wesentlichen deutsche.

Als Stalin starb, wurde Berija erschossen. Nikita Chruschtschow segnete einerseits den Bau der Berliner Mauer und versuchte andererseits, Europa mit sowjetischem Gas zu erobern.

1960 schloss er mit dem Präsidenten des staatlichen italienischen Erdölkonzerns ENI, Enrico Mattei, ein Abkommen über den Handel mit Öl und Gas. Erdöl transportierte man damals mit Tankern, für Gas wurde dagegen eine Leitung gebraucht. Aber eine sowjetische Erdgasleitung war den Europäern nicht geheuer. So verbot Bundeskanzler Adenauer 1963 auf Drängen von Präsident John F. Kennedy einen bereits geschlossenen Vertrag zur Lieferung von Röhren großen Durchmessers in die Sowjetunion. Als Reaktion begann diese in Sibirien, selbst die notwendigen Röhren herzustellen. Auf die ersten fertiggestellten Röhren schrieben die Arbeiter: »Für dich, Adenauer!« So, wie sie während des Krieges auf die aus den Werkhallen rollenden Panzer geschrieben hatten: »Für Berlin!«

Gas ist eine Waffe.

Enrico Mattei, der die Öl- und Gasblockade der UdSSR zu durchbrechen half, kam nach der Begegnung mit Chruschtschow und kurz vor einem geplanten Treffen mit Kennedy bei einem Flugzeugabsturz unter ungeklärten Umständen ums Leben. Gerüchte wollen wissen, der Grund sei das Abkommen mit der UdSSR gewesen. Die Wahrheit kam nie ans Licht, denn alle Polizisten und Journalisten, die sich dafür interessierten, sind ermordet worden oder spurlos verschwunden.

Gas ist offenbar eine gefährliche Waffe.

Aber das Gas fand trotzdem seinen Weg nach Europa. 1970 unterzeichneten Willy Brandt und Leonid Breschnew den legendären Gas-Röhren-Vertrag, nach dem Deutschland der Sowjetunion großkalibrige Röhren lieferte und Ruhrgas sowjetisches Gas kaufte. Am 1. Oktober 1973 um 13.15 Uhr traf Gas aus der UdSSR zum ersten Mal in Westeuropa ein.

Die USA ließen nichts unversucht, um Willy Brandt von Vereinbarungen mit der Sowjetunion abzuhalten. 1980 kam US-Außenminister George Shultz nach Bonn, um den Bau einer Gasleitung zu verhindern. Er behauptete, im Kriegsfalle könnten die Russen ihre Panzer direkt aus der Pipeline auftanken und so längs des Röhrenstrangs in wenigen Tagen ganz Europa besetzen.

Zehn Jahre später zogen die russischen Panzer aus Westeuropa ab. Die Leitungen blieben. Und mit ihnen die Angst.

Immerhin ist Gas eine Waffe.

Auch der ehemalige stellvertretende Vorstandsvorsitzende des heutigen russischen Gasmonopolisten Gazprom, Wjatscheslaw Scheremet, meint, Gas habe etwas von einer Waffe: »Es brennt, es explodiert, und es kann Menschen ersticken.« Unter den Leuten von Gazprom ist sein Ausspruch zu einem geflügelten Wort geworden.

Wenn die Europäer diese Zahlen sehen, wird ihnen unheimlich: Finnland ist zu 100 Prozent vom Import russischen

Gases abhängig. Österreich zu 75 Prozent. Deutschland zu 45 Prozent.

Gas ist auch in Russland so manchem nicht geheuer. Selbst beim Produzenten Gazprom gilt die Gasförderung als ein schwerer, undankbarer Job voller Entbehrungen. Das Unternehmen selbst will nicht nur vom Gas abhängig sein, sondern wächst unablässig in die Breite. Von Gasgeruch umweht sind heute Kraftwerke und Fußballvereine, Zeitungs- und Fernsehredaktionen, Rentenfonds und Versicherungsgesellschaften, Banken und Fluglinien.

Allein in Russland besitzt Gazprom 463 000 Kilometer Pipelines. Damit könne man den Äquator mehr als zehnmal umrunden. Oder eine Leitung zum Mond legen. Interessante Vorstellung: Der Mond wäre an die Erde angeschlossen.

Gazprom wird entweder heftig gefürchtet oder überschwenglich gelobt. Wenige schauen genauer hin und wollen wissen, wie diese mächtige Waffe beschaffen ist, die Berija und Chruschtschow geschmiedet haben, die Breschnew und Kossygin zu gebrauchen lernten, die Tschernomyrdin und Rem Wjachirew Wladimir Putin in die Hand legten. Hat sie inzwischen Rost angesetzt? Ist sie wirklich gefährlich? Lässt sie einen Blick in ihr Inneres zu, damit all die Fragen Antworten finden?

Als wir Jegor Gaidar, den amtierenden Ministerpräsidenten unter Boris Jelzin, um ein Interview zum Gas baten, fragte er: »Wozu denn das? Wissen Sie, worauf Sie sich da einlassen? Dass Sie mit Ihrem Leben spielen?«

Wir wussten es nicht. Aber unsere Neugier war geweckt.

1. Kapitel

Selbsterhaltungstrieb

Abgeschoben

Zwanzig Kilometer vor Moskau zweigt von der Kalugaer Chaussee in weitem Bogen eine schmale, gut asphaltierte Straße ab, an deren Anfang ein Schild die Einfahrt verbietet. Wir fahren trotzdem weiter. Es ist früh am Morgen. Von Zeit zu Zeit geht ein kleiner Schauer nieder. Die Straße ist leer. Nicht ein einziges Fahrzeug kommt uns entgegen. Keines auch vor oder hinter uns. Ringsum Wald, wo jetzt im August die Ebereschen voller roter Früchte hängen. Ihr Laub ist dicht und verbirgt zuverlässig, was dahinter sein könnte. Langsam rollen wir dahin. Dabei ist an eine Geschwindigkeitskontrolle gar nicht zu denken in diesem Schutzgebiet, eigens dafür geschaffen, um die Spezies »hohe Tiere« zu erhalten. Aber nach den Menschenmassen und Autostaus von Moskau genießen wir diese stille Straße, die sich durch unberührten Wald schlängelt.

Ein leichter Schauer huscht uns über den Rücken. Ist es, weil wir so früh aus den Federn mussten, weil der Politiker, zu dem wir unterwegs sind, mit den Hühnern aufsteht und uns um 8 Uhr morgens zum Interview bestellt hat? Oder ist es die Aufregung, dass wir gleich dem Mann gegenüberstehen werden, der, so scheint uns, als einer der wenigen unser Land nicht zerrüttet, sondern möglicherweise erhalten hat? Dem bei einer Geiselnahme ein einziges Mal in der Geschichte Russlands die Rettung der Menschen wichtiger war als die Vernichtung der Terroristen? Der, wäre er an die Spitze des Staates getreten, vielleicht unser Schicksal verändert hätte? Oder sind wir etwa schon dabei, ihn zu idealisieren? Wie dem auch sei – der Schauer ist echt.

Der Wald tritt zurück. Wir fahren in die Siedlung ein. Links und rechts der Straße hinter meterhohen Mauern einförmige, geduckte Häuser, geräumig, aber beileibe keine Paläste. Das sind die Datschen von Gazprom, eine Siedlung, die das Unternehmen nicht nur für sein eigenes Spitzenpersonal gebaut hat, sondern auch für hohe Staatsbeamte, denen die Verwaltung des Präsidenten an der Rubljowsker Chaussee aus bestimmten Gründen ein solches Anwesen nicht zur Verfügung gestellt hat. Wenn wir richtig verstehen, wohnt der Mann, zu dem wir unterwegs sind, nicht hier, weil er das Gazprom-Imperium gegründet hat, sondern weil er heute der Botschafter Russlands in der Ukraine ist. Er besitzt keine eigene Immobilie, weder Palast noch Villa, denn bei seiner Karriere konnte er immer damit rechnen, dass ihm ein Ministerium, ein Unternehmen oder der Ministerrat ein solides Haus in der Natur zuweist.

Wir nähern uns dem Kontrollpunkt. Der Diensthabende am Schlagbaum sucht und findet unsere Nummer auf seiner Liste, kontrolliert mit einem Spiegel an langer Stange den Unterboden unseres Fahrzeugs und öffnet dann die Schranke. Wir biegen einmal nach rechts und dann zweimal nach links ab. Auf den leeren Straßen kommen wir uns vor wie in einer arabischen Stadt: Alles Leben spielt sich hinter den hohen Mauern ab. Wir parken unseren Wagen. In der Mauer öffnet sich eine schmale Pforte. Ein Schritt hindurch, und wir stehen in einem grünen Garten. Überall Blumen. Bäume, die sich unter der Last von Birnen und Äpfeln biegen. Ein großes Gewächshaus, wo an saftig grünen, nach oben strebenden Pflanzen riesige Tomaten hängen. Ein älterer Wachmann mit düsterem Blick, aber freundlichem Wesen führt uns am Haus vorbei zu einem kleinen Pavillon. Und gibt sachliche Hinweise. Wenn wir Hände waschen wollen, können wir das im

Pförtnerhäuschen tun, wo noch drei Wachleute auf einer Couch sitzen und im Fernsehen Fußball gucken. Sollten wir uns wirklich für Gazprom interessieren, dann müssten wir auf die Halbinsel Jamal im hohen Norden fliegen und dort vom Hubschrauber aus das »Große Kreuz«, den Schnittpunkt zweier Hauptgasleitungen im Nordural, bewundern. Außerdem sollten wir unbedingt eine bestimmte Lagerstätte besuchen, die bis heute von einem tollen Mann geleitet wird. Auf dem kurzen Weg zum Pavillon erfahren wir auch, dass der Wachmann schon mindestens zwanzig Jahre lang für die Sicherheit seines Chefs sorgt und die Firma, die der aufgebaut hat, wie seine Westentasche kennt. Als wir vor dem Pavillon stehen, sagt er: »Einen Moment noch, Viktor Stepanowitsch kommt sofort.«

Fünf Minuten später tritt Viktor Stepanowitsch Tschernomyrdin aus dem Haus, ehemals Minister für Gasindustrie der UdSSR, Gründer von Gazprom, Ministerpräsident Russlands und jetzt abgeschoben auf den Posten des russischen Botschafters in der Ukraine, in eine Art ehrenhafte Verbannung. Er benutzt nicht den Haupteingang, sondern eine kleine Seitentür im Souterrain und kommt ruhigen Schrittes auf uns zu. In seiner dicken braunen Strickjacke wirkt er wie ein Bär mit dem grauen Kopf eines Raubvogels: Hakennase, buschige Brauen und ein strenger Blick. Dann ein Lächeln, er schüttelt uns die Hand und mustert uns prüfend von Kopf bis Fuß, als wollte er herausfinden, ob Gazprom uns wirklich interessiert. Das Ergebnis scheint positiv zu sein, denn er bittet uns in den Pavillon. Dort setzt er sich so mit dem Rücken zur Wand, dass er die Tür im Blick hat, und kommt ins Erzählen.

Dabei lässt er sich Zeit. Respektvoll würdigt er alle seine Vorgänger auf dem Posten des Ministers für Gasindustrie. Ganz auf sowjetische Weise gibt er uns einen Bericht von seinen Arbeitserfolgen. Darin begegnen uns die Romantik der Arbeitshelden, allesamt gute Kerle mit offenen, ehrlichen

Gesichtern, der Glaube an eine lichte Zukunft und nur wenig Konflikte, im Wesentlichen solche zwischen Gut und Böse. Gleichsam als Beweis für das sowjetische Postulat, dass die Menschen sich nur von guten Absichten leiten lassen, sagt Tschernomyrdin: »Noch Mitte der siebziger Jahre wollte keiner unser Gas haben! ›Lasst uns mit eurem Gas in Ruhe!‹, haben die Leute gesagt. ›Ihr werdet uns noch alle in die Luft sprengen!‹ Klar, an das Gas muss man sich gewöhnen«, meint er verständnisvoll. »Aber als sie erst einmal begriffen, was wir ihnen da anboten, ist der Bedarf an Gas sehr rasch gestiegen. In den achtziger Jahren ging in der UdSSR überall das Wachstum zurück, außer in unserer Branche. Wir haben ein Tempo vorgelegt ... Wer sich einmal mit dem Gas einlässt, der kommt nicht mehr davon los.«

Tschernomyrdins Ton ändert sich, als er auf die Zeit der Perestroika zu sprechen kommt. Ein neuer Menschentyp taucht auf: der Populist. Über die Zeit, da Michail Gorbatschow Generalsekretär des ZK der KPdSU war, sagt Tschernomyrdin: »Damals schwelgten wir in Euphorie. Nach Andropow und Tschernenko plötzlich der junge, sympathische Michail Sergejewitsch. Und frei sprechen konnte er auch noch. Wir waren begeistert. Später stellte sich dann heraus, dass vieles nur Gerede war. In der zweiten Hälfte der achtziger Jahre wurde ich Mitglied des ZK und war somit bei allen Plenartagungen dabei. Ich habe ziemlich früh gesehen, dass aus der Sache nichts werden kann – nur große Worte von Pluralismus und Demokratie. Als wir dann auch noch anfingen, die Betriebsleiter zu wählen, war ich mir zu 100 Prozent sicher, dass dies das Ende bedeutete. Die wirklich guten Leiter wurden schon von der ersten Welle fortgespült. An ihre Stelle traten die Populisten. Da wurde mir klar, dass ich etwas tun musste, um die Gasindustrie zu retten.«

Während Tschernomyrdin spricht, kommt eine ältere Frau mit weißer Schürze in den Pavillon und bringt uns Tee. Dafür stellt sie Gläser in metallenen Glashaltern auf den Tisch, wie wir sie aus der Sowjetzeit kennen. Es gibt mit Mohn bestreute Kringel und getrocknete Obstpaste – beides heißbegehrte Leckereien unserer Kindheit, die man in jedem sowjetischen Backwarenladen finden konnte. Die Leute liebten das, nicht weil Leckereien in der Sowjetunion rar waren, sondern weil es gut schmeckte, besonders wenn man dazu Tee in einem Glas mit metallenem Glashalter serviert bekam.

»Trinken Sie Tee!«, bittet unser Gastgeber.

Diese Bewirtung erklärt besser als alle Worte, wie Tschernomyrdin denkt: Wenn man Demokratie und Pluralismus will, wenn man europäische Werte verkündet, muss man dann unbedingt auf die liebe Gewohnheit verzichten, Tee aus solchen Gläsern zu trinken? Darf man dann Kringel und Obstpaste nicht mögen? Muss ein gut organisierter und hervorragend funktionierender Wirtschaftszweig unbedingt zerstört werden?

Eigentlich berichtet Tschernomyrdin uns von einem Wunder: Die Sowjetunion zerfiel, aber nicht die sowjetische Gasindustrie. Als die Preise freigegeben wurden, gingen die meisten sowjetischen Betriebe bankrott und wurden für ein Butterbrot an Leute von zweifelhaftem Ruf verkauft. Nicht so die Unternehmen der Gasindustrie. Sie blieben Staatseigentum und dienen bis heute dem Wohl der Allgemeinheit. Während Tschernomyrdin berichtet, drängt sich einem förmlich die Frage auf: Warum ist er, der dieses Wunder vollbrachte, nicht ins höchste Amt unseres Staates gelangt? Warum hat man ihn aufs Abstellgleis geschoben, im Grunde genommen aufs Altenteil gesetzt?

Gazprom-Städte

Wir fliegen auf die Halbinsel Jamal. Hier wurden fast alle Städte wegen des Gases gebaut und mit Gasgeld bezahlt. Die neueren Ansiedlungen sind nur noch Garnisonen im ständig wachsenden Imperium von Gazprom. Dort gibt es keine ständigen Bewohner mehr. Die Schichten wechseln dauernd – ein- bis zweimal im Monat. Behörden oder Selbstverwaltung kennt man hier nicht. Die Siedlung Nowosapoljarny hat zum Beispiel keinen Bürgermeister, nur Manager und Gazprom-Mitarbeiter.

In Nowosapoljarny blickt einem der Schriftzug »Gazprom« oder sein Symbol – ein stilisiertes G in der Form eines Gasbrenners – überall entgegen. Wie das Auge des Großen Bruders. »Gazprom« prangt hier auf Plakaten, in Schaufenstern, auf Tellern und Löffeln im Restaurant, auf den Möbeln im Hotel, auf Schreibgeräten, Feuerzeugen und offiziellen Briefbögen. Die einzige Bank hier ist die Gazprom-Bank. In Nowosapoljarny bedauert man, dass es keine Kirche gibt. Im benachbarten Jamburg hat man sie gebaut – eine Gazprom-Kirche.

Nur ältere sowjetische Städte wie Nowy Urengoi oder Nadym haben noch etwas von normalen Ortschaften. In Nowy Urengoi gibt es sogar eine Universität – die nördlichste der Welt und die einzige, die auf ewigem Frostboden steht.

In dieser Stadt leben heute über hunderttausend Menschen. Sie alle bedauern, dass Tschernomyrdins Vorgänger als Minister für Gasindustrie, Sabit Orudschew, ausgerechnet diesen Standort gewählt hat. Die Stadt wurde auf eine Anhöhe gebaut, wo ständig aus allen vier Himmelsrichtungen der Wind pfeift. Und sie ist an kein Verkehrsnetz angebunden. Viele sind sicher, wenn man Nowy Urengoi nur um zwanzig Kilometer verschieben könnte, lebte es sich dort wesentlich angenehmer.

Die Stadt hat zwar eine Eisenbahn, aber die liegt still. Die Strecke von Jamals Hauptstadt Salechard nach Igarka am unteren Jenissej wurde bereits 1949 in Angriff genommen. Aber als Stalin starb und es aus diesem Anlass eine Amnestie gab, waren die Eisenbahnbauer weg, denn es waren ausschließlich Gefangene gewesen, die auf dem ewigen Frostboden geschuftet hatten. Der Bau wurde eingestellt, und das Projekt geriet in Vergessenheit. Im Volksmund heißt es noch heute die »Trasse des Todes«. Und wenn die Leute ehrlich sind, dann haben sie die Amnestie schon damals nicht gemocht.

Hier erzählt man sich, dass Viktor Tschernomyrdin, damals noch Minister für Gasindustrie der UdSSR, öfter mit dem Hubschrauber zur Inspektion vorbeikam. Er war gar nicht erbaut, dass Nowy Urengoi so rasch wuchs. Seiner Meinung nach brauchte man nur Unterkünfte für den Schichtbetrieb zu errichten. Ständige Bewohner sollte es auf dem ewigen Frostboden am besten gar nicht geben. Diejenigen, die hier leben, nehmen Tschernomyrdin diese Worte übel. Auch heute noch findet man an den Straßen in riesigen Lettern die Losung: »Nowy Urengoi – meine Zukunft«.

Dabei will keiner hier alt werden. Jeder spart auf eine Wohnung in Moskau, Petersburg oder einer anderen Großstadt, um bei günstiger Gelegenheit wieder zu verschwinden – in eine Gegend, wo nicht acht Monate lang Polarnacht ist. Bis vor kurzem hatte diese Stadt nicht einmal einen Friedhof. Keiner wollte hier sterben. Seit kurzem gibt es einen, denn nicht jedem gelingt es, von hier fortzugehen.

Die Bewohner der Gegend haben ihre eigene Weltkarte im Kopf und ihre eigene Gazprom-Sprache. Das Wort »Förderung« betonen sie anders, als Russen sonst es tun. Die Außenwelt, die mit dem Erdgas nichts zu tun hat, heißt bei ihnen die »Erde«. Schichtarbeiter kommen von der »Erde« oder fliegen zur »Erde« zurück, als seien sie Kosmonauten. Den eigenen Standort nennt man allerdings nicht »Kosmos«, sondern »Norden«.

Die einzigen, die es fertigbringen, außerhalb des Gazprom-Imperiums zu leben, sind die Nenzen, die Ureinwohner von Jamal. Ihre Lebensquelle ist nicht das Gas, sondern ihre Rentiere.

»Bei denen weiß keiner, wer wen zur Weide führt«, scherzen die Bohrarbeiter. Rentiere haben ihren eigenen Kopf. Sie ziehen über die Tundra, fressen Moos und Flechten. Wenn sie an einem Ort nichts mehr finden, wandern sie weiter. Die Nenzen folgen ihnen und halten die Herde zusammen.

Manchmal tauchen die Nenzen in den Ortschaften auf, um Lebensmittel und Wodka zu kaufen. Arbeiter, die erst kürzlich von der »Erde« eingeflogen sind, stürzen aufgeregt heraus und bitten die pittoresken Nenzen um die Erlaubnis, sie mit ihren Tieren fotografieren zu dürfen.

Auf den Gasfeldern lassen sich Nenzen nicht anheuern. Man erzählt uns von einem, der sich an der Hochschule zum Erdgasfachmann ausbilden ließ. Er arbeitete eineinhalb Jahre als Meister bei der Gasförderung. Dann ließ er alles stehen und liegen und zog in die Tundra, um wieder Rentiere zu hüten. Seinen Leuten erklärte er das so: »Ständig wird dir gesagt, wann du aufstehen musst, wohin du zu gehen und was du zu tun hast. Diese Quälerei habe ich nicht ausgehalten. Hier bin ich mein eigener Herr.«

Die Bohrarbeiter zucken mit den Schultern und meinen: »Das kann man verstehen.«

Wenn die Gasarbeiter von ihrer Arbeit sprechen, dann beginnen sie stets bei der Romantik des Nordens und enden beim Geld.

Als Meister Michail Wolnow mit uns auf einen Bohrturm steigt, erzählen die Arbeiter: »Wenn eine neue Lagerstätte angebohrt und das erste Gas abgefackelt wird, ist das vor allem etwas für die Tiere. Alle rennen aus der Tundra herbei, um sich zu wärmen – Rentiere, Rotfüchse, Polarfüchse ...«

»Hört auf, das sind doch alles Märchen. Wenn das Gas zum ersten Mal hochschießt, schwankt der Boden wie bei einem

Erdbeben! Man kriegt Angst um sein Leben. Wenn ich ein Tier wäre, ich würde rennen, so weit mich meine Beine tragen. Aber wer weiß?«

»Ja, wenn das Gas nach oben drückt, dann ist mit den Händen zu greifen, dass man die Natur fürchten muss. Das Gas ist reine Natur. Fast wie ein lebendes Wesen.«

»Genau. Wenn es brennt, wird es ringsum so heiß, dass man hier im Winter bei vierzig Grad Frost in Unterhosen herumhüpfen kann.«

Wir steigen auf den Bohrturm. Es nieselt vor sich hin. Der Himmel ist mit dicken schwarzen Wolken verhangen. Hier oben weht es so stark, dass es einem fast den Kopf abreißt. Jetzt, im August, ist hier Herbst, die Jahreszeit, die den Leuten vom Gas am meisten zusagt.

»Sie haben es gut getroffen, jetzt hierherzukommen«, sagen sie uns. »Keine Hitze, kein Frost und keine Mücken.« So mögen die Gasarbeiter die Natur. Dazu passt eine typische Redensart von Gazprom, die sich angeblich der frühere stellvertretende Vorstandsvorsitzende Wjatscheslaw Scheremet ausgedacht hat: »Wovon ihr auch redet, am Ende ist es immer das Geld.« Soll heißen, jede Unterhaltung über die Natur landet schließlich beim Geld.

»Der Frost? Na und? Der Frost schreckt uns nicht, Hauptsache, es wird gezahlt«, lacht Wolnow und ist schon wieder bei der Romantik des freien Lebens hier draußen. »Selbst wenn nicht gezahlt wird, laufen die Leute nicht weg. Wo willst du denn hin, wenn du Bohrarbeiter bist? In den neunziger Jahren gab es manchmal gar kein Geld, aber ich bin geblieben. Hätte ich vielleicht als Straßenhändler gehen sollen? Ich bin Bohrarbeiter! Dazu wird man geboren!«

Unvermittelt ist er erneut beim Geld. »Überstunden werden hier nicht bezahlt, da ist die Buchhaltung streng. Wir versuchen natürlich, im Rahmen des Erlaubten die Zeit maximal auszunutzen.«

Am Bohrturm wird bei jedem Wetter gearbeitet. In anderen Bereichen – bei der Vorbereitung, bei der Förderung oder bei den Reparaturen – gibt es Grenzen. Wenn die Temperatur unter 48 Grad sinkt, rücken die Bohrarbeiter nicht mehr aus. An den Menschen liegt das nicht.

»Der Mensch hält alles aus, aber das Metall bricht«, klärt Wolnow uns auf. »Unter 48 Grad wird es spröde. Da kann man nicht mehr reparieren. Der Mensch funktioniert da immer noch.«

Im Winter ist das Wärmste hier 40 Grad minus. Der Wind bläst so stark, dass man sich kaum auf den Beinen halten kann. Um vom Auto zur Haustür zu kommen, braucht es schon Mut. Aus dem Wohnwagen zum Bohrturm geht es nur am Seil und nur in Gruppen, sonst weht einen der Wind in eine Grube, und bis zum Frühjahr findet einen dann keiner mehr.

Für eine Monatsschicht kommen die Gasarbeiter von überall her – aus Moskau, aus Ufa, Tjumen und Krasnodar. Sie wollen in diesem Dezember hier sein, selbst wenn Frauen und Kinder zu Hause nun ohne sie Neujahr feiern müssen. Denn die Bezahlung auf dem Bohrfeld hängt von der Planerfüllung ab – je mehr Gas gefördert wird, desto dicker die Lohntüte. Im Winter wird mehr Gas gebraucht, deshalb kann man in einem Wintermonat am besten verdienen.

»Hier heißt es: Wir arbeiten wie unter Gefechtsbedingungen«, erklären die Bohrleute stolz. »Wir haben es mit einer Sache zu tun, die brennen, explodieren und einen vergiften kann. Wie im Krieg. Es ist ein ewiger Kampf. Darin liegt das Glück des Gasarbeiters – so lange durchzuhalten wie nur möglich. Wer am längsten aushält, ist der Glücklichste.«

Wir Außenstehenden können in der Tat nur schwer verstehen, ob die Leute hier sind, weil sie diese Arbeit so mögen oder weil sie so gut verdienen. Ob sie diese Arbeit auch mögen ohne den hohen Verdienst? Man sollte wohl beides – die geliebte Arbeit und den guten Lohn – nicht als Widerspruch sehen.

Sergej Degtjarjow, stellvertretender Produktionsleiter der Lagerstätte Nowosapoljarnoje, behauptet, was die Leute in den Norden zum Gas zieht, sei reiner Enthusiasmus, ein ganz besonderer Drive. Aber auch er ist bald beim Geld: »Als wir ein Feld erschlossen haben, dann auf einem zweiten das Gas strömte, das war schon was! Es hat uns einfach gepackt. Im Moment sind hier goldene Zeiten – wir brauchen das Gas nur ungehindert fließen zu lassen. Ab 2012 stehen hier Kompressoren, dann wird es richtig hart. Aber bis dahin sieht das Umfeld hier ganz anders aus. Als Nächstes bauen wir ein Schwimmbad. Ein Fitness-Studio haben wir schon. In der Sporthalle können wir Tennis und Volleyball spielen. Die sozialen Bedingungen sind sehr gut. Für jedes neugeborene Kind gibt es einen hohen Betrag. Jedes Jahr eine kostenlose Urlaubsreise. Kredite zu günstigen Bedingungen. Das wirkt. Natürlich möchte jeder gerne frei sein. Aber die soziale Seite hält uns hier.«

Selbsterhaltungstrieb

Wenn man Jegor Gaidar, den unter Präsident Boris Jelzin amtierenden Regierungschef Russlands, fragt, wie und warum Tschernomyrdin das Ministerium für Gasindustrie der UdSSR in das Unternehmen Gazprom umgewandelt hat, dann antwortet er: »Tschernomyrdin ist nicht auf den Kopf gefallen. Er sah, dass die alte sowjetische Struktur, in der jeder Industriezweig von einem Ministerium geleitet wurde, nach und nach zerfiel. Das System der Ministerien war ein Instrument der autoritären Staatsmacht. Es funktionierte, solange Befehle ausgeführt wurden. Um das sicherzustellen, musste die Staatsmacht bewaffnet sein. Jeder musste wissen: Wenn er sich nicht an die Befehle hielt, setzte ihn die bewaffnete Staatsmacht hinter Schloss und Riegel oder nahm ihm gar das Leben. Als die Staatsmacht schwächelte, galten auch die

Befehle nichts mehr. Das haben wir Mitte der achtziger Jahre erlebt. Um die Gasindustrie zu erhalten, fiel Tschernomyrdin ein, die Menschen nicht mit Gewalt, sondern aus eigenem Interesse zum Arbeiten zu bewegen. Sie sollten tätig sein, nicht weil sie sonst fürchten mussten, im Gefängnis zu enden, sondern weil es ihnen selbst nützte, wenn sie die Anordnungen ihrer Vorgesetzten ausführten.«

Was Gaidar da mit einfachen Worten beschreibt, war ein hochkomplizierter Vorgang, an dessen Ende die Reorganisation einer riesigen Struktur stand, die bis heute eine halbe Million Menschen beschäftigt, nur ein Drittel weniger als zur Sowjetzeit.

Bevor Tschernomyrdin die Reform der Gasindustrie in Angriff nahm, mussten seine Mitarbeiter in den Westen, nach Deutschland und Italien, reisen.

»Damals habe ich immer gesagt: Wir müssen das System so sicher machen, dass auch der größte Dummkopf es nicht zerstören kann. Wir haben uns in der Welt umgeschaut und von überall das Beste genommen – in der Technologie und in der Ausrüstung. Wenn unser System unzerstörbar werden sollte, musste es idiotensicher sein!« Als Vorbild galt für ihn die italienische staatliche Gasgesellschaft ENI.

»Das Haupthindernis war damals Ryschkow«, erinnert sich Tschernomyrdin. Nikolai Ryschkow war der vorletzte Vorsitzende des Ministerrats der UdSSR. In die Geschichte eingehen sollte der Ökonom der Perestroika, weil er öffentlich bekannte, er müsse nachts weinen, wenn er an die ständig steigenden Preise denke. Prompt zeigten zahllose Karikaturen den in Tränen aufgelösten Ministerpräsidenten. Aber sosehr Ryschkow auch weinen mochte, die Preise wollten ihm nicht mehr gehorchen. Und er begriff nicht, dass sie ihm nie mehr gehorchen würden. Jedoch damals, 1989, als Tschernomyrdin sein Ministerium zu einem Konzern umgestalten wollte, hing die Entscheidung von Ryschkow ab.

»Ich habe mehrmals Anlauf genommen, Skizzen gezeichnet, Erläuterungen gegeben«, berichtet Tschernomyrdin. »Er hat nichts begriffen. Es wurde spät. Ich redete und redete.«

Schließlich fragte Ryschkow: »Das heißt, du willst kein Minister mehr sein?«

»Nein.«

»Und kein Mitglied der Regierung? Weißt du, was du da aufgibst? Die Datsche, die Privilegien …«

»Weiß ich.«

»Und du willst es aus freien Stücken?«

»Aus freien Stücken. Versteh doch, Nikolai Iwanowitsch, dafür brauchen wir keinen Minister mehr. Wir gründen einen Konzern, der auf neue Art geleitet wird.«

Ryschkow zweifelte immer noch.

»Wie viele Stellvertreter hast du jetzt?«, fragte er dann.

»Drei Erste und acht weitere«, antwortete Tschernomyrdin.

»Wenn du kein Minister mehr bist, hast du morgen zwanzig.«

»Wie kommst du denn darauf? Zwei werden genügen.«

Als Tschernomyrdin Ryschkow gegen Mitternacht verließ, war der Vorsitzende des Ministerrats überzeugt, dass der Minister für Gasindustrie den Verstand verloren hatte.

Von Ryschkow fuhr Tschernomyrdin in sein Ministerium zurück, wo ihn zwei seiner Stellvertreter erwarteten, die in sein Vorhaben eingeweiht waren: Rem Wjachirew und Wjatscheslaw Scheremet. Bereits auf der Rückfahrt hatte im Wagen das Telefon geklingelt: »Morgen wird die Umwandlung des Ministeriums für Gasindustrie in einen Staatskonzern im Präsidium des Ministerrats beraten«, hieß es kurz und knapp. Den Rest der Nacht saßen Tschernomyrdin, Wjachirew und Scheremet beisammen und überlegten, wie sie ihr Abenteuer dem Präsidium nahebringen wollten.

Zuvor hatte sich Tschernomyrdin mit dem stellvertretenden Vorsitzenden Batanin verständigt. »Ich werde Ihnen nicht helfen, weil ich gegen Ihr Vorhaben bin, aber auch nichts dagegen einwenden«, versprach der. Und er hielt Wort.

Tschernomyrdins Rede vor dem Präsidium des Ministerrats wurde mit tiefem Schweigen zur Kenntnis genommen. Die Regierungsmitglieder reagierten befremdet. Unerwartet nahm Alexandra Birjukowa das Wort, die stellvertretende Vorsitzende des Ministerrats, die für die Leichtindustrie zuständig war. »Bei dem, was der Minister soeben dargelegt hat, habe ich sehr genau zugehört«, gibt Tschernomyrdin ihre Worte aus dem Gedächtnis wieder. »Ich habe kein Wort verstanden. Aber ich möchte sagen: Warum wollen wir es nicht probieren? Wovor haben wir Angst? Wir kennen doch den Minister. Nie hatten wir an ihm etwas auszusetzen. Wenn aus seinem Vorhaben nichts wird, dann reißen wir ihm den Kopf ab und stellen den alten Zustand wieder her.«

Der Ministerrat der UdSSR hatte damals wie die Sowjetunion kaum mehr zwei Jahre Bestand. Aber die Mitglieder seines Präsidiums glaubten noch immer, sie könnten jemandem den Kopf abreißen und den alten Zustand wiederherstellen. In Wirklichkeit vermochten sie gar nichts mehr.

Bald nachdem das Ministerium für Gasindustrie der UdSSR aufgelöst war, erklärte der Vorsitzende des Ministerrats, Nikolai Ryschkow, auf einer Sitzung des Obersten Sowjets, die Preise im Land würden künstlich niedrig gehalten und müssten erhöht werden – mindestens auf das Doppelte, der Brotpreis gar auf das Dreifache. Binnen Stunden waren im ganzen Land die Läden leergekauft. Man musste Lebensmittelkarten einführen. Am 26. Dezember 1990 wurde Ryschkow mit einundsechzig Jahren in Rente geschickt. Als sowjetischer Regierungschef folgte ihm Valentin Pawlow nach.

In der Hoffnung, die Wirtschaftskrise in den Griff zu bekommen, versuchte Pawlow eine Währungsreform durchzuführen. Aber den Ausweg aus der Krise brachte sie nicht, sie versetzte nur die Menschen in Wut, die darüber ihr Geld verloren.

Die Sowjetunion fiel bald auseinander. Die Regierungen vieler Republiken sabotierten die Beschlüsse des Unionskabinetts ganz offen, weil sie erklärten, es handle sich um eine Einmischung in ihre inneren Angelegenheiten und eine Verletzung ihrer Souveränität. Nur Gazprom kontrollierte nach wie vor alle Gasleitungen und alle Lagerstätten auf dem Gebiet der gesamten Sowjetunion.

Am 19. August 1991 unternahm die Sowjetmacht den letzten Versuch, sich selbst zu erhalten. UdSSR-Vizepräsident Gennadi Janajew, der KGB-Vorsitzende Wladimir Krjutschkow und Verteidigungsminister Dmitri Jasow starteten einen Putschversuch und wollten Präsident Michail Gorbatschow stürzen. Ministerpräsident Valentin Pawlow schloss sich ihnen an. Der Umsturzversuch schlug fehl. Allerdings stellte sich den Verschwörern nicht Präsident Gorbatschow in den Weg, der an seinem Urlaubsort auf der Krim in Hausarrest saß, sondern der russische Präsident Boris Jelzin, der den Widerstand auf den Straßen Moskaus organisierte und vom Volk, später auch von der Armee Unterstützung erhielt. Faktisch war das das Ende der Sowjetunion und damit auch aller ihrer Ministerien. Juristisch wurde die UdSSR im Dezember 1991 aufgelöst, als die Präsidenten Russlands und der Ukraine, Boris Jelzin und Leonid Krawtschuk, sowie der Vorsitzende des Obersten Sowjets Belorusslands, Stanislaw Schuschkewitsch, das Belowescher Abkommen unterzeichneten.

Gazprom, ein Unternehmen, das jährlich über 800 Milliarden Kubikmeter Gas förderte und damit weltweit den ersten Platz einnahm, das ein Gasleitungsnetz von 160 000 Kilometern Länge, 350 Kompressorstationen, 270 Gasfelder mit einigen tausend Bohrlöchern und Dutzenden unterirdischen Gasspeichern sein Eigen nannte, verlor ein Drittel seiner Leitungen, ein Drittel seiner Vorkommen und ein Viertel der Kapazität seiner Kompressorstationen. Aber im Unterschied zur Sowjetunion und aller ihrer Ministerien bestand Gazprom weiter.

2. Kapitel

Unser Haus Gazprom

Der neue Ministerpräsident

Am 30. Mai 1992 sollte der Minister für Brennstoffe und Energie, Wladimir Lopuchin, auf einer Sitzung des Kabinetts seine Konzeption zur Reform der Öl- und Gasindustrie verteidigen. Vorerst nur der Ölindustrie. Denn die Gasbranche war für Minister Lopuchin eindeutig eine zu harte Nuss. Anatoli Tschubais, der Ideologe der Privatisierung in Russland, meint, Gazprom sei technologisch anders beschaffen als alle übrigen Industriebranchen. Das Prinzip »Teile und herrsche« konnte hier nicht funktionieren.

»Nehmen wir zum Beispiel den Maschinenbau«, erläutert Tschubais. »Dort war jeder Betriebsdirektor sein eigener Herr, ein kleiner Lehensfürst. Das Gleiche in der Erdölindustrie. Der Direktor einer Verwaltung für Förderung, eigentlich dem Ministerium für Erdölindustrie unterstellt, herrschte wie ein Zar über seine Region. Die Direktoren von Betrieben und Verwaltungen versuchten sich der Privatisierung zunächst zu widersetzen. Aber da sie getrennt handelten, wurden sie früher oder später geschlagen. Bei Gazprom lagen die Dinge anders. Es stand wie eine uneinnehmbare Festung.« Tschubais muss lächeln. »Erdöl kann man, grob gesagt, in einen Eimer kippen, vom Feld wegtragen und verkaufen. Die vier Erdgas-Ozeane und zwölf Ferngasleitungen von Gazprom dagegen bilden ein Gesamtsystem und können einzeln gar nicht existieren. Gas wird nicht portionsweise verkauft. Im Unterschied zum zähflüssigen Erdöl ist es leicht und flüchtig. Wird die Technologie auch nur geringfügig beschädigt, hat das Rohr einen winzigen

Riss oder stimmen sich die Betreiber der Leitung nicht ab, tritt Gas aus und explodiert. Das Gazprom-Imperium wird von einem einzigen zentralen Pult in Moskau aus gesteuert, und an dem sitzt der Vorstandsvorsitzende.«

Das war der Grund, weshalb die Reform, die Minister Lopuchin der Regierung am 30. Mai 1992 vorzulegen hatte, zunächst nur die Ölindustrie betraf. Die ganze Nacht vor der Kabinettssitzung hatten sie in seinem Büro zusammengesessen: Michail Chodorkowski, damals noch Bankier, aber schon auf dem Sprung in die Erdölbranche, und die »Ölgeneräle«, damals noch Direktoren der Förderverwaltungen, aber bald Eigentümer von Erdölgesellschaften. Im Grunde sahen sie ein, dass die Ölindustrie in viele Privatunternehmen aufgeteilt werden musste. Das Leitungsnetz durfte aber keiner allein in die Hand bekommen. Niemand hatte die Kraft, den ganzen Zweig zu kontrollieren, wie es Tschernomyrdin in der Gasindustrie tat. Sie fanden sich mit der Privatisierung ab, denn die Lopuchin-Reform verhieß ihnen mit wenigen Einschränkungen, Besitzer ihrer jeweiligen Verwaltung für Förderung zu werden, die sie bis zu diesem 30. Mai als Direktoren geführt hatten.

Auf der Kabinettssitzung sollte erst einmal die Konzeption der Regierung beschlossen werden. Allen war jedoch klar, dass ihre Umsetzung, vor allem die Reform der einzelnen Förderverwaltungen, nicht ohne Kampf abgehen würde.

An diesem 30. Mai 1992 saß Minister Lopuchin mit seinem fertig abgestimmten Entwurf im Georgensaal des Kreml, wo damals die Regierung tagte, den dicken Aktenordner neben sich. Das Kabinett des Ministerpräsidenten Jegor Gaidar war vollzählig versammelt. Allerdings wurde die Regierung laut Verfassung vom Präsidenten geführt, der Ministerpräsident handelte nur in seinem Namen. Diese Kabinettssitzung wollte Präsident Jelzin persönlich leiten. Da saß man nun und wartete auf ihn.

Der Präsident war ganz nah. Hinter der Tür zu einem kleinen Büro, das für das Staatsoberhaupt neben dem Sitzungssaal der Regierung eingerichtet war, saß er an seinem Schreibtisch. Eine Tür ging auf. Nicht zum Sitzungssaal, sondern zum Korridor. Auf der Schwelle erschien der Vorstandsvorsitzende von Gazprom, Viktor Tschernomyrdin, den der Präsident am Abend zuvor für den Morgen zu sich bestellt hatte.

»Viktor Stepanowitsch«, sagte der Präsident. »Ich habe entschieden, Minister Lopuchin zu entlassen und Sie an seine Stelle zu setzen.«

Die beiden kannten sich lange. Vor Jahren hatte Jelzin im sowjetischen Swerdlowsk, heute Jekaterinburg, die Verwaltung für Bauwesen und Tschernomyrdin die für Gastransport geleitet. Wie unter Sowjetfunktionären üblich, sprach man sich mit du, aber mit vollem Vor- und Vatersnamen an. Als Jelzin Präsident Russlands wurde, schaffte er diese sowjetische Sitte ab und war mit allen nur noch per Sie. Auch Tschernomyrdin blieb nichts anders übrig. Schließlich stand er dem Staatsoberhaupt gegenüber.

Heute sagt Viktor Tschernomyrdin, er sei damals auf Jelzins Angebot vorbereitet gewesen. Seine Zustimmung erklärt er damit, dass Wladimir Lopuchin bekanntlich ein schwacher Minister gewesen sei. Auf seinen Posten sei er eher zufällig geraten. Angeblich hätte Alexander Schochin, einer von Jelzins engen Mitarbeitern, ihn eines Nachts angerufen und gefragt: »Wolodja, willst du Minister werden?« Schochin bestreitet zwar, dass es dieses nächtliche Gespräch je gab, aber jeder weiß, dass Karrieren damals wirklich so begannen – mit einem Telefonanruf. Ministerpräsident Jegor Gaidar meint dazu heute, die von Lopuchin vorgeschlagene Reform der Erdölindustrie sei so vernünftig und sachkundig gewesen, dass man sie schließlich umsetzte. Dank dieser Reform begann die Erdölförderung, die 1991/92 um 60 Millionen Tonnen im Jahr gefallen war, wieder zu steigen. Die Förderung von Erdgas durch Gazprom, an dem die Lopuchin-Reform damals vorbeiging, fiel zwar Anfang der neunziger Jahre kaum, war allerdings zum Ende des Jahrzehnts nur wenig angestiegen und wächst bis heute kaum. Gaidar erklärt das damit, dass ein Privateigentümer effektiver wirtschafte als der Staat. Er behauptet allerdings auch, Tschernomyrdin habe den Vorschlag des Präsidenten damals nicht deshalb so ungerührt aufgenommen, weil er Lopuchin für einen schwachen Minister hielt, sondern weil er darüber informiert war, worauf der Präsident hinauswollte.

»Ich weiß nicht«, erklärt Gaidar achselzuckend, »wer Boris Jelzin damals eingeredet hat, Lopuchin gegen Tschernomyrdin auszutauschen. Das ist mir bis heute ein Rätsel geblieben.«

Tschernomyrdin trat aus dem Büro des Präsidenten in den Korridor hinaus und musste einen langen Weg zurücklegen, bis er den riesigen Sitzungssaal durch die Tür für Regierungsmitglieder betreten konnte. Präsident Jelzin dagegen benutzte einfach die Verbindungstür in seinem Büro, die nur ihm allein vorbehalten war.

»Ich habe beschlossen, den Minister für Brennstoffe und Energie zu entlassen«, verkündete der Präsident. Dabei streifte er die Mitglieder der Regierung mit seinem schweren Blick, als wollte er auch den geringsten Widerspruch im Keim ersticken. »Zum stellvertretenden Ministerpräsidenten mit Zuständigkeit für den Brennstoff-Energie-Komplex ernenne ich Viktor Stepanowitsch Tschernomyrdin.«

Bei diesen Worten des Präsidenten trat Tschernomyrdin in den Saal, begrüßte seine neuen Kollegen und nahm Platz. Wladimir Lopuchin, nun schon Ex-Minister, saß da und war vor Ärger krebsrot angelaufen. Seinen Vortrag wollte an diesem Tag keiner mehr hören. Aber am nächsten Tag beschloss das Kabinett die von dem entlassenen Minister Lopuchin vorgelegte Konzeption zur Reform der Erdölindustrie ohne Diskussionen und Abänderungen.

Das Ganze war offenbar ein politischer Kuhhandel. Die Unbekannten, die den Präsidenten überredet hatten, Lopuchin zu entlassen und an seiner Stelle Tschernomyrdin zu ernennen, hatten ihm wohl dafür versprochen, sich der Reform der Erdölindustrie nicht länger zu widersetzen. Als Gegenleistung hatte der Präsident wahrscheinlich zugesagt, Gazprom nicht anzutasten und zugleich die Kontrolle über die gesamte Energiewirtschaft des Landes dem Chef von Gazprom zu übertragen. Damit begann die fünfjährige politische Karriere des Viktor Tschernomyrdin, die für den Chef des Gasgiganten beinahe im Sessel des Staatspräsidenten geendet hätte. Dann wäre Gazprom, für viele »das Rückgrat Russlands«, wohl selbst zum russischen Staat geworden.

Ein politischer Selbstmörder

Nach der Sitzung des Kabinetts verschwand Ministerpräsident Jegor Gaidar in seinem Büro und lief darin auf und ab. Das tut er heute noch gern, wenn er Interviews gibt. Ministerpräsident ist er schon lange nicht mehr. Er leitet das »Institut für die Wirtschaft der Übergangsperiode«. Manchmal wird er noch von Leuten aus der Regierung um Rat gefragt, aber eher selten. Die Angewohnheit, im Arbeitszimmer hin und her zu laufen, ist geblieben. Das sind die Nerven. Zu schwer war wohl die Last der Verantwortung, zu hoch der Druck der politischen Intrigen für den stillen, rundlichen, intelligenten Mann mit den verträumten Augen. Eigentlich wollte er sich mit Wirtschaftstheorie befassen, aber dann machte man ihn zum Ministerpräsidenten in einer Zeit, da das Land am Rande von Bürgerkrieg und Hungersnot stand.

Fünf Minuten lang lief Gaidar ziellos durch sein Büro. Dann kam ein Anruf von Präsident Jelzin: »Entschuldigen Sie, Jegor Timurowitsch. Ich hatte keine Zeit, Sie anzurufen und

Ihnen meinen Entschluss vorher mitzuteilen. Ja nicht einmal, mich zuvor mit Ihnen zu beraten.«

Nach diesem Anruf lief Jegor Gaidar wieder durchs Büro, jetzt aber in tiefes Nachdenken versunken. Er brauchte eineinhalb Stunden, um sich klarzuwerden, ob er auf der Stelle zurücktreten sollte, weil Präsident Jelzin einen seiner Reformminister über seinen Kopf hinweg abgelöst hatte. Schließlich konnte doch jeder sehen, dass die Sache damit nicht ausgestanden war. Unter dem Druck von Kommunisten und »roten Direktoren« würde der Präsident weitere Reformer opfern und am Ende auch Gaidar selbst. Andererseits blieb seiner Regierung noch eine Galgenfrist – fünfeinhalb Monate, wie sich später herausstellte –, in der die Chance bestand, weitere für das Land wichtige Reformen durchzusetzen: Gaidar wollte den Rubel konvertierbar machen, die Währungen der ehemaligen Sowjetrepubliken voneinander trennen und schließlich die Freigabe der Verbraucherpreise zu ihrem logischen Abschluss bringen. Am Ende dieser eineinhalb Stunden fasste Gaidar den Entschluss, auf seinem Posten zu bleiben und zu tun, was ihm trotz aller politischen Intrigen noch möglich war.

Kaum ein halbes Jahr vor den hier beschriebenen Ereignissen herrschte in Russland noch das sowjetische System der Verteilung aller Waren zu festen Preisen. Die Regale in den Geschäften waren leer. In den Schaufenstern riesige Pyramiden von Seetangkonserven, die niemand kaufte. Nach Butter bildeten sich nachts vor den Läden lange Schlangen. Den Bäckereien ging das Mehl aus. Russland musste 30 bis 40 Millionen Tonnen Getreide importieren, damit kein Hunger ausbrach. Aber es war kein Geld da, um das Getreide zu bezahlen. Nur die AG Vereinigte Energiesysteme (EES) schickte noch Strom in Wohnblöcke und Krankenhäuser, wenn auch mit Unterbrechungen, nur die Eisenbahn beförderte noch Fahrgäste, ohne etwas daran zu verdienen, nur Gazprom versorgte noch Häuser und Kraftwerke mit Gas – ohne Hoffnung, jemals dafür Geld zu sehen. Die sowjetische Planwirtschaft lag im Todeskampf. Niemand wollte weiter ohne Bezahlung arbeiten. Aber der Staat verfügte nicht mehr über Armee, Miliz und Geheimdienste, die treu genug waren, um die Menschen – wie unter Stalin – zur Arbeit zu zwingen. Der Staat besaß fast gar nichts mehr, die letzten Reserven gingen zur Neige. Kaum jemand außer Gaidar wusste, dass die Gold- und Devisenreserven des Landes in einen einzigen Koffer passten, dass noch für ganze zwei Wochen Lebensmittel vorhanden waren. Die Preise mussten freigegeben werden, damit die Wirtschaft wieder in Gang kam.

Der Erlass des Präsidenten Jelzin über die Liberalisierung der Preise trat am 2. Januar 1992 in Kraft. Bis zu Hunger und Bürgerkrieg in Russland war es kaum noch ein Schritt. Die Wirtschaft erwachte aus dem Koma, aber auf die Beine kam sie noch lange nicht. Festpreise galten nur noch für Gas, Öl und Strom. Die Erdgas- und die Erdölindustrie sponserten faktisch die langsam genesende russische Wirtschaft, so wie ein Kranker mit Nährlösungsinfusionen aufgepäppelt wird. Gewinn machten diese Zweige allein mit Exportgeschäften. Bei Gas- und Öllieferungen im Inland zahlten sie drauf.

Am 11. April 1992 gestattete die Regierung Gaidar den Gas- und Erdölgesellschaften, 38 Prozent ihrer Valutaerlöse auf Konten im Ausland zu deponieren. Dafür sollten Lebensmittel gekauft, nach Russland importiert und auf dem Binnenmarkt zu freien Preisen angeboten werden. Aber bei den staatlichen Erdölgesellschaften und Gazprom sah man diese 38 Prozent als Geschenk dafür, dass man Öl und Gas im Lande unterhalb der Selbstkosten lieferte.

Am 19. Mai verpflichtete Gaidar Gazprom und die Ölexporteure, ihre Auslandskonten bei der Zentralbank registrieren zu lassen und dem Finanzministerium alle Kontenbewegungen offenzulegen. Es vergingen kaum zehn Tage, da hatte

Gazprom Minister Lopuchin zu Fall gebracht und sägte bereits an Gaidars Stuhl. Mit Jelzins Unterstützung konnte Gaidar nicht endlos rechnen. Auch von seinen Wählern hatte er nicht viel zu erwarten. Die wollten nicht begreifen, dass die Regierung Gaidar sie vor Hunger und Bürgerkrieg gerettet hatte. Dafür begriffen sie sehr gut, dass Milch nun das Zehnfache kostete.

Gaidar läuft in seinem Büro auf und ab und erinnert sich: »Als ich die Preise freigab, war das politischer Selbstmord.« Dabei wusste man schon zur Sowjetzeit, spätestens seit dem Nowotscherkassker Aufstand von 1961, als die Bewohner der Stadt am Don gegen die Erhöhung der Fleisch- und Milchpreise durch Chruschtschow revoltierten, dass die Freigabe der Preise unvermeidlich war. Aber niemand wagte sich daran, weil es eben politischen Selbstmord bedeutete. »Wir haben es getan.« Gaidar verschränkt die Hände auf dem Rücken und schaut drein, als sei er bereit, jetzt dafür aufs Schafott zu gehen. »Als wir das taten, haben Dutzende Leute auf hohen Posten und mit allen Informationen, die genau wussten, dass dieser Schritt unausweichlich war, Jelzin geraten, uns fallenzulassen. Er sollte sagen, die ›Chicago Boys‹ hätten ihn hinters Licht geführt. Die Freigabe sei zwar nicht mehr rückgängig zu machen, aber die Regierung Gaidar müsse verschwinden, weil sie das Land in die Armut gestürzt habe.« Gaidar hält einen Augenblick inne, als sei er heute noch gerührt, wie Jelzin sich damals verhielt. »Aber der Präsident«, fährt er fort, »tat das nicht, sondern reiste in alle großen Regionen des Landes, wo er den Menschen erklärte, die Freigabe der Preise sei richtig, sie diene den Interessen des Landes, und er habe sie angewiesen.«

Das ist Jelzin nicht leichtgefallen. Damals war er der beliebteste Mann im Lande. In Moskau und seiner Heimatstadt Jekaterinburg hatten 90 Prozent der Wähler für ihn gestimmt. Er kannte nur noch Plätze voller begeisterter Menschen, die seinen Namen riefen. Als er aber nach der Preisfreigabe nach Nischni Nowgorod kam und dort ein Lebensmittelgeschäft besuchte, verfluchten ihn die Menschen. Ja, saure Sahne gab es wieder, an die sich manche kaum noch erinnern konnten. Aber der Preis war nicht um 50 Prozent in die Höhe geklettert, wie Jelzin erwartet hatte, auch nicht um 100, sondern um 1000 Prozent!

»Warum ist saure Sahne so teuer?«, fuhr Jelzin Gouverneur Boris Nemzow an. »Der Preis wird sofort um die Hälfte gesenkt!«

»Das geht nicht, Boris Nikolajewitsch«, sagte Nemzow vorsichtig. »Es ist ein freier Preis. Der richtet sich nach Angebot und Nachfrage.«

Jelzin, der sich in der Macht sonnte und gewohnt war, von allen verehrt zu werden, litt sichtbar auf diesen Reisen. In Moskau zurück, zitierte er Gaidar zu sich und fragte: »Jegor Timurowitsch, wir haben die Militärausgaben gesenkt, die Subventionen für die Landwirtschaft gekürzt, die Ausgaben für Bildung, Gesundheitswesen und Renten reduziert. Wer soll uns denn jetzt noch politisch unterstützen?«

»Wir haben keine politische Unterstützung«, antwortete Gaidar.

Auf der Woge des Volkszorns über die freien Preise gewannen im Parlament, das damals Kongress der Volksdeputierten hieß, die Kommunisten wieder an Einfluss. Immer beliebter wurden die »roten Direktoren«, die Betriebsleiter aus der Sowjetzeit, die noch KP-Mitglieder waren und der Planwirtschaft anhingen. Sie hatten von der Preisfreigabe nichts Gutes zu erwarten, denn sie erzeugten immer noch Waren, die keiner Konkurrenz standhielten.

Den Erdölproduzenten konnte man noch einreden, dass freier Markt, Privatisierung und Umstrukturierung ihres Zweiges für sie von Nutzen seien, denn die Erdölproduktion lag am Boden.

Gazprom dagegen ging es gut. Dem Konzern war es gelungen, noch vor dem Zerfall der Sowjetunion sein Monopol zu sichern. Das wollte er natürlich behalten. Seine patriotische Pflicht sah Gazprom darin, Bevölkerung und Industrie billig mit Gas zu versorgen. Seinen Gewinn zog das Unternehmen aus dem Verkauf von Gas ins Ausland.

Objektiv gesehen, waren die »roten Direktoren« stärker als Gaidars Liberale, die politischen Selbstmord begangen hatten. Für Gaidar wurde immer klarer: Wenn er nicht auch noch den Präsidenten ins politische Aus manövrieren wollte, musste er seinen Sessel für einen »roten Direktor« räumen. Es gab aber nur einen einzigen »roten Direktor«, der zu dieser Zeit bereits einen rentablen, konkurrenzfähigen Konzern aufgebaut hatte, der nicht von der Rückkehr zur Planwirtschaft träumte, in der man produzieren konnte, was man wollte, und der zumindest intuitiv spürte, wie ein Markt auszusehen hatte. Dieser Mann war Viktor Tschernomyrdin. Doch Jelzin bestand darauf, dass Gaidar Ministerpräsident bleiben sollte.

Um auf seinem Posten bestätigt zu werden, brauchte Jegor Gaidar im Herbst 1992 445 Abgeordnetenstimmen. Die waren nicht zu erwarten. Trotzdem brachte ihn Präsident Jelzin als Kandidaten ein. Gaidar erhielt 400 Stimmen. Jelzin nahm Konsultationen mit den Fraktionen auf. Dabei ging es vorrangig um den von ihm vorgelegten neuen Verfassungsentwurf. Für ihre Zustimmung zu Gaidar als Ministerpräsident forderten die Kommunisten von Jelzin, er möge in der neuen Verfassung auf einige Vorrechte verzichten. So sollte nicht mehr der Präsident, sondern das Parlament den Verteidigungsminister und den Innenminister ernennen. Jelzin stimmte zu.

Nach dem Gespräch mit den Kommunisten meldete sich der Abgeordnete Sergej Juschenkow in seinem Büro. Er war der erste Offizier, der beim Augustputsch von 1991 auf Jelzins Seite übergetreten war. Nach Jelzins Amtszeit sollte er einem Mordanschlag zum Opfer fallen. Damals erklärte er: »Boris

Nikolajewitsch, die Kommunisten werden nicht Wort halten. Wir sollten zuerst über Gaidars Bestätigung abstimmen und danach über die Verfassungsänderung.«

»Seien Sie nicht kleinlich, Sergej Nikolajewitsch«, antwortete der Präsident. Er meinte, den Präsidenten zu hintergehen sei so etwas wie Hochverrat.

Jelzin selbst brachte die Verfassungsänderung ein. Der Kongress der Volksdeputierten erhielt das Recht, solche Minister der »Repressionsorgane« zu ernennen, die den Abgeordneten genehm waren. Danach schlug Präsident Jelzin Jegor Gaidar zum zweiten Mal für den Posten des Ministerpräsidenten vor.

Am Abend vor der Abstimmung hatte er Gaidar in den kleinen Raum gerufen, der für ihn neben der Präsidentenloge im Parlamentsgebäude eingerichtet war.

»Was meinen Sie, wie viele Stimmen werden Sie bekommen?«, fragte Jelzin lächelnd. Es machte ihm sichtlich Freude, Gaidar den Posten wie ein Geschenk zu überreichen.

»420 Stimmen«, gab Gaidar zurück und lächelte ebenfalls.

»Na, na«, brummte Jelzin und winkte ab. »Sie kriegen mindestens 460, nicht weniger.«

Dann kam die Abstimmung. Für Gaidar votierten 425 Abgeordnete. Jelzin war erschüttert über den Wortbruch der Kommunisten. Er rief Gaidar an und fragte: »Lächeln Sie immer noch?«

»Soll ich vielleicht weinen?«, antwortete Gaidar.

»Aber ich lächle nicht!« Gaidar hörte, wie der Präsident mit den Zähnen knirschte.

Am nächsten Morgen riefen gleich mehrere Mitarbeiter Jelzins Gaidar an. Sei rieten ihm, seine Kabinettsliste aufzustellen. Sie hofften, dass die Regierung die Stabilität im Lande wahren könne. Inzwischen trat Jelzin ans Rednerpult des Kongresses der Volksdeputierten. Im Saal wurde es mucksmäuschenstill. Der Präsident umfing die Abgeordneten mit einem drohenden Blick und sagte: »Ich bin der Meinung, dass der Kongress der Volksdeputierten nicht den Willen des Volkes zum Ausdruck bringt. Ich bitte alle meine Anhänger, den Kongress zu verlassen.« So hatte einst Jeanne d'Arc gefordert: »Wer mich liebt – mir nach!«

Der Präsident stieg vom Podium herab und ging mitten durch den Saal langsam zum Ausgang. Links und rechts erhoben sich Abgeordnete von ihren Plätzen und schlossen sich ihm an. Zwei, drei, zehn, zwanzig, dreißig … Kongresspräsident Ruslan Chasbulatow blickt erschrocken drein: Was, wenn es dem Präsidenten wie beim Augustputsch 1991 noch einmal gelang, die Menschen mitzureißen, die Selbstauflösung des Kongresses zu erzwingen und Neuwahlen auszuschreiben? Fünfzig Deputierte, siebzig, einhundert waren auf dem Weg zum Ausgang. Dann einhundertfünfzig, einhundertachtzig, zweihundert. Die übrigen blieben auf ihren Plätzen. Chasbulatow atmete auf. Ganze zweihundert Deputierte waren dem Ruf des Präsidenten gefolgt. Der Kongress war immer noch beschlussfähig. Jelzin hatte verloren.

Gaidar meint, die politischen Positionen der Mehrheit der Kongressdeputierten seien zu weit auseinandergegangen. Den meisten fiel es einfach leichter, im Saal zu bleiben, als sich an einer aussichtslosen politischen Demonstration zu beteiligen. Hätte man sie besser vorbereitet, so Gaidar, wäre über die Hälfte der Abgeordneten aus dem Saal gegangen, was die Selbstauflösung des Kongresses bedeutet hätte. Aber Präsident Jelzin wollte einfach nicht glauben, dass seine Beliebtheit von den Preisen für saure Sahne abhing. Er war überzeugt, dass die Russen Freiheit und Demokratie höher schätzten als saure Sahne. Da hatte er sich geirrt.

In den folgenden Tagen beschlossen die im Kongress gebliebenen Abgeordneten zahlreiche Abänderungen der Verfassung. Danach verblieb beim Präsidenten nur noch symbolische Macht, denn die bewaffneten Organe gingen in die Verfügungsgewalt des Parlaments über. Das entsprach nicht der Stimmung in Armee und Miliz. Wie im August 1991 lief ein Riss durch die Truppen, die bereit waren, aufeinander loszugehen. Wieder einmal stand Russland an der Schwelle eines Bürgerkriegs.

Einige Tage später rief Jelzin Gaidar zu sich und bat ihn, als Vertreter der Exekutive an der Verfassunggebenden Versammlung teilzunehmen. Um einen Bürgerkrieg zu vermeiden, kamen Kongresspräsident Ruslan Chasbulatow, Regierungschef Jegor Gaidar und der Vorsitzende des Verfassungsgerichts, Waleri Sorkin, zusammen, um einen Kompromiss zwischen Legislative und Exekutive zu finden. Die Kompromissformel kam von Gaidar. Er bot seinen Rücktritt an, wenn der Kongress die Verfassungsänderungen, die die Macht des Präsidenten einschränkten, zurücknahm und dafür Jelzins neuen Verfassungsentwurf dem Volk in einem Referendum zur Abstimmung vorlegte. Ein neuer Ministerpräsident sollte dann auf Vorschlag Gaidars aus mehreren Kandidaten ausgewählt werden.

Ein Interessenkonflikt

Vizepremier Viktor Tschernomyrdin nahm an den Debatten im Kongress nicht teil. Er war für Brennstoffe und Energie zuständig. In den politischen Spielchen, denen Gaidar und Jelzin viel von ihrer Zeit widmeten, sah er keinen Sinn. Er hatte zu arbeiten. Zwar begegnete er Gaidar durchaus mit Respekt und hielt dessen Reformen für notwendig, konnte aber nicht verstehen, dass der Ministerpräsident bei Verhandlungen in Hinterzimmern herumsaß und deshalb nicht ans Regierungstelefon ging.

»Er hat nicht einmal den direkten Apparat abgenommen!«, empört sich Tschernomyrdin. »Wie kann das sein? Ich bin der Vizepremier. Wenn ich über die Direktleitung anrufe, dann geht es um etwas Wichtiges.« Für den im Sowjetsystem großgewordenen Tschernomyrdin war ein solches Verhalten völlig unmöglich.

Am 13. Dezember 1992 klingelte in Tschernomyrdins Büro ebendieser Apparat. Es war Jelzin. Er teilte ihm mit: »Viktor Stepanowitsch, Gaidar ist nicht mehr zu halten. Kommen Sie zum Kongress.«

Am 14. Dezember fand im Kongress der Volksdeputierten eine Trendabstimmung statt. Die Abgeordneten konnten unter vier Kandidaten wählen. 637 Stimmen erhielt der Sekretär des Sicherheitsrates, Juri Skokow, 621 Stimmen der stellvertretende Ministerpräsident Viktor Tschernomyrdin. Die beiden anderen Kandidaten Jegor Gaidar und der Direktor des Autowerkes Awtowas, Wladimir Kadannikow, lagen weit zurück.

Die Sitzung wurde unterbrochen. Es war klar, dass Jelzin nicht Gaidar zum Ministerpräsidenten ernennen konnte. Der Kongress hätte dem nicht zugestimmt, und der Krieg zwischen Exekutive und Legislative wäre neu entbrannt. Er konnte die Regierung auch Skokow überlassen, das hieß, dem Repressionsapparat, oder Tschernomyrdin, was bedeutete – Gazprom. Jelzin schwankte.

In der Pause trat Gaidar in den kleinen Raum neben der Präsidentenloge. Er empfahl Jelzin, den Kampf um die Erhaltung einer liberalen Regierung aufzugeben. Er sollte dem Kongress aber nicht Skokow, sondern Tschernomyrdin vorschlagen.

»Wenn Sie sich für Tschernomyrdin entscheiden«, erklärte Gaidar, »sage ich meinen Kollegen in der Regierung, dass sie das moralische Recht haben, auf ihrem Posten zu bleiben und mit dem neuen Ministerpräsidenten weiterzuarbeiten.«

Fünf Minuten später trat Gaidar aus der Präsidentenloge in den Saal, ging demonstrativ auf Viktor Tschernomyrdin zu und beglückwünschte ihn. Das war für die Abgeordneten das

Signal, dass sich der Präsident für den Mann von Gazprom entschieden hatte. Dessen Bestätigung war jetzt nur noch eine Formsache. Als der Präsident ihn offiziell zur Wahl stellte, stimmten 721 Abgeordnete für ihn.

Gazprom konnte frohlocken, denn jetzt wurden die Unternehmensinteressen auf höchster Ebene vertreten. Und Gazprom frohlockte. Und Tschernomyrdin, der eine so starke industrielle Hausmacht hinter sich wusste, konnte ein solches Maß an Selbstvertrauen empfinden, wie es Gaidar nie vergönnt war. Bald jedoch stellte sich heraus, dass die Interessen des Staates und die des Unternehmens in vielem auseinandergingen.

Überhaupt war Tschernomyrdin nun in eine für ihn ungewohnte, widersprüchliche Lage geraten. Einerseits verdankte er seine Ernennung den Parlamentariern. Andererseits verging kaum ein Jahr, und Tschernomyrdin ließ das Parlament mit Panzern beschießen. Entgegen der Absprache zwischen Jegor Gaidar und Ruslan Chasbulatow nahm das Parlament die Abänderungen an der Verfassung nämlich nicht bei Gaidars Abdankung zurück. Ein Jahr später steigerte sich der Konflikt zwischen Legislative und Exekutive zur militärischen Konfrontation. Das Parlament erklärte die Exekutive für illegal. Die Anhänger Ruslan Chasbulatows verbarrikadierten sich im Parlamentsgebäude und riefen zum Sturm auf das Fernsehzentrum Ostankino und das Moskauer Bürgermeisteramt auf. In der Nacht vom 3. zum 4. Oktober 1993 telefonierte der von diesem Parlament bestätigte Ministerpräsident Tschernomyrdin mit Verteidigungsminister Gratschow, forderte Panzer an und bekam sie auch. Die Panzer beschossen das Parlamentsgebäude an der Uferstraße Krassnopresnenskaja Nabereschnaja. Später wurde es renoviert und zum Haus der Regierung umfunktioniert.

Es war eine tragische, eine gespaltene Zeit. Am 1. Februar 1993 gestattete Tschernomyrdin Gazprom, die Inlandspreise für Gas auf das Vierfache zu erhöhen. Dabei zahlte im Lande fast niemand für Gazproms Lieferungen. Dem Unternehmen konnte es eigentlich gleich sein, wieviel man ihm schuldete – so viel wie derzeit oder das Vierfache davon.

Ohnehin wurde Geld in Russland zu jener Zeit häufig durch Manipulationen mit Wechseln ersetzt. Eine Poliklinik brauchte zum Beispiel Gas, hatte aber nicht das Geld, um dafür zu bezahlen. Also rief der Chefarzt im Gesundheitsministerium an und erwirkte die Erlaubnis, bei der Kommerzbank einen Kredit aufzunehmen, um dafür Gas zu kaufen. Der Staat erklärte sich bereit, den Kredit nach und nach zu tilgen. Die Bank gewährte der Poliklinik den Kredit, aber nicht in Geld, sondern als Wechsel. Gazprom indessen weigerte sich, einen Wechsel von 100 Rubel im vollen Wert anzuerkennen. Es berechnete nur 60 Rubel und lieferte der Poliklinik dafür Gas. Die Bank, die von Gazprom die Einlösung des Wechsels verlangte, wollte aber mindestens 80 Rubel dafür haben. Gazprom zahlte und löste anschließend den Wechsel beim Staat für 100 Rubel ein. Da der das Geld nicht hatte, gewährte er Gazprom einen Steuernachlass in Höhe von 100 Rubel. So konnte Gazprom, das für 60 Rubel Gas geliefert hatte, für 100 Rubel Steuern abschreiben. Die Bank wiederum erhielt 80 Rubel für einen Wechsel, dessen aktueller Marktwert nur 60 Rubel betrug. Das ist eine sehr grobe und ungefähre Erklärung der vielfältigen Manipulationen mit Wechseln, durch die sich die russische Wirtschaft Anfang der neunziger Jahre über Wasser hielt. Dabei ist wichtig zu wissen, dass das wirkliche Geld mit Gazprom verbundenen Banken zufloss wie zum Beispiel der Imperial-Bank, deren Direktorium Gazprom-Chef Rem Wjachirew vorsaß. Gazprom erhielt auf diese Weise erhebliche Steuernachlässe. Nach den offiziellen Finanzberichten hatte das Unternehmen jedoch nie das Geld, um Steuern zu zahlen, ja, nicht einmal, um seine Arbeiter zu entlohnen.

Ministerpräsident Tschernomyrdin scheint das Geschäft mit den Wechseln ignoriert zu haben. Doch während diese für die Führung von Gazprom, der sich Tschernomyrdin nach wie vor freundschaftlich verbunden fühlte, von Nutzen waren, galt für den Ministerpräsidenten das genaue Gegenteil: Er musste sich den Kopf darüber zerbrechen, wovon er bei leeren Staatskassen Ärzte, Lehrer und die Armee bezahlen sollte. Und er war es, dem es Kopfschmerzen bereitete, als im November 1993 in der Stadt Nadym mit 100 000 Einwohnern 80 000 von Gazprom verpflichtete Bauarbeiter streikten und auch noch Emissäre nach Workuta schickten, um sich mit den streikenden Kohlekumpeln zu vereinigen.

Nach und nach kamen die Regierung und Gazprom insgeheim überein, dass das Unternehmen Steuern zahlen sollte – wenn auch nicht in der vom Gesetz vorgeschriebenen Höhe, aber doch so viel, dass die Regierung Geld für das Allernötigste hatte. »Wir wollten es besser machen, aber es kam wie immer«, lautete ein Satz von Ministerpräsident Tschernomyrdin, den die Presse zum geflügelten Wort machte, denn bei aller unfreiwilligen Komik traf dieser Satz den Nagel auf den Kopf: Die Reformen liefen nicht so, wie sie gedacht waren, sondern wie es gerade ging.

Aber irgendwie liefen die Reformen doch. Auch nach Gaidars »politischem Selbstmord« waren die Positionen der Liberalen noch stark, war der Gedanke der Privatisierung nach wie vor populär. Heute erzählt Tschernomyrdin, als er Gazprom-Chef gewesen sei, habe er sich immer wieder mit dem Vater der Privatisierung, Anatoli Tschubais, treffen müssen, um Gazprom mit Zähnen und Klauen vor dessen Zugriff zu bewahren.

»Als ich dann Ministerpräsident wurde«, sagt Tschernomyrdin, »war mit diesen Gesprächen Schluss.«

Aber die Privatisierung von Gazprom kam trotzdem voran. Der dafür zuständige Stellvertreter von Tschubais, Pjotr

Mostowoi, erhielt zwei Rügen und wäre einmal beinahe aus dem Amt gejagt worden. Aber wenn Tschernomyrdin Mostowoi zu hart attackierte, fuhr Tschubais in den Kreml, sprach mit Jelzin, paukte Mostowoi heraus, und die Privatisierung des Gaskonzerns ging weiter. Tschernomyrdin konnte nur durchsetzen, dass sie zu besonderen Bedingungen erfolgte. Es gab keine Umstrukturierung, das Unternehmen behielt seine Monopolstellung, und Besitzer von Gazprom-Aktien durften diese ohne Zustimmung des Vorstands nicht frei verkaufen.

Einerseits erhielt Gazprom das Recht, dem Staat 10 Prozent der Aktien für die an die Belegschaften ausgegebenen Privatisierungsschecks zum Nominalwert abzukaufen, der nur ein Zehntel des erwarteten Marktwerts betrug. Andererseits durfte Gazprom nur mit diesen Aktien auf den internationalen Markt gehen, während die übrigen ausschließlich in Russland und zu Preisen weit unter Marktwert gehandelt werden durften. Einerseits machten die Manager von Gazprom bei der Privatisierung den großen Schnitt; andererseits wurde dem Unternehmen vorgeschrieben, 28,5 Prozent seiner Aktien in den Regionen zu plazieren, wo es tätig war, und nur an natürliche Personen zu verkaufen. Einerseits verblieb ein Aktienpaket von 38 Prozent in der Hand des Staates. Andererseits erteilte Ministerpräsident Tschernomyrdin der Regierung den Auftrag, binnen drei Tagen einen Treuhandvertrag unterschriftsreif vorzulegen, wonach die beim Staat verbliebenen Aktien der Führung von Gazprom zur treuhänderischen Verwaltung übergeben werden sollten. Als Gegenleistung dafür erhielt diese das Recht, dem Staat die Aktien zum Nennwert abzukaufen. Zwar gingen die Interessen von Staat und Unternehmen auseinander, aber offenbar hofften Ministerpräsident Viktor Tschernomyrdin und Gazprom-Vorstandsvorsitzender Rem Wjachirew im Ernst, dass diese Interessen in einer fernen Zukunft wieder zusammenfinden könnten. Man musste nur an der Macht bleiben und die Reformen irgendwie zu Ende bringen.

Zum ersten Mal trafen sich die Interessen des Ministerpräsidenten mit denen von Gazprom im April 1995, als Tschernomyrdin die Partei »Nasch dom – Rossija« (»Unser Haus – Russland«) gründete und an deren Spitze trat. Gazprom-Chef Rem Wjachirew machte keinen Hehl daraus, dass er Tschernomyrdins neue Partei unterstützte. Die Journalisten tauften sie bald »Nasch dom – Gazprom« (»Unser Haus – Gazprom«). Niemand hegte den leisesten Zweifel, dass diese Partei bei den Wahlen zum Jahresende gewinnen würde. Gouverneure und Direktoren von Großunternehmen erwiesen ihr unverhohlen ihre Sympathie. Leuchten der Kultur und Popstars traten reihenweise in die Partei ein. Die Städte wurden mit Plakaten bepflastert, auf denen Tschernomyrdin mit seinen Händen ein Dach formte, als wolle er Russland vor allem Ungemach dieser Welt schützen. Und doch unterschätzte Tschernomyrdin, der die reale Macht seines Gaskonzerns hinter sich wusste, die flüchtige Macht des Fernsehens. Als Politiker beging er eine Menge Fehler. Genauer gesagt: Was er auch tat, deuteten gerissene Fernsehreporter zu Fehlern um.

In Tschetschenien tobte Krieg. Im Juni 1995 besetzten Terroristen das Krankenhaus der Stadt Budjonnowsk. Tschernomyrdin persönlich führte die Verhandlungen über die Freilassung der Geiseln. Das ganze Land hörte zu, als der Ministerpräsident dem Anführer per Telefon zurief: »Schamil Bassajew, sprechen Sie lauter!« Als die Geiseln wieder frei waren, gab es keinen, der diesen Satz des Ministerpräsidenten nicht dumm und ungeschickt gefunden hätte.

Dabei war Tschernomyrdin der einzige Unterhändler in der neueren Geschichte Russlands, der es fertigbrachte, Geiseln das Leben zu retten. Doch er wurde ausgelacht, obwohl an seinem vielzitierten Satz nichts Lächerliches war. Nur – im Kaukasus spricht man sich mit dem Vornamen und mit du an. Aber schließlich konnte der Ministerpräsident keinen Terroristen wie einen alten Kumpel duzen. In Moskau heißt es heute »Herr Iwanow«. Aber »Herr Bassajew« brachte Tschernomyrdin nun gar nicht über die Lippen. Was war das, verdammt noch mal, für ein Herr, der Frauen und Kinder als Geiseln nahm? Und »Sprechen Sie lauter!« hieß nur, dass Bassajew am Telefon kaum zu verstehen gewesen war. Doch über Tschernomyrdin wurde gelacht. Und das war nur eine von zahllosen Episoden, die die Umfragewerte seiner Partei in den Keller sinken ließen, obwohl Gazprom die Parteikasse füllte.

Als im September 1995 die Rede auf Tschernomyrdins Partei kam, winkte Präsident Jelzin nur ab und meinte, die sei nicht ernstzunehmen. Bei den Wahlen sagte er ihr höchstens 8 bis 10 Prozent voraus. Damit entzog er der Partei »Unser Haus – Russland« gleichsam die allerhöchste Unterstützung.

Bei den Wahlen im Dezember 1995 erhielt die Partei 10 Prozent – eine katastrophale Niederlage. Tschernomyrdin konnte nicht mit einer starken Fraktion ins Parlament einziehen. Er gab sein Abgeordnetenmandat zurück und blieb Ministerpräsident.

3. Kapitel

Der Treuhandvertrag

Die Frage des Präsidenten

Viktor Tschernomyrdin kann sich nicht genau erinnern, wann dieses Gespräch stattfand. Aber eines weiß er genau: Es war auf der Jagd im Naturschutzpark Sawidowo, hundert Kilometer von Moskau entfernt. Dort hatte sich nichts geändert, seit die Jagdgründe der KPdSU-Generalsekretäre zu denen der Präsidenten des neuen Russland umfunktioniert wurden. Ein Posten der Verkehrspolizei mitten im freien Feld und ein Schlagbaum, den nur Wagen mit Sonderausweis passieren dürfen. In den Wäldern voller Wild asphaltierte, vom Schnee geräumte Wege. An den Lichtungen zwischen den Flüssen Lama und Schoscha verstreut stehende, komfortabel eingerichtete Hütten, wo die hohen Herren in aller Ruhe darauf warten, dass man ihnen das Wild vor die Flinte treibt.

Es war im Vorfrühling des Jahres 1996. Präsidentenwahlen standen bevor. Wegen der Freigabe der Preise, der gewaltigen Inflation, des Tschetschenienkriegs und der ungeschickt begonnenen Privatisierung wollten laut Umfragen des bedeutendsten russischen Meinungsforschungsinstituts WZIOM nur noch 5,4 Prozent der Wähler für Jelzin stimmen, für den Kommunistenführer Gennadi Sjuganow dagegen 11,3 Prozent. Da stellte Präsident Jelzin Ministerpräsident Tschernomyrdin auf der Jagd die Frage: »Viktor Stepanowitsch, sind Sie bereit, Präsident zu werden?«

Wenn Tschernomyrdin sich heute zurückerinnert, behauptet er, diese Frage hätten ihm damals nahezu alle Gouverneure und Direktoren von Großunternehmen gestellt. Und ihm Unterstützung versprochen. Aber Tschernomyrdin war dazu nicht bereit. Er kannte sich zwar gut in Russland aus, fühlte sich aber zu unerfahren in der internationalen Politik. Außerdem wusste er genau, dass Jelzin trotz der katastrophalen Umfragen unbedingt wieder Präsident werden wollte.

Tschernomyrdin sagt nicht, dass Jelzin die Frage: »Wollen Sie Präsident werden?« damals vielen stellte. Es war eine Fangfrage. Der Präsident des Föderationsrats Wladimir Schumejko antwortete, er sei bereit, Präsident zu werden, und wolle die von Jelzin begonnenen demokratischen Reformen zu Ende führen. Eine Woche später war er seinen Posten los. Zum Gouverneur von Nischni Nowgorod, Boris Nemzow, schickte Jelzin Jegor Gaidar mit der Frage, ob er Präsidentschaftskandidat werden wolle. Nemzow antwortete: »Nein. Ich denke, Boris Jelzin sollte Präsident bleiben.« Die Beförderung folgte auf dem Fuße.

Auch Tschernomyrdin antwortete mit Nein. Vielleicht scheute er ja wirklich die internationale Politik. Möglicherweise sagte ihm auch das Gespür des Sowjetbürgers für den Aufstieg in der Nomenklatura, es sei für ihn noch zu früh, den höchsten Posten im Lande ins Visier zu nehmen. Oder Jelzin tat ihm einfach leid. Das Wahrscheinlichste ist, er durchschaute, dass die Frage eine Falle war. Jedenfalls antwortete Tschernomyrdin: »Keine Sorge, Boris Nikolajewitsch, wir wählen Sie zum Präsidenten.«

Etwa zur selben Zeit geschah Folgendes beim Weltwirtschaftsforum im schweizerischen Davos: Nach der Sitzung fuhr der Millionär Boris Beresowski, mit einer Flasche Wein bewaffnet, abends im Hotel zu dem Millionär Wladimir Gussinski hinauf und klingelte an der Zimmertür. Gussinski war schon im Bademantel. Als er öffnete, durchfuhr ihn ein Schreck. Beide hatten sich monatelang über die ihnen gehörenden Medien, unter Ausnutzung aller Verbindungen in der Regierung und den bewaffneten Organen, bis aufs Blut bekriegt. Auf Gussinskis erschrockenen Blick erklärte Beresowski, er wolle sich versöhnen; man müsse jetzt gemeinsam marschieren, sonst siegten bei der Präsidentschaftswahl die Kommunisten, und mit Reformen, Privateigentum und Jelzin wäre es dann vorbei. Mit ihnen beiden natürlich auch.

Damit war der Startschuss für Jelzins tollkühnen Wahlkampf gegeben. Die jungen Bankiers, die den Jelzinschen Reformen ihren Reichtum verdankten, legten für seinen Wahlkampf ihre Finanzmittel zusammen. Gazprom-Chef Rem Wjachirew erklärte unverblümt, Jelzin bei der Präsidentschaftswahl unterstützen zu wollen, denn kämen die Kommunisten an die Macht, könnte er seinen Posten vergessen. Gussinski und Beresowski schworen all ihre Fernsehsender und Zeitungen auf Werbung für Jelzin und Propaganda gegen Sjuganow ein. Sollte Jelzin siegen, erwarteten sie – zu Recht, wie sich später zeigte –, auf vorher abgesprochenen Pfandauktionen die besten Unternehmen des Landes, Erdöl- und Metallgesellschaften für ein Butterbrot zu erwerben. (Auf Pfandauktionen wurden Aktien staatlicher Unternehmen als Pfand für dem Staat gewährte Kredite an Privatpersonen oder Banken versteigert.) Gussinski erwartete (und bekam) die Frequenz, auf dem sein Fernsehkanal NTV arbeitete, dazu Geld zum weiteren Ausbau des Senders. Diese Mittel, die ihm für politische Treue zuflossen, wurden als Kauf eines großen Aktienpakets der privaten Fernsehgesellschaft NTV durch das Staatsunternehmen Gazprom deklariert.

Dabei ging man stillschweigend davon aus, dass Gazprom diese Aktien nie nutzen, auf der Aktionärsversammlung keine Stimmrechte wahrnehmen und sich in keiner Weise in die Angelegenheiten des Fernsehsenders einmischen werde. Beresowski erwartete (und bekam auf kurze Zeit) für seine Unterstützung Jelzins neben dem Einstieg ins Erdölgeschäft großen politischen Einfluss.

Die Leitung von Jelzins Wahlkampfstab übernahm Anatoli

Tschubais. Der schwerkranke Jelzin tourte nun mit populistischen Politshows durch die Lande. Er stampfte mit Rockmusikern über die Bühne, unterschrieb in Tschetschenien, an einen Militärhubschrauber gelehnt, den Erlass über die Beendigung des Krieges. Am 16. Juni 1996 traten Boris Jelzin und Gennadi Sjuganow zur ersten Runde der Präsidentschaftswahl an. Jelzin hatte die Nase vorn. Am 17. Juni löste dieses erste Ergebnis auf dem Aktienmarkt eine Euphorie aus. Die wichtigsten Titel schossen um 12 Prozent in die Höhe. Am 3. Juli 1996 siegte Boris Jelzin auch in der zweiten Runde mit 53,8 Prozent der Stimmen. Das Parlament, in dem die Kommunisten bisher eine große Mehrheit hatten, war derart deprimiert, dass es das wahrscheinlich gefälschte Wahlergebnis gar nicht erst in Frage stellte. Viktor Tschernomyrdin, von Jelzin wieder als Ministerpräsident vorgeschlagen, wurde von der Duma nicht mit den erwarteten 226, sondern sogar mit 315 Stimmen im Amt bestätigt. Am 22. August ernannte der neue Ministerpräsident einen Mann aus dem Stall von Gazprom, den ehemaligen Direktor des Unternehmens Lentransgas, Pjotr Rodionow, zum Minister für Brennstoffe und Energie. In seinem ersten Interview bezeichnete Rodionow Tschernomyrdin als seinen »geliebten Chef« und sprach davon, dass die Steuern für Gas gesenkt werden müssten.

Das war ein Sommer politischer und geschäftlicher Illusionen. »Ich wusste doch nicht«, sagt Tschernomyrdin, »dass es Boris Jelzin nach den Wahlen gleich umhauen würde.«

Aber genau das passierte. Der Wahlkampf war wohl doch zu viel für ihn gewesen. Im August zeigte sich der Präsident überhaupt nicht mehr in der Öffentlichkeit. Am 5. September willigte er in eine Herzoperation ein. Dazu Tschernomyrdin: »Ich kann mir nicht vorstellen, wie damals Entscheidungen fielen. Ich erhielt Erlasse mit der Unterschrift des Präsidenten und wusste nicht, aus wessen Feder sie stammten, mit wem der Präsident sich beraten hatte.«

Von denen, die sich mit Politik befassten, hatten damals nur Jelzins Tochter Tatjana Djatschenko und Schwiegersohn Valentin Jumaschew – Tanja und Valja – Zugang zum Präsidenten. Vielleicht noch Boris Beresowski.

Es heißt, Anatoli Tschubais habe nach der erfolgreichen Leitung des Wahlstabs die Regierung verlassen und die Spitzenposition im staatlichen Erdölkonzern Rosneft übernehmen wollen. Der Erlass über seine Ernennung zum Vorstandsvorsitzenden sei bereits unterschrieben gewesen. Die Oligarchen Beresowski und Gussinski erklärten ihm jedoch, daraus werde nichts, denn das Hauptverdienst an Boris Jelzins Wahlerfolg gebühre ihnen. Deshalb stehe ihnen auch die staatliche Erdölgesellschaft zu. Da fuhr Tschubais zum Präsidenten und kam mit einem neuen Erlass zurück: Boris Jelzin hatte ihn als Leiter der Präsidialadministration eingesetzt. Er hielt viel von den jungen Reformern, aber gegen den Druck Beresowskis und Gussinskis war auch er machtlos.

Beresowski pflegte eine enge Freundschaft mit Tanja und Valja. Tatjana Djatschenko ihrerseits hielt Beresowski offenbar wirklich für einen großen Politiker, einen mit allen Wassern gewaschenen Geschäftsmann, ja geradezu für einen Visionär. Sie ließ sich blind für seine politischen Intrigen und finanziellen Machenschaften einspannen.

»Ein halbes Jahr lang hat irgendwer das Land regiert«, sagt Tschernomyrdin. Er macht keinen Hehl daraus, dass er dabei an Beresowski denkt. Wenn dieser Name fällt, erscheint auf seinem Gesicht ein verächtliches Grinsen. Offenkundig ist für Tschernomyrdin, der sein Leben lang in der realen Wirtschaft gearbeitet hat, Beresowski, dem als Erstem einfiel, dass man in Russland nicht Unternehmen führen, sondern die Finanzströme von Unternehmen kontrollieren müsse, ein Irgendwer.

Jelzin tat über ein halbes Jahr lang überhaupt nichts. In dieser Zeit liefen die Pfandauktionen, die Bankiers, die Jelzin im Wahlkampf geholfen hatten, erhielten ihre Erdöl- und

Metallgesellschaften, was nicht nur gegen den Willen des Volkes, sondern offenbar gegen den Willen von Anatoli Tschubais, dem Spiritus Rector der Privatisierung, geschah. Plötzlich, für Tschernomyrdin völlig unerwartet, war Beresowski der Besitzer der Erdölgesellschaft Sibneft, die gar nicht auf der Liste der zu privatisierenden Unternehmen der Erdölindustrie gestanden hatte. An Gazprom wurden entgegen der üblichen Praxis Steuerforderungen gestellt. Vorstandsvorsitzender Rem Wjachirew schrieb an die Abgeordneten der Staatsduma: »Ja, Gazprom schuldet dem Staatshaushalt tatsächlich 15 Milliarden Rubel. Aber 48 Milliarden Rubel schulden die Gasverbraucher Gazprom.« Im Oktober 1996 wurden die Konten einiger Tochterunternehmen von Gazprom gesperrt. Das sah so aus, als wollte irgendwer den Konzern ganz übernehmen. Dazu Tschernomyrdin: »Wäre Jelzin im Amt gewesen, hätte es das alles nicht gegeben, da bin ich sicher. Aber der Präsident kehrte erst im Frühjahr 1997 wieder zum aktiven Dienst zurück. Als Erstes nahm er eine Regierungsumbildung vor. Im März ernannte er Anatoli Tschubais und den Gouverneur von Nischni Nowgorod, Boris Nemzow, zu Ersten Stellvertretern des Ministerpräsidenten. Tschubais bekam gleich das Finanzministerium hinzu, und Nemzow war einen Monat später auch noch Minister für Brennstoffe und Energie. Er löste den Gazprom-Mann Pjotr Rodionow ab und stärkte in der Regierung die Positionen der liberalen Reformer.«

Nemzows Plan

Als Nemzow auf Einladung Jelzins nach Moskau kam, legte er dem Präsidenten einen Reformplan vor, dessen Titel lautete: »Ich will nicht in einem Land des Raubtierkapitalismus leben.« Punkt eins war die Nationalisierung des Kreml.

Nemzow schlug vor, den Oligarchen die Kreml-Ausweise abzunehmen. Punkt zwei war die Beendigung der Pfandauktionen. Jelzin, so Nemzow, nannte den Plan genial und wünschte Nemzow Erfolg in der Arbeit.

Heute sind Nemzow aus jener Zeit voller Illusionen nur Fotos geblieben. Sie zieren die Wände des Büros, das er in einem Hochhaus an der Uferpromenade Kotelnitscheskaja Nabereschnaja gemietet hat. Wenn das Haus ein Symbol für die Zeit des Stalinschen Totalitarismus ist, dann sind die vier Räume, die Nemzow hier ohne jeden konkreten Zweck bezogen hat, um nicht ganz untätig herumzusitzen, ein Symbol für die wahrscheinlich liberalsten zwei Jahre in der russischen Geschichte. Auf fast allen Bildern posiert Nemzow mit Jelzin, auf einigen auch mit Richard Gere. Er ist jung, knackig und lächelt. Der Optimismus und die gute sportliche Form – das ist wohl alles, was ihm außer den Fotos von seiner Zeit als Vizepremier geblieben ist.

Nemzow erzählt, dass es zu seinen Aufgaben gehörte, die staatlichen Vertreter bei Gazprom anzuleiten, sie zu instruieren, wie sie im Direktorium zu stimmen hatten, und sich von ihnen berichten zu lassen.

»Die Lage bei Gazprom war so …« Nemzow greift nach dem Studentenfutter, das ihm seine Sekretärin Irina bringt, die ihm immer noch die Treue hält und ihm nichts vorsetzt, was der Figur schaden könnte. »Über das Ministerium zur Verwaltung des Staatsvermögens hielt der Staat 38 Prozent der Gazprom-Aktien und weitere 10 Prozent über die staatliche Gesellschaft Rosgasifikazia. Die war eine Domäne von Wjachirew. Nominell gehörten diese Aktien zwar dem Staat, aber niemandem kam in den Sinn, dass man mit diesem Anteil auch im Interesse des Staates stimmen könnte. Minister für Brennstoffe und Energie bin ich im April 1997 geworden, und die Aktionärsversammlung bei Gazprom war für Juni angesetzt. Da erfahre ich, dass ich als Vertreter des

Staates bei Gazprom nicht mit den Aktien stimmen darf, die dem Staat gehören, weil sie Gazprom, genauer gesagt, Wjachirew als natürlicher Person zur treuhänderischen Verwaltung übergeben wurden. 1997 gehörte Gazprom also zu 100 Prozent einem einzigen Mann. Sein Name war Rem Iwanowitsch Wjachirew.«

Als wir bei Tschernomyrdin nachfragen, ob das stimmt, lacht der nur. Und sagt: »Wer hat Ihnen das erzählt? Boris Nemzow? Soviel ich weiß, wurde das Aktienpaket des Staates nicht Wjachirew persönlich, sondern Gazprom zur treuhänderischen Verwaltung übergeben. Aber Nemzow erzählt solche Sachen herum. Fragen Sie ihn lieber danach, wie er die Beamten auf Wolgas setzen wollte.«

Als Nemzow stellvertretender Ministerpräsident wurde, schlug er tatsächlich vor, die Staatsbeamten sollten nicht mehr Mercedes und BMW, sondern russische Wagen vom Typ Wolga fahren, die in seinem heimatlichen Nischni Nowgorod gebaut werden. Tschernomyrdin muss lächeln: »Er war der Einzige, der sich in einen Wolga setzte. Er kam überall zu spät und ließ sich dann von Tschubais im BMW mitnehmen.«

Rem Wjachirew selbst lässt uns über Dritte mitteilen, der Treuhandvertrag sei nicht auf ihn persönlich ausgestellt gewesen und er habe ihn immer loswerden wollen. Wenn wir das Dokument sehen wollten, sei das ohne weiteres möglich. Aber wir haben es nicht zu Gesicht bekommen.

Alexander Kasakow, ein weiterer junger Reformer, den die Regierung 1996 in den Sessel des Direktoriumsvorsitzenden von Gazprom hievte, damit er Rem Wjachirew auf die Finger schauen sollte, sagt uns zu diesem Thema: »Der Treuhandvertrag war auf Rem Wjachirews Namen ausgestellt. Das weiß ich genau. Allerdings habe ich ihn persönlich nie gesehen. Boris Nemzow behauptet, er hätte ihn in der Hand gehalten. Aber bei allem, was der sagt, bin ich sehr vorsichtig. Auf jeden Fall habe ich große Zweifel, ob dieser

Vertrag juristisch einwandfrei ist. Vom Direktorium ist er jedenfalls nie bestätigt worden.«

Als wir Jegor Gaidar nach dem Treuhandvertrag fragen, stößt er mit düsterer Miene hervor: »Es war doch sehr unnatürlich, dass Ministerpräsident Tschernomyrdin ein so enges Verhältnis zu Gazprom hatte. Mit dem Treuhandvertrag hat sich Boris Nemzow lange herumgeplagt. Daran ist das Verhältnis zum Ministerpräsidenten und schließlich seine ganze Karriere kaputtgegangen.«

Nemzows Version der Geschichte klingt so: Dass es den Treuhandvertrag überhaupt gab und dass der Vertreter des Staates auf der Aktionärsversammlung von Gazprom nicht im Interesse des Staates stimmen durfte, wurde Nemzow von einem Mitarbeiter des Regierungsapparats namens Kopejkin mitgeteilt. Nemzow wollte den Vertrag einsehen, aber zehn Tage lang konnte ihn niemand dem Ersten Vizepremier vorlegen. Schließlich brachte ein anderer Mitarbeiter des Regierungsapparats namens Trenoga das gewünschte Papier doch noch angeschleppt. Als Nemzow ihn fragte, woher er es habe, zuckte er so vielsagend die Achseln, dass Nemzow glauben musste, er habe es aus dem Safe von Ministerpräsident Tschernomyrdin entwendet.

»Als ich anfing, darin zu lesen«, berichtet Nemzow, »ist mir übel geworden.« Der Staat hatte Wjachirew Gazprom nicht nur zur Verwaltung übergeben, sondern der Vertrag enthielt auch eine Option, nach der Wjachirew 1999 als Dank für die Verwaltung der Staatsaktien das Recht erhalten hatte, das Aktienpaket des Staates für einen Rubel das Stück zu kaufen. »In Russland wird geklaut, das war schon immer so«, fährt Nemzow fort. »Aber auf diese Art und Weise! Aktien einer Gesellschaft, die heute 250 Rubel wert sind, für einen Rubel zu verkaufen! Das ist doch Freibeuterei! Anders kann man das nicht nennen! Und in dem Treuhandvertrag standen auch noch alte Rubel, die ein Tausendstel der heutigen wert sind!

Das heißt, dort war vorgesehen, Wjachirew fast 40 Prozent der Aktien von Gazprom für ein Zweihundertfünfzigtausendstel des realen Preises zu verkaufen. Verstehen Sie? Wjachirew sollte Gazprom für eine Million Dollar kriegen! Gazprom, das heute etwa 300 Milliarden Dollar wert ist.«

Der Gerechtigkeit halber sei gesagt, dass eine Gazprom-Aktie 1997 keine 10 Dollar kostete. Der innere und der äußere Aktienmarkt waren streng voneinander getrennt. Auf dem Binnenmarkt war die Aktie damals 60 Cent und auf dem Außenmarkt etwa 5 Dollar wert. Nemzow rief Wjachirew an und verlangte, den Treuhandvertrag aufzuheben.

»Das bringt doch nichts«, erwiderte Wjachirew höflich (wenn Nemzow ihn richtig zitiert). »Mit diesem Treuhandvertrag habe ich das Unternehmen fest im Griff. Probleme mit dem Staat hat es nie gegeben. Wenn wir den Treuhandvertrag aufheben, weiß keiner, was dann passiert.«

Wenn zutrifft, was Nemzow sagt, dann war das ein klarer Erpressungsversuch. Der Chef von Gazprom machte dem Minister für Brennstoffe und Energie in höflichen Worten klar, welche Probleme ihn erwarteten, sollte er den Vertrag aufkündigen: Städte würden im Frost erstarren, Betriebe stillstehen …

»Rem Iwanowitsch«, gab Nemzow zurück, »wir schätzen Sie als Manager sehr. Aber 40 Prozent von Gazprom für eine Million Dollar einzustreichen ist ein Verbrechen, meinen Sie nicht, Rem Iwanowitsch?«

»Das sehe ich nicht so«, antwortete Wjachirew ungerührt. »Seit 1994 läuft das Unternehmen unter meiner Leitung gut. Da kommen Sie und wollen alles auf den Kopf stellen. Wir haben eine erprobte Praxis des Umgangs mit dem Staat. Die hat bisher für beide Seiten nur positive Ergebnisse gebracht. Wir betreiben die Gasifizierung Russlands, wir liefern Gas nach Europa, wir zahlen Steuern … Also … Verbrechen und so …, das lassen Sie mal …«

Am nächsten Tag rief Nemzow Ministerpräsident Tschernomyrdin an und sagte, er müsse kurz bei ihm vorbeikommen. Seit Tschernomyrdin in die Regierung eingetreten war, hütete keine Sekretärin, sondern stets ein Sekretär sein Vorzimmer. Die Sekretärin bei Gazprom hatte es für ihre Pflicht gehalten, den Chef dazu zu bringen, mit allen möglichen Leuten zu reden, nur weil sie aus seiner Heimatstadt Orenburg kamen. Nun trennte ein Mann im Vorzimmer wichtige und unwichtige Besucher hübsch voneinander. Als der Erste Vizepremier Nemzow in Tschernomyrdins Büro im fünften Stock des Hauses der Regierung stürmte, machte der Sekretär keine Anstalten, ihn aufzuhalten.

»Ich habe nur eine Frage«, sagte Nemzow, als er beim Ministerpräsidenten eintrat. »Der Treuhandvertrag.«

»Mach hier keinen Skandal«, antwortete Tschernomyrdin. (Die Frage ist, ob Nemzow sich hier an die Fakten hält. Tschernomyrdin kann sich nämlich an dieses Gespräch überhaupt nicht erinnern. Er meint, Nemzow habe sich die ganze Geschichte mit dem Treuhandvertrag aus den Fingern gesogen.)

»Einverstanden«, sagte Nemzow und setzte sich. »Keinen Skandal.«

»Was willst du?«, fragte Tschernomyrdin.

»Ich will den Vertrag aufheben«, antwortete Nemzow. »Das geht mit großem Getöse, wir können Vizepremier Oleg Soskowez, der ihn im Namen des Staates unterschrieben hat, vor den Staatsanwalt zitieren, wir können uns aber auch ruhig und friedlich zusammensetzen und den Vertrag kündigen.«

Dann sprach Nemzow von der Ausplünderung Russlands, von Freibeuterei und Verbrechen. Tschernomyrdin blickte seinen Stellvertreter unbeeindruckt an. Nach einer langen Pause sagte er: »Und was ist mit der Energiesicherheit des Landes?«

Nemzow begriff nicht. Wollte der Ministerpräsident ihn jetzt auch erpressen, wie es schon der Chef von Gazprom probiert hatte, oder war er gegenüber diesem Gasmonopolisten, den er selbst geschaffen hatte, inzwischen machtlos und hatte alle Kontrolle verloren und sei er auch dreimal der Regierungschef Russlands?

Eine Woche später wurde Nemzow von Präsident Jelzin empfangen. Derartige Begegnungen des Präsidenten mit seinen Ministern zerfallen in zwei Teile: den offiziellen, in dem der Minister über allgemeinen Kram berichtet, und den inoffiziellen, wenn die Presse hinauskomplimentiert wird und der Präsident mit dem Minister über die Themen spricht, die beide wirklich interessieren und für das Schicksal des Landes von Gewicht sind. Kaum waren die Reporter draußen, legte Nemzow Präsident Jelzin den Treuhandvertrag vor und sagte: »Lesen Sie das bitte, Boris Nikolajewitsch. Entschuldigen Sie, aber es ist nur eine halbe Seite.«

Jelzin starrte lange auf das Blatt. Als er den Text zweimal gelesen hatte, fragte er: »Sag mal, was ist eine Option?«

Nemzow erläuterte, eine Option sei das Recht eines Managers, Aktien seines Unternehmens zu besonderen Bedingungen zu erwerben. Nach dem Treuhandvertrag hätte Wjachirew das Recht, fast 40 Prozent der Gazprom-Aktien für nur eine Million Dollar zu kaufen …«

»Verstehe«, unterbrach ihn Jelzin.

Und mit fester Hand schrieb er in die linke obere Ecke des Vertragspapiers: »Das ist Ausplünderung Russlands! An Skuratow! Maßnahmen ergreifen!« Dazu setzte er seine Unterschrift.

Jelzins Vermerk auf dem Vertrag war an Generalstaatsanwalt Juri Skuratow gerichtet. Hier muss man wissen, dass jeder Beamte, in diesem Falle der Generalstaatsanwalt, selbst eine persönliche Weisung des Präsidenten so lange hinauszögern kann, wie es ihm gefällt. Erstens ist nicht sicher, ob der Treuhandvertrag mit dem zornigen Vermerk des Präsidenten überhaupt beim Generalstaatsanwalt angekommen ist. Schließlich konnte er unterwegs irgendwo verlorengegangen sein. Zweitens weiß man nicht, ob der Generalstaatsanwalt seine Mitarbeiter beauftragt hat, den Vertrag gründlich zu prüfen, vielleicht hat er die Sache so auf die lange Bank geschoben. Drittens ist nicht bekannt, ob sich der beauftragte Ermittler ernsthaft mit der Angelegenheit befasst hat. Er könnte den Kern der Sache auch unter einem Haufen Papier begraben haben.

Am 12. Mai 1997 unterzeichnete Präsident Jelzin einen Erlass, der die Bedingungen des Treuhandvertrags mit Rem Wjachirew änderte. Danach besaß dieser jetzt nicht mehr die Option, das staatliche Aktienpaket zu kaufen. Aber der Erlass wurde ignoriert. Die Unterzeichnung eines neuen Treuhandvertrags mit Wjachirew zog sich bis Dezember hin. Zeit genug, um die Sache im Sand verlaufen zu lassen. Nemzow verlor das Interesse daran. Bei all dem Hin und Her mit Wjachirews wirklichem oder fiktivem Bestreben, sich die Aktien des Unternehmens anzueignen, hatte der Minister für Brennstoffe und Energie ganz übersehen, dass der Millionär Boris Beresowski die Finanzströme von Gazprom unter seine Kontrolle zu bekommen versuchte.

Ein königlicher Empfang

Auf der Aktionärsversammlung von Gazprom im Juni stand die Wahl eines neuen Vorsitzenden des Direktoriums an. Nemzow berichtet, dass Anfang Juni Boris Beresowski bei ihm auftauchte und erklärte: »Ich will Gazprom führen, kannst du mir dabei helfen?«

»Das heißt?«, fragte Nemzow verständnislos.

»Nun«, ratterte Beresowski los, wie er es immer tat. »Das heißt, ich will den Vorsitz des Direktoriums.«

»Boris Abramowitsch …« Nemzow meinte immer noch, Beresowski wolle einen Witz machen. »Sind Sie bei Trost? Was geht Sie Gazprom an?«

»Ich sage nichts weiter«, erwiderte Beresowski. »Lies dieses Papier.«

Er reichte Nemzow einen Beschlussentwurf für die Aktionärsversammlung. Danach sollte diese Beresowski zunächst ins Direktorium kooptieren und ihn dann sogleich für den Posten des Vorsitzenden nominieren.

»Was soll der Unsinn?« Nemzow war wie vor den Kopf geschlagen.

»Schau hin, wer das abgezeichnet hat«, beharrte der Millionär.

Der Beschlussentwurf trug die Kurzzeichen von Ministerpräsident Viktor Tschernomyrdin und dem Vorstandsvorsitzenden von Gazprom, Rem Wjachirew.

»Boris Abramowitsch«, fuhr Nemzow auf, »solange ich hier sitze, solange ich der Vertreter des Staates bei Gazprom bin, werden Sie nicht Vorsitzender des Direktoriums!«

Beim Hinausgehen warf Beresowski Nemzow über die Schulter hin: »Ruf Wjachirew an, ruf Tschernomyrdin an …«

Kaum war der Millionär draußen, ließ sich Nemzow mit Wjachirew verbinden und fragte, ob er einen Beschlussentwurf für die Aktionärsversammlung abgezeichnet habe, der die Finanzströme des Unternehmens faktisch in Beresowskis Hände lege.

»Hab ich«, antwortete Wjachirew. »Ich wusste doch, dass du dagegen bist und sowieso nichts draus wird.«

Wenn man Nemzow Glauben schenken will, dann gab auch Tschernomyrdin zu, dass er das Papier abgezeichnet hatte. Das sollte aber nicht heißen, dass er einverstanden war, sondern nur, dass er den Entwurf zur Kenntnis genommen hatte.

»Viktor Stepanowitsch!«, rief Nemzow empört in den Hörer. »Ein Ministerpräsident signiert Papiere nicht, wenn er sie nur zur Kenntnis genommen hat!«

»Also«, gab Tschernomyrdin zurück, »ich habe jetzt wirklich keine Zeit, mich damit zu befassen. Klär du das …«

»Ich habe es schon geklärt!«

»Na, umso besser.«

Wahrscheinlich hatten Tschernomyrdin und Wjachirew das Papier wirklich nicht abgezeichnet, weil sie wollten, dass Beresowski Gazprom in die Hand bekam. Sie mochten den einflussreichen Oligarchen einfach nicht verärgern und hofften, dass Nemzow das für sie erledigen werde. Schließlich war er damals Jelzins Liebling und wurde in der Presse als dessen möglicher Nachfolger gehandelt.

Unmittelbar vor der Aktionärsversammlung Ende Juni reisten Tschernomyrdin und Nemzow zu einem offiziellen Besuch nach China. In der Halle des Pekinger Flughafens trat ihnen Beresowski entgegen, der nicht die Mühe scheute, sogar bis nach China zu fliegen, wenn er sich davon einen Vorteil versprach. Tschernomyrdin erinnert sich, dass Beresowski wie der Teufel aus der Kiste stets dort auftauchte, wo man ihn am wenigsten erwartete. Beresowskis persönliche Beziehungen zur Präsidentenfamilie, seine Fernsehsender und Zeitungen ließen es für jeden Staatsbeamten geraten erscheinen, den Oligarchen zu empfangen, wenn der es wollte, und sich besser nicht hinter einem vollen Terminkalender zu verstecken.

»Was tun Sie hier?«, fragte Tschernomyrdin.

»Ich bin gekommen«, legte Beresowski los, »um mit Ihnen beiden zu besprechen, dass ich Gazprom führen werde.«

Tschernomyrdin seufzte tief auf. Nun blieb ihm wohl nichts anderes übrig, als mit Beresowski über die Sache zu reden. Spätabends fuhren Tschernomyrdin, Nemzow und Beresowski in die russische Botschaft. Nemzow erinnert sich, dass diese einen niederdrückenden Eindruck auf ihn machte. Ein riesiges Gebäude. Der muffige Geruch von Teppichen, die bestimmt seit Stalins Zeiten niemand richtig ausgeklopft hatte. Auf den Tischen die elfenbeinfarbenen Telefone des Regierungsnetzes, die Tschernomyrdin so gerne benutzte.

Nemzow schielte auf einen solchen Apparat, weil er befürchtete, gleich würde Jelzin anrufen und sie anweisen, Gazprom an Beresowski auszuliefern.

Aber Jelzin rief nicht an. In einem kleinen, stickigen Raum, der auch mit der neuesten Technik von keinem Geheimdienst der Welt abgehört werden konnte, sagte Beresowski zu Tschernomyrdin: »Viktor Stepanowitsch, wie Sie wissen, ist Ihr Stellvertreter Nemzow dagegen, dass ich an die Spitze des Direktoriums von Gazprom trete.«

»Du bist dagegen?«, fragte Tschernomyrdin blauäugig. »Warum?«

»Ich bin dagegen«, antwortete Nemzow, »weil Beresowski mit Gazprom überhaupt nichts zu tun hat, weil Boris Abramowitsch sofort anfangen würde, ein staatliches Unternehmen für seine privaten Geschäfte einzuspannen, weil ...«

»Sehen Sie?«, unterbrach Tschernomyrdin und sagte in Richtung Beresowski: »Mein Stellvertreter Nemzow ist nicht nur dagegen, er kann es auch begründen.«

»Viktor Stepanowitsch!« Wenn man Nemzow glauben kann, geriet Beresowski nun außer sich. »Verstehen Sie denn nicht, dass Ihr Stellvertreter sich über Sie lustig macht und auf Sie sch...?«

Nemzow musste lachen. Tschernomyrdin zuckte die Schultern und sagte zu Beresowski: »Was soll ich denn machen? Ich kann mich doch nicht gegen Nemzow stellen. Er ist der Nachfolger ...« Und auf Tschernomyrdins Gesicht erschien ein zufriedenes Lächeln, weil er den allmächtigen Beresowski so aus der Fassung gebracht hatte, dass dieser grässlich fluchte, aber das Unternehmen nicht in die Finger bekam, das der Ministerpräsident unter allen Umständen immer noch als sein Geschöpf ansah.

Als sie wieder auf dem Hof der Botschaft waren, trat Beresowski ganz dicht an Nemzow heran und raunte ihm zu: »Dich mach ich fertig!«

Nemzow grinste nur, flog nach Moskau zurück und führte die Aktionärsversammlung durch. Erst Monate später fiel ihm auf, dass in Presse und Fernsehen ein regelrechter Propagandakrieg gegen ihn im Gange war. Reporter behaupteten, er lasse sich mit Prostituierten ein, Kameraleute nahmen ihn bewusst so ungünstig auf, dass auch der attraktivste Mensch wie ein Monster wirken musste. Und die Umfragewerte von Jelzins Liebling sackten gnadenlos nach unten.

Der Treuhandvertrag aber war immer noch nicht aufgehoben. In den Zeitungen des Jahres 1997 wimmelte es von Meldungen über Gespräche des Ministers für Brennstoffe und Energie, Boris Nemzow, mit Gazprom-Chef Rem Wjachirew. Sie verhandelten ohne Ende. Gazproms Steuerschulden stiegen immer weiter an. Das Unternehmen zahlte nicht und begründete dies weiterhin damit, dass die Schulden der Gasverbraucher bei Gazprom viel höher seien als seine Verbindlichkeiten bei der Steuerbehörde. Aber Nemzow war klar, dass der Staatshaushalt ohne Steuereinnahmen zusammenbrechen musste. Daher begannen seine Verhandlungen mit Wjachirew meist beim Treuhandvertrag und endeten damit, dass der Gazprom-Chef schließlich versprach, doch Steuern zu zahlen, selbst wenn die Verbraucher sein Gas umsonst bezogen.

So schleppten sich die Dinge bis zum Dezember 1997 hin. Da reiste Jelzin zu seinem ersten offiziellen Besuch nach Schweden. Er wurde nach allen Regeln des königlichen Protokolls empfangen: Die Ehrenwache war aufgezogen, die Hymnen beider Staaten erklangen. Dann sollte Präsident Jelzin zusammen mit dem königlichen Paar den roten Teppich abschreiten und dabei den Gastgebern seine Begleitung vorstellen.

Die russische Delegation war in exakter Reihe angetreten. Ganz vorn stand Gazprom-Chef Rem Wjachirew. Während des Besuchs sollte ein schwedisch-russischer Gasvertrag unterzeichnet werden. Der Letzte in der langen Reihe war der Erste stellvertretende Ministerpräsident und Minister für Brennstoffe und Energie, Boris Nemzow. Als sie endlich bei ihm ankamen, fiel Jelzin plötzlich etwas ein, und er raunte Nemzow ins Ohr: »Hat Wjachirew Gazprom rausgerückt?«

»Nein, Boris Nikolajewitsch«, flüsterte Nemzow verwirrt, weil es ihm nicht angebracht schien, bei einem Auslandsbesuch und noch dazu vor den Augen des schwedischen Königspaars interne Probleme zu besprechen.

»Los, komm!« Jelzin packte Nemzow beim Ärmel. Verwundert schauten die schwedischen Hoheiten zu, wie der russische Präsident einen seiner Minister beim Arm nahm und unter grober Verletzung jeglicher diplomatischer Etikette mit ihm den ganzen Weg zurücklief. Bei dem kleinwüchsigen Wjachirew angekommen, beugte sich der große Jelzin hinunter und sagte drohend: »Rem Iwanowitsch, geben Sie Gazprom ab!« Nach einer kurzen Pause fügte er hinzu: »Rücken Sie es im Guten raus, sonst kriegen Sie gewaltigen Ärger!«

Zufrieden lächelnd wandte sich der Präsident dann wieder dem schwedischen Königspaar zu. Kein Gedanke daran, dass die Presse am nächsten Tag schreiben würde, Jelzin sei wieder einmal besoffen gewesen und aus der Rolle gefallen, habe das Protokoll verletzt und Russland blamiert. Der Präsident war sicher, dass er soeben Russland vor der Ausplünderung gerettet hatte.

Nemzow fügt hinzu, dass Wjachirew ihn damals anzischte: »Das vergesse ich dir nie!«

Und er hielt Wort. Kurz darauf wurde Boris Nemzow als Minister für Brennstoffe und Energie entlassen. Das geschah auf persönliche Anweisung von Ministerpräsident Viktor Tschernomyrdin. Über reale Machthebel in der Regierung verfügte Nemzow nun nicht mehr. Nur die hohe, aber rein politische Funktion des Ersten Vizepremiers war ihm noch geblieben.

4. Kapitel

Gazprom gegen den Nachfolger

Rom

Am 23. März 1998 gab es an der Brücke Gorbaty Most beim Weißen Haus, dem Sitz der russischen Regierung, wieder einmal eine Kundgebung. Die Dauerdemonstranten mit ihren roten Fahnen forderten den Rücktritt der »Plünderer des Volkes« Viktor Tschernomyrdin und Anatoli Tschubais. Reporter, die zum Regierungssitz eilten, machten große Augen. »Was wollt ihr denn noch?« fragte einer verdutzt im Vorübergehen. »Jelzin hat die beiden doch gerade entlassen.« Die Demonstranten wollten das nicht glauben. »Das ist eine Provokation! Schnappt ihn euch! Der lügt!«, riefen sie.

Auch die Insassen des Weißen Hauses konnten es noch nicht fassen. Nach fünf Jahren im Amt hielten viele Ministerpräsident Tschernomyrdin für unersetzlich. Da Präsident Jelzin krank und untätig darniederlag, war Tschernomyrdin Herr der Lage. Er hielt die wichtigsten Hebel der Macht fest im Griff. Die Nachricht von seiner Entlassung schlug wie eine Bombe ein.

»Bei so einem Ministerpräsidenten wird jeder Präsident überflüssig«, hieß es über ihn. Es waren aber nicht seine Verehrer, die so redeten, sondern der Satz stammte von Boris Jelzins Tochter Tatjana Djatschenko und ihrem Zukünftigen Valentin Jumaschew, zu jener Zeit noch Chef der Präsidialadministration. Tanja und Valja, besonders aber Boris Beresowski, beunruhigte sehr, wie unabhängig und selbstsicher Tschernomyrdin agierte. Der Millionär konnte dem Ministerpräsidenten nicht verzeihen, dass dieser ihm die Übernahme von Gazprom nicht gegönnt hatte. Auch mit dem Ersten stellvertretenden Ministerpräsidenten Tschubais hatte Beresowski ein paar alte Rechnungen zu begleichen. Den aber wurde er nicht los, solange Tschernomyrdin auf dem Stuhl des Ministerpräsidenten saß. Außerdem hatten Beresowski, Tanja und Valja bereits das Jahr 2000 im Blick, in dem Boris Jelzins Amtszeit auslief und die Wahl eines neuen Präsidenten ins Haus stand. Wenn sie nichts unternahmen, konnte der nächste Präsident Tschernomyrdin heißen. Sollte er sich bis 2000 als Ministerpräsident halten, dann war ein solcher Wechsel geradezu programmiert. Die Unterstützung durch Gazprom und die Gouverneure garantierten ihm den Erfolg.

Heute erinnert sich Tschernomyrdin daran, dass er genau das mit Boris Jelzin abgesprochen hatte. Auf der Jagd in Sawidowo waren sie übereingekommen, bis zum Jahr 2000 zusammenzuarbeiten. Wenn Jelzin dann laut Verfassung zurücktreten musste, sollte Tschernomyrdin ihm im Amt folgen. Diese Verpflichtung galt allerdings nicht für Tanja, Valja und Beresowski. Sie konnten an nichts anderes mehr denken, als dass sie unter einem Präsidenten Tschernomyrdin wohl ihren Hut würden nehmen müssten. Daher wollten sie ihn so rasch wie möglich loswerden. Nur zu diesem Zweck schaltete Tatjana Djatschenko jeden Abend die Fernsehnachrichten ein und demonstrierte ihrem Vater, welche Erfolge der gesunde, allgegenwärtige Tschernomyrdin einfuhr, während der kranke Jelzin zu Hause herumsaß. »Bei so einem Ministerpräsidenten wird der Präsident überflüssig«, knurrte sie wieder und wieder.

Anfang März stattete Viktor Tschernomyrdin den USA einen Besuch ab und führte ein langes Vieraugengespräch mit Vizepräsident Al Gore. Sofort wurde Jelzin berichtet: »Tschernomyrdin führt sich auf, als sei er schon der Staatschef. Und so wird er auch gesehen. Der Präsident zählt gar nichts mehr.« Bisher galt die Vertretung Russlands in anderen Staaten als das ausschließliche Vorrecht Boris Jelzins.

Dann fuhr Tschernomyrdin nach Odessa zu vierseitigen Verhandlungen mit den Präsidenten der Ukraine und Moldovas, Leonid Kutschma und Pjotr Lutschinski, sowie dem Chef der offiziell nicht anerkannten Dnjestr-Republik, Igor Smirnow. Als Jelzin im Fernsehen sah, wie selbstverständlich sich Tschernomyrdin unter den Präsidenten bewegte, geriet er in Wut, rief den Ministerpräsidenten an und fragte drohend: »Wer hat dich dorthin geschickt?!«

Aber der Tropfen, der das Fass zum Überlaufen brachte, waren die Vorbereitungen zum 60. Geburtstag des Regierungschefs, der am 4. April 1998 bevorstand. Beamte, Vertreter der Wirtschaft, Politiker und Künstler entfalteten eine Geschäftigkeit, als handle es sich um ein hohes Staatsjubiläum. Eine Liste der Feierlichkeiten aus Anlass des Geburtstags des künftigen Präsidenten wurde minutiös ausgearbeitet, Geschenke wurden vorbereitet – von Luxuswagen über einen Wandteppich mit dem Bild des Jubilars bis zu einer persönlichen CD der berühmten Volkssängerin Ljudmila Sykina. Als Präsident Jelzin die geplanten Reden und Elogen lesen musste, die man ihm geschickt präsentierte, platzte ihm schließlich der Kragen.

Zwei Wochen vor dem Geburtstag des Ministerpräsidenten unterschrieb er die Urkunde über dessen Entlassung.

Am 21. März bestellte Boris Jelzin Viktor Tschernomyrdin in seine Residenz Gorki-9 im Moskauer Umland und teilte ihm seinen Entschluss mit. Dabei suchte er den Regierungschef, der ihm in schweren Zeiten die Treue gehalten hatte, zu überzeugen, sein Rücktritt bedeute nicht, dass er in Ungnade gefallen sei. Im Gegenteil, als künftiger Nachfolger sollte er sich nun voll auf die Vorbereitung der Präsidentenwahl im Jahr 2000 konzentrieren. Ob Tschernomyrdin geglaubt hat, seine Entlassung sei eine besondere Form der Unterstützung, steht nicht fest. Aber er widersprach dem Präsidenten nicht.

Am Nachmittag erschien Valentin Jumaschew mit einer Liste von vier Kandidaten für den vakanten Posten des Ministerpräsidenten bei Jelzin. Dies waren der Präsident des Föderationsrates, wie in Russland das Oberhaus des Parlaments genannt wird, Jegor Strojew, ein Veteran der Politik, der schon Mitglied des Politbüros des ZK der KPdSU gewesen war; außerdem der ehemalige Duma-Präsident Iwan Rybkin, der Minister für Brennstoffe und Energie, Sergej Kirijenko, und der Erste stellvertretende Ministerpräsident Boris Nemzow. Den ersten Kandidaten verwarf Jelzin, weil seine Ernennung den Westen schockiert hätte. Den letzten, weil ihn die Duma niemals akzeptieren würde. Dann strich er auch Rybkin, weil der Beresowskis Wunschkandidat zu sein schien. Dem Millionär aber traute Jelzin nicht über den Weg. Es blieb also nur der blutjunge Minister Kirijenko. Einen Monat später erhielt er im dritten Wahlgang tatsächlich die nötige Stimmenzahl der Abgeordneten und war russischer Ministerpräsident.

Als Tschernomyrdin von seiner Entlassung erfuhr, ordnete er sofort an, seine persönlichen Sachen aus dem Büro im Weißen Haus zu schaffen.

Im Regierungsgebäude herrschte Schock und Verwirrung. Das Weiße Haus, einst von Panzern beschossen, dann repariert und von Regierungsbeamten bezogen, hatte sich in den letzten Jahren zum eigentlichen Machtzentrum Russlands entwickelt. In seinen Mauern wurden alle wichtigen Beschlüsse gefasst. Das Weiße Haus war wie Rom, von wo die Wege in alle Teile des Reiches ausgingen. Und Tschernomyrdin residierte hier wie ein römischer Imperator. Er suchte sich seine Legionäre, die zu ihm aufblickten und ihm treu ergeben waren.

Die Nachricht von Tschernomyrdins Rücktritt wirkte wie ein neuerlicher Beschuss des Weißen Hauses. Die Apparatschiki waren in Panik. Wo sollten sie jetzt hin? Ob sie der Entlassene mitnahm? Wohin? Dumme Frage, natürlich zu

Gazprom! Wjachirew habe schon 200 zusätzliche Stellen eingerichtet, wurde gemunkelt. Oder hinterließ er sie seinem Nachfolger? Das Haus glich einem aufgescheuchten Ameisenhaufen. Die wildesten Gerüchte kursierten. Bald fingen die ersten Mitarbeiter an, die Türschilder ihrer Chefs abzuschrauben, um wenigstens ein Erinnerungsstück zu haben. Tschernomyrdins Auszug war beeindruckend: Tag und Nacht wurden Geschenke russischer Volkskünstler, Gewehre und Säbel, Bücher und Gemälde aus dem Haus getragen. Mit diesen Dingen verlor das Weiße Haus seine Bedeutung. Es war nicht mehr der Pol Russlands, um den sich alles drehte.

Um die zahlreichen Geschenke abzutransportieren, die sich bei Tschernomyrdin in 63 Monaten Amtszeit angesammelt hatten, brauchte man von Sonnabend bis Dienstag. Die Sachen wurden auf direktem Wege zum Sacharow-Prospekt gebracht, wo kurz vorher der Sitz der Partei »Unser Haus – Russland« nach Generalsanierung bezugsfertig geworden war. Dort sollte Tschernomyrdins Wahlkampfzentrale ihren Platz finden.

Am Montag, dem 23. März 1998, sprach Jelzin im Fernsehen. »Über fünf Jahre lang habe ich mit Viktor Stepanowitsch Tschernomyrdin zusammengearbeitet. Er hat viel für unser Land getan. Ich schätze ihn für seine Gründlichkeit und Zuverlässigkeit. Seine Treue zur Sache und seine menschlichen Qualitäten stehen außer jedem Zweifel.« Dann erklärte der Präsident den Fernsehzuschauern, er habe Tschernomyrdin beauftragt, sich auf die politische Vorbereitung der Wahlen im Jahr 2000 zu konzentrieren.

Tschernomyrdin verhielt sich so, als habe der Präsident in dieser Lage die einzig richtige Entscheidung getroffen und der scheidende Ministerpräsident sei ihm dafür dankbar.

Leicht panische Stimmung war bei Gazprom zu spüren, denn in den letzten Jahren hatten sich der Gasgigant und die Regierung bei allen Problemen stets als einheitliches Ganzes empfunden. Witzige Beamte des Weißen Hauses hatten sogar einen Erlassentwurf mit dem Titel »Zur Einheit des Staates mit Gazprom« verfasst. Darin hieß es: »Der Staat und Gazprom sind unteilbar. Der Ministerpräsident wird bei Abwesenheit vom Vorsitzenden des Gazprom-Vorstands vertreten und umgekehrt.« Nach Tschernomyrdins Rücktritt war es mit dieser Einheit nun vorbei.

Am 9. April wurde Viktor Tschernomyrdin 60 Jahre alt. Die Gratulationscour fand am Sitz der Zentrale von »Unser Haus – Russland« statt. Abends gab es dann die eigentliche Feier im Haus der Empfänge auf den Moskauer Sperlingsbergen mit einem Kreis ausgewählter Gäste. Dort gratulierten Tschernomyrdin auch Boris Jelzin und Rem Wjachirew.

Der Gazprom-Chef erklärte, er habe dem Jubilar ein »kleines, aber wertvolles Geschenk« mitgebracht. »Wertvoll macht es nicht sein Preis«, fügte er hinzu, »sondern die Erinnerung an Gazprom.« Mit diesen Worten überreichte er ihm einen orangefarbenen Bohrarbeiterhelm mit Tschernomyrdins Namenszug. Aber das war noch nicht alles. Als der Abend zur Neige ging – Boris Jelzin war lange fort –, umarmte Rem Wjachirew seinen alten Kollegen und sagte, ohne sich vor den Umstehenden zu genieren: »Ich werde dich unterstützen mit allem, was ich habe. Als alte Freunde sind wir zusammen auf den Orenburger Gasfeldern groß geworden.«

»Willst du etwa, dass ich zu Gazprom zurückkomme?«, fragte Tschernomyrdin verdutzt.

»Aber du doch nicht! Ich denke an die Präsidentenwahl!«, brummte Wjachirew.

Bald darauf wurde die Stiftung TVS-2000 gegründet, die – mit den Initialen des Kandidaten im Namen – dessen Wahlkampf organisieren sollte. Aber seine Umfragewerte sanken zusehends. Aus den Medien ergoss sich eine Flut kompromittierender Artikel, in denen von den Reichtümern die Rede war, die Tschernomyrdin angeblich im Amt des

Ministerpräsidenten angehäuft hatte, von der Korruption, die unter ihm im Weißen Haus blühte. Der Beschuldigte winkte nur ab: Dem Reinen ist alles rein, dachte er wohl.

Gazprom geriet nach Tschernomyrdins Rücktritt in schwere Turbulenzen. Das Verhältnis zur Regierung war gestört. Bisher hatte Tschernomyrdin Gazprom als sein festes Hinterland und seine eiserne Reserve betrachtet. Rem Wjachirew klagte zwar ständig darüber, dass die Regierung ihn ausplündere, ging aber stets auf deren Anliegen ein.

»Das Verhältnis zwischen Tschernomyrdin und Wjachirew war schon kompliziert«, erinnert sich Alexander Kasakow, der zu jener Zeit Vorsitzender des Direktoriums von Gazprom und zugleich stellvertretender Leiter der Präsidialadministration war. »Zwischen zwei so kantigen Typen geht es nicht ohne Reibungen ab. Dabei konnte es manchmal auch laut werden. Geld, das Rem Iwanowitsch ins Unternehmen stecken wollte, nahm ihm der Staat ab, weil der seine Angestellten nicht bezahlen konnte. Arbeiter zogen vors Weiße Haus und machten dort mit ihren Helmen Radau. Die Regierung verlangte von Wjachirew, er möge einen Kredit aufnehmen. Der tat das auch. Gazprom hielt Russland zusammen. Das Unternehmen stürzte sich in Schulden, damit der Staatshaushalt nicht kollabierte. Und das Land überlebte dank Gazprom.«

Die neue Regierung Kirijenko sah die Sache anders. Den jungen Reformern war der Staatsmonopolist schon zu Tschernomyrdins Zeiten ein Dorn im Auge. Da der Gazprom-Gründer nun zurückgetreten war, standen sie und Rem Wjachirew einander Aug in Auge gegenüber. Freundschaft oder auch nur Respekt hatte Wjachirew von ihnen nicht zu erwarten.

Ohne die Rückendeckung des Ministerpräsidenten, der stets betont hatte, er werde einen Ausverkauf von Gazprom nie zulassen, fühlte sich Rem Wjachirew zunächst auf verlorenem Posten. Bald aber begriff man bei Gazprom, dass man in den Medienkrieg eingreifen musste, der immer ungezügeltere Formen annahm.

Lange vor Tschernomyrdins Rücktritt hatte man die Gazprom-Media-Holding gegründet, die sich mit der Öffentlichkeitsarbeit des Konzerns befassen sollte. Ihre Analytiker sahen die Hauptaufgabe in der Vorbereitung von Tschernomyrdins Wahlkampf. Immerhin hatte Rem Wjachirew dem Kandidaten Hilfe versprochen. Bald aber zeigte sich, dass Gazprom selbst wirksame politische Werbung dringend nötig hatte.

Babylon

Im Juni trat der bekannte Polittechnologe Sergej Swerjew, der bisher für die Gruppe Media-Most von Wladimir Gussinski gearbeitet hatte, an die Spitze von Gazprom-Media. Dieser Schritt wurde damals als Schulterschluss von Gazprom und Gussinski aufgenommen, die beide auf Tschernomyrdin setzten und daher seinen Wahlkampf unterstützen wollten. Heute versichert Swerjew, ein solches Bündnis habe es nie gegeben. Er sei von Most weggegangen, weil er mit Gussinski schon lange nicht mehr auskam. Swerjew arbeitete tatsächlich für Tschernomyrdin, leitete dessen Beraterstab und gründete die Stiftung TVS-2000. Heute bestätigt er allerdings, seine Hauptaufgabe sei damals nicht Tschernomyrdins Wahlkampf gewesen, sondern die Lösung der Probleme, die mit dem Machtantritt der neuen Regierung auf Gazprom zukamen.

»Ich wurde vor allem deshalb zu Gazprom gerufen, weil Tschernomyrdin zurückgetreten war«, erinnert sich Swerjew, »und weil die jungen Reformer Kirijenko, Fjodorow und Nemzow nun in der Regierung saßen, die Jungpioniere, wie Wjachirew sie nannte. Ihnen waren Rem Wjachirew, Wjatscheslaw Scheremet und die anderen Gazprom-Chefs nach Mentalität und Ansichten völlig fremd. Wjachirew litt sehr.

An der Regierung war jetzt eine andere Generation, mit der er einfach keine gemeinsame Sprache fand. Solange Tschernomyrdin Ministerpräsident gewesen war, hatte Gazprom Medienarbeit nicht nötig gehabt. Jetzt wurde diese aber dringend erforderlich. Das war meine Aufgabe. Ich konnte abends in Kirijenkos Datsche hereinschneien, Wjachirew konnte das nicht. Ich hatte einen Draht zu allen Regierungsmitgliedern, Wjachirew und Scheremet zu keinem einzigen.«

Der Angriff auf Gazprom fiel mit der internationalen Finanzkrise zusammen. Die Regierung brauchte Geld. Daher ersuchte sie den Internationalen Währungsfonds (IWF) um einen Kredit. Der IWF forderte von ihr, die eigenen Unternehmen an die Kandare zu nehmen, die ihre Steuern nicht korrekt zahlten. Damit war vor allem Gazprom gemeint. Im Juni hielt der Chef der Steuerbehörde, Boris Fjodorow, dem Konzern seine Steuerschulden vor und drohte mit Beschlagnahme eines Teils des Vermögens von Gazprom. Im Vorfeld der Aktionärsversammlung kursierte das Gerücht, die Regierung beabsichtige Rem Wjachirew abzusetzen. Das war natürlich leeres Gerede, denn Kirijenkos Kabinett hatte dafür keinerlei Hebel in der Hand. Vor der Abstimmung über das neue Direktorium ließ sich der Betroffene zu einer Versöhnungsgeste herab: Wjachirew versprach die zusätzliche Überweisung von 50 Millionen Dollar an Steuern und Dividenden auf Anteile des Staates. Das Direktorium wurde, wie vorgesehen, gewählt. Nur dass an die Stelle des bisherigen Vorsitzenden Alexander Kasakow der neue Minister für die Verwaltung des Staatsvermögens, Farit Gasisulin, trat.

Eine Woche später nahm Rem Wjachirew sein Versprechen wieder zurück. Daraufhin kam es am 2. Juni 1998 zum heftigsten Konflikt, den es zwischen der Staatsmacht und Gazprom je gegeben hatte.

An jenem Morgen stürmte Ministerpräsident Kirijenko in den Sitzungssaal der Regierung und rief, kreidebleich vor

Zorn: »Wir kündigen den Treuhandvertrag mit Wjachirew! Er hat wieder nicht alle Steuern bezahlt!«

Damals war bei Kabinettssitzungen die Presse zugelassen. Die schockierten Korrespondenten griffen sofort zu ihren Mobiltelefonen.

Kirijenko erklärte, da Gazprom im Juni nur ein Drittel seiner Steuern entrichtet habe, werde die Steuerbehörde nun dessen Vermögen beschlagnahmen und die Konten sperren.

Kaum fünf Minuten später klingelte Kirijenkos Mobiltelefon.

»Hallo? Ja, ich höre, Boris Nikolajewitsch! Wie bitte?!«

Allen Anwesenden war klar, dass Präsident Jelzin den Druck der Regierung auf Gazprom nicht unterstützte.

Kurze Zeit später meldete sich an Kirijenkos Telefon Duma-Präsident Gennadi Selesnjow.

»Ja, Gennadi Nikolajewitsch. Er hat schon angerufen«, antwortete Kirijenko. »Ja, keine vorschnellen Schritte. In die Duma? Oh, im Moment habe ich gar keine Zeit. Ich bin gerade in der Kabinettssitzung.«

Selesnjow zitierte den Regierungschef ins Parlament. Da Rem Wjachirew zu Verhandlungen in Wien weilte, hatte der stellvertretende Vorstandsvorsitzende von Gazprom, Wjatscheslaw Scheremet, in der Duma angerufen. Auf seine Forderung wurde die Debatte über ein Paket von Antikrisengesetzen, deren Verabschiedung die Regierung dringend erwartete, »bis zur Klärung des Problems mit Gazprom« ausgesetzt. Als daraufhin der Chef der Steuerbehörde, Boris Fjodorow, zum Parlament in Marsch gesetzt wurde, empfing man ihn dort mit den höhnischen Worten: »Da hättet ihr ja auch gleich den Hausmeister schicken können!«, und verlangte weiter nach dem Ministerpräsidenten.

Sergej Kirijenko musste schließlich in der Duma erscheinen. Präsident Jelzin ließ durch seinen Pressesprecher erklären, dass »von einer Beschlagnahme des Vermögens und Sperrung der Konten von Gazprom sowie der Absetzung des Direktoriums und des Vorstandsvorsitzenden Rem Wjachirew keine Rede« sei. Zugleich lobte der Präsident das »prinzipielle Vorgehen der Regierung«. Der Angriff war abgewehrt.

Allerdings musste Rem Wjachirew seinen Besuch in Wien abbrechen und gemeinsam mit Ministerpräsident Kirijenko ein Protokoll unterzeichnen, in dem er sich verpflichtete, regelmäßig Steuern zu zahlen.

Die Operation »2. Juni« hatte noch eine weitere Folge: Sie verhinderte die Privatisierung der größten staatlichen Erdölgesellschaft Rosneft. Rem Wjachirew und der Chef der Ölgesellschaft Lukoil, Wagit Alekperow, waren gemeinsam nach Wien gereist, um dort mit der Führung von Royal Dutch/Shell über die Gründung eines Konsortiums zu verhandeln, das Rosneft auf einer bevorstehenden Auktion hätte erwerben sollen. Als Ministerpräsident Kirijenko die Sperrung der Konten von Gazprom verkündete, waren die Verhandlungen fast abgeschlossen. Bei dieser Nachricht jedoch zog sich Royal Dutch/Shell sofort von dem Vorhaben zurück und zeigte kein Interesse mehr, sich an der Privatisierung von Rosneft zu beteiligen. Diese hat bis heute nicht stattgefunden.

Der Konflikt zog sich bis zum Juli hin. Die Attacke des Kabinetts Kirijenko demonstrierte, dass Gazprom nicht mehr unantastbar war wie unter Ministerpräsident Tschernomyrdin und dass es Angriffsflächen bot.

Bis zu diesem Zeitpunkt hatte Gazprom als unbesiegbarer Titan gegolten. Man glaubte, der Kandidat, der sich die Unterstützung von Gazprom sichern konnte, werde unweigerlich die Präsidentenwahl gewinnen. Zwar war Kirijenkos Attacke nicht von Erfolg gekrönt, aber Wjachirews Bastion hatte Schwächen gezeigt.

Sergej Swerjew, der damals die Medienkampagne zur Verteidigung von Gazprom leitete, meint, in der Regierung sei man sich nicht klar gewesen, wem Gazprom überhaupt gehörte.

»Es gingen Legenden um, Gazprom gehöre Wjachirew, Tschernomyrdin, Scheremet und Puschkin persönlich. Es hieß, das Vermögen sei längst beiseitegeschafft, im Konzern herrsche unglaubliche Korruption. Tatsächlich aber war Gazprom ein kompliziertes Geflecht von persönlichen Interessen der Manager und Unternehmensinteressen. Dabei standen Letztere nicht immer im Vordergrund. Es gab auch anrüchige Figuren wie den bereits verstorbenen ehemaligen stellvertretenden Vorstandsvorsitzenden Nikolai Guslisty. Und es gab ehrliche Fachleute. Der ebenfalls schon verstorbene stellvertretende Vorstandsvorsitzende Waleri Remisow sagte es so: ›Ich bin anders als viele. Ich unterschlage nicht. Aber mir wird übel, wenn ich sehe, was andere so treiben.‹«

Als Ministerpräsident Kirijenko mit der Kündigung des Treuhandvertrags drohte, wollte er offenbar testen, wie stark sich Rem Wjachirew als Chef des Gasmonopolisten fühlte und wie weit er gegenüber dem Staat zu gehen bereit war. Damals besaß die Russische Föderation 40 Prozent der Aktien. 35 Prozent davon verwaltete Wjachirew, 5 Prozent das Ministerium für Staatseigentum, weitere 0,9 Prozent der Vermögensfonds der Russischen Föderation. 30,3 Prozent der Aktien gehörten russischen Bürgern – davon wurde etwa die Hälfte, 15 Prozent, ursprünglich an Belegschaft und Manager von Gazprom in Form von Anteilscheinen ausgegeben, 5 Prozent davon gingen an die Völker des Nordens, und der Rest wurde auf Auktionen verkauft. 15,7 Prozent der Aktien gehörten russischen juristischen Personen und 2 Prozent Ausländern. 10 Prozent kaufte Gazprom 1992 zurück, um sie als ADR-Papiere (American Depository Receipts) weiterzuverkaufen. 1,1 Prozent sind im Grundkapital des Unternehmens Rosgasifikazia angelegt.

Als der Konflikt ausbrach, wusste also niemand genau, wieviel Prozent der Aktien Wjachirew tatsächlich kontrollierte. Selbst wenn man vermutete, dass er auch alle zunächst an die Belegschaft ausgegebenen Kleinaktien in der Hand hielt, konnte man trotzdem nicht sichergehen, dass diese beim Verkauf auf den Auktionen sämtlich an mit Gazprom verbundene Strukturen gelangt waren. Obwohl das amerikanische Magazin *Forbes* Wjachirews persönliches Vermögen auf 1,3 Milliarden Dollar schätzte, was mindestens 10 Prozent der Aktien von Gazprom entsprochen hätte, war nicht abzusehen, ob er oder die Regierung als Sieger aus einer offenen Auseinandersetzung hervorgehen würde. Inzwischen hatte Wjachirew nämlich den Fehdehandschuh aufgenommen und drohte seinerseits, den Treuhandvertrag zu kündigen. Dabei tat er so, als sei dieser für die Kontrolle über Gazprom nicht notwendig, sondern ihm dabei eher ein Hindernis. Dieser merkwürdige Poker zwischen Wjachirew und Kirijenko dauerte allerdings nicht lange. Der August 1998 zog herauf.

Anfang des Monats erhoben sich die Erdölgesellschaften gegen den neuen Ministerpräsidenten und forderten von ihm eine Verringerung ihrer Steuerlast. Der IWF dagegen verlangte von Kirijenko das genaue Gegenteil. Der vorsichtige Wjachirew unterstützte seine Kollegen von der Erdölbranche nicht, sondern steuerte einen Separatfrieden mit der Regierung an. Dabei wurden alle Ansprüche gegen ihn zurückgenommen, und er gab zu erkennen, dass er nicht so mächtig war, wie er schien. Offenbar hielt sich Wjachirew auch mit einer so starken Rüstung wie Gazprom nicht für unbesiegbar. Aber der Friedensschluss mit Gazprom nützte der Regierung Kirijenko nicht mehr viel. Am 18. August musste sie sich für zahlungsunfähig erklären.

Kirijenko, der jünger aussah, als er tatsächlich war, erhielt bei seinem Amtsantritt den Spitznamen »Wunderkind«. Geradezu aus dem Nichts hatte man ihn in den Sessel des Ministerpräsidenten gehievt. Die Zahlungsunfähigkeit aber war eine noch größere Überraschung. Das halbe Land befand sich im Urlaub. Plötzlich gab es auf russische Kreditkarten kein Geld mehr, und Rubel wurden zum Umtausch nicht mehr angenommen. Irgendwie nach Hause zurückgekommen, stellte man verärgert fest, dass Nachbarn und Verwandte bereits alle Läden leer gekauft hatten, weil die Preise in die Höhe schossen. Einen Monat später mussten viele dann auch noch feststellen, dass ihr Einkommen nur noch ein Drittel bis ein Fünftel wert war.

Zwei Tage nach der Erklärung des Staatsbankrotts erschien Viktor Tschernomyrdin in der Duma. Er sprach mit den Vorsitzenden aller Fraktionen und ließ dabei kein gutes Haar an der Politik der Regierung Kirijenko. Dieser Schritt des Ex-Ministerpräsidenten verwunderte niemand. Im Gegenteil, so musste es sein: Der Hausherr kam zurück und schuf Ordnung. Dieser Eindruck wurde dadurch verstärkt, dass Präsident Jelzin mehrere Wochen lang nicht in der Öffentlichkeit zu sehen war. Niemand wusste, wo sich der Präsident aufhielt und in welchem Zustand er sich befand. Dafür erschien in schwerer Stunde der Mann auf der Bildfläche, den man ohnehin bereits für den Nachfolger des Präsidenten hielt.

Als Sergej Kirijenko am Freitag, dem 21. August, zur Kabinettssitzung erschien, erklärten alle Fraktionsvorsitzenden des Parlaments seiner Regierung das Misstrauen. Am Tag darauf meldete sich Boris Jelzin über eine Videoaufzeichnung, in der er die Einsetzung Viktor Tschernomyrdins als amtierender Ministerpräsident verkündete. »Weder die Macht noch der Rücktritt haben ihn verderben können«, erklärte Boris Jelzin und gab damit zu verstehen, dass Tschernomyrdin ein würdiger Anwärter für das Präsidentenamt sei.

Eine Woche lang hielt das Land den Atem an vor Entsetzen über die galoppierenden Preise, den stürzenden Rubelkurs und die Banken, die kein Geld mehr ausgaben. Das politische Drama allerdings schien beendet. Boris Jelzin hatte sich de facto bereits in den Ruhestand verabschiedet und die Geschäfte an Viktor Tschernomyrdin übergeben. Der Gründer von Gazprom war ins Weiße Haus zurückgekehrt und agierte so, als sei er bereits der rechtmäßige Staatschef. Und tatsächlich hatte er kaum noch Feinde im Kreml. Wie Sergej Swerjew berichtet, der diese Zeit im Weißen Haus verbrachte, »holten dieselben Leute Tschernomyrdin zurück, die ihn im März aus dem Amt gejagt hatten«: Tanja, Valja und Boris Beresowski. Sie hatten begriffen, dass alle anderen Varianten noch ungewisser und gefährlicher für sie waren. Mit Tschernomyrdin glaubten sie sich zumindest über einige Garantien einigen zu können. Boris Beresowski zerriss sich fast, um Tschernomyrdin behilflich zu sein. Gerüchte wollen wissen, dass er einige Oligarchen zusammenrief, um eine Wunschliste für die Zusammensetzung der nächsten Regierung aufzustellen. Als Beresowski sie übergab, soll Viktor Tschernomyrdin unerwartet heftig reagiert haben. Er warf einen Blick darauf und wies Beresowski schon beim ersten Namen wütend die Tür.

Sergej Swerjew meint allerdings, daran sei kein Wort wahr. Zwar habe Beresowski tatsächlich versucht, auf die Lage Einfluss zu nehmen, aber Tschernomyrdin habe alle Entschlüsse selbst gefasst. Mit dieser Selbstsicherheit und Unabhängigkeit brachte er die Oligarchen gegen sich auf. Sie wollten, dass er seine Ernennung ihnen zu verdanken habe. Daher entzogen sie ihm später bei der Abstimmung in der Duma ihre Unterstützung.

Da es aber zunächst den Anschein hatte, Tschernomyrdin werde von Beresowski gestützt, kam im Parlament Misstrauen auf. An die Spitze der Kritiker stellte sich der Moskauer Bürgermeister Juri Luschkow. Er hatte selber auf den Posten des Ministerpräsidenten spekuliert, der so gute Aussichten bot, später die Präsidentenwahl für sich zu entscheiden. Schließlich hatten auch die Kommunisten kein Interesse daran, Tschernomyrdin die Macht von Präsident und Ministerpräsident zugleich in die Hand zu geben. Mit dem schwächelnden Jelzin wollten sie es bei der Präsidentenwahl gern aufnehmen, aber der gesunde Tschernomyrdin mit der gesamten Staatsmacht im Rücken wäre bei diesen Wahlen, die noch dazu wesentlich früher stattfinden konnten, ein ganz anderer Gegner gewesen.

Am Ende verweigerte die Duma Viktor Tschernomyrdin zweimal die notwendige Stimmenzahl für das Amt des Ministerpräsidenten. Damit war seine fast sicher scheinende Chance, Präsident Jelzin im Amt nachzufolgen, dahin. Und auch Jelzin selbst zeigte plötzlich kein Interesse mehr, Tschernomyrdin zu stützen. Lieber suchte er so rasch wie möglich einen neuen Ministerpräsidenten.

Das Zentrum des politischen Lebens Russlands verlagerte sich nun vom Weißen Haus in die Staatsduma, die inzwischen im ehemaligen Gebäude der Staatlichen Plankommission der UdSSR am Ochotny Rjad saß. Dem Parlament, das die Kommunisten weitgehend kontrollierten, die sich anschickten, den Antrag auf Amtsenthebung Boris Jelzins einzubringen, wurde plötzlich klar, dass es den Präsidenten in der Hand hatte.

In der Duma herrschte damals ein geradezu babylonisches Durcheinander. Abgeordnete, Journalisten, Schülergruppen auf Exkursion wuselten umher. In düsteren Sälen hielten die Fraktionen endlose Sitzungen ab, wurden Pläne geschmiedet, Strategien und Szenarien ausgearbeitet. Drucker ratterten, Telefone schrillten, und Piepser tönten (die gab es damals noch).

Ende August empfing Präsident Jelzin die Vorsitzenden der Dumafraktionen. Nach langen Debatten nahm unerwartet der Chef der von den Intellektuellen gestützten liberalen Jabloko-Fraktion, Grigori Jawlinski, das Wort und erklärte, es gäbe nur einen Kandidaten, der in dieser Situation würdig sei, die Regierung zu führen – den derzeitigen Außenminister Jewgeni Primakow.

»Was meinen Sie dazu, Gennadi Andrejewitsch?«, fragte Jelzin den Vorsitzenden der kommunistischen Fraktion, Sjuganow.

Zwei Tage später wurde Jewgeni Primakow von der Duma als neuer Ministerpräsident Russlands bestätigt. Sergej Swerjew weiß, dass diese Nachricht bei Gazprom mit großer Freude aufgenommen wurde. Vor allem Rem Wjachirew triumphierte, dass die Herrschaft der »Jungpioniere« endlich vorüber war. Und Viktor Tschernomyrdins politische Katastrophe war keine Katastrophe für Gazprom.

»Ich kann mich noch gut erinnern«, so Sergej Swerjew, »wie Rem Iwanowitsch auf einer Besprechung händereibend sagte: ›Jetzt ist alles in Ordnung. Die Jungpioniere sind weg, und auf dem Stuhl sitzt endlich ein Mann, mit dem man sich verständigen kann.‹« Wjachirew hatte nun wieder Zugang zur Regierung. Primakow und er gehörten einer Generation an, hatten die gleiche Mentalität und waren durch die gleiche Schule gegangen. Hinzu kamen jede Menge gemeinsamer Bekannter und eine gemeinsame Geschichte. Wjachirew konnte hochzufrieden sein.

Nun zeigte sich, dass Gazprom und Tschernomyrdin keine untrennbare Einheit gewesen waren, dass das Verhältnis zwischen der Gasgesellschaft und ihrem Gründer nicht als ungetrübt gelten konnte. Gute Bekannte beider meinen, das Verhältnis zwischen Wjachirew und Tschernomyrdin hätte sich besonders nach dem August 1998 merklich abgekühlt. Die alte Freundschaft zeigte Risse, vor allem wohl deshalb, weil Wjachirew glaubte, Tschernomyrdin jetzt nicht mehr zu brauchen. Solange der feindselige und nicht zu verstehende Kirijenko Ministerpräsident war und Tschernomyrdin reelle Chancen hatte, an die Macht zurückzukehren, hielt Wjachirew an seinem alten Freund fest. Aber jetzt war es mit ihm wohl endgültig vorbei, und er wurde zur Belastung.

»Von Freundschaft zwischen den beiden zu reden ist ohnehin eine große Übertreibung«, meint Sergej Swerjew. »Wjachirew mochte Tschernomyrdin nicht sehr. Ich dagegen hielt weiter zu ihm Kontakt, bis es im Unternehmen hieß: ›Für wen arbeitest du eigentlich?‹«

Die Ablehnung der Duma machte alle weiteren politischen Ambitionen Tschernomyrdins zunichte.

»Damals wurde Viktor Tschernomyrdin endgültig begraben«, meint Swerjew. »Dabei wäre er ein guter Präsident gewesen. Sogar ein sehr guter. Er hätte dort oben vieles verändert. Tschernomyrdin wie übrigens auch Jelzin hatte eine wertvolle Eigenschaft: Er brachte anderen Menschen Vertrauen entgegen. Mich kannte er vorher überhaupt nicht, und vom Alter her hätte er mein Vater sein können. Aber er hat mir vertraut und eng mit mir zusammengearbeitet. Er kam mit allen zurecht – mit Tschubais, Nemzow und Leuten ihres Schlages, die ihm innerlich fremd waren. Aber als Demokrat akzeptierte er sie.«

Die Zusammenarbeit von Gazprom mit dem neuen Ministerpräsidenten Primakow trug sofort Früchte. Die Steuerbehörde räumte ein, Gazprom sei nicht nur von allen Steuerschulden frei, sondern habe der Regierung Kirijenko sogar 3,1 Milliarden Rubel zu viel überwiesen. Als Gegenleistung stellte Primakow jedoch die Forderung, Gazprom müsse sich aus der Politik heraushalten.

Wjachirew gehorchte. All seine Kraft und Zeit verwandte er nun auf Projekte im Ausland. Er steigerte Gazproms Marktanteil in Tschechien und Deutschland. Zum ersten Mal gelang ihm auch der Sprung auf den britischen Markt. Die Politik interessierte ihn nicht mehr.

Am 27. September 1998 verzichtete Viktor Tschernomyrdin – offenbar nicht ohne den nachdrücklichen Rat

Wjachirews – auf seine ursprüngliche Absicht, sich als Direktkandidat in Gazproms Domäne, dem Autonomen Bezirk der Nenzen, Jamal, in die Duma wählen zu lassen. Die Begründung konnte niemanden überzeugen: Die Duma sei kein Organ des Volkes, heize die Lage im Lande an, statt sich um ihre Aufgaben zu kümmern. Die Gasarbeiter von Jamal, die Tschernomyrdin sehr mochten, waren äußerst aufgebracht. Allerdings bekräftigte der ehemalige Ministerpräsident seine Absicht, bei der Präsidentenwahl im Jahr 2000 zu kandidieren.

Doch das waren leere Worte. Niemand kümmerte sich um die Vorbereitung seines Wahlkampfs. Gazprom machte dafür keinen Rubel mehr locker. Die Stiftung TVS-2000 verschwand von der Bildfläche. Zum Zeichen dafür, dass Gazprom sich aus der Politik verabschiedet hatte, wurde auch der Polittechnologe Swerjew entlassen. Wie er es darstellt, soll Primakow Wjachirew auf einem Neujahrsempfang gefragt haben: »Was will der Swerjew noch bei dir? Fängst du wieder mit der Politik an?«

Das genügte. Die Abteilung für Öffentlichkeits- und Medienarbeit wurde aufgelöst. Gazprom-Media stellte seine Tätigkeit ein.

Als das Jahr 1999 anbrach, war nur noch von dem bevorstehenden Wahlkampf die Rede. Alle schalteten sich ein, außer Rem Wjachirew, der sich in seinem Unternehmen verbarrikadierte und schmunzelnd das Hauen und Stechen auf der politischen Bühne verfolgte.

In jenem Winter wurde in den Medien eifrig darüber diskutiert, dass es bei der kommenden Wahl zur Entscheidungsschlacht zwischen den Geheimdienstleuten aus Andropows Schule, die nach Revanche dürsteten, und den demokratischen Kräften kommen werde. So suchte der Journalist Leontjew, den Beresowski bei seinem Fernsehsender ORT angestellt hatte, die Öffentlichkeit damit zu schrecken, dass die

Leute Andropowscher Schule daran arbeiteten, ihren langgehegten Traum von einer kommunistischen Restauration wahrzumachen, die eine Katastrophe für das Land wäre. Nur Beresowski begreife, was vorgehe, weshalb ein »Frontalangriff« gegen ihn geführt werde: »Sie werden nicht alle zugleich attackieren. Sie zermalmen einen nach dem anderen. Das erste Opfer ist geschickt gewählt. Auf Beresowski sind sie gekommen, nicht, weil ihnen seine Visage nicht passt, sondern weil er mit ORT ein ideologisches Instrument von kolossalem Gewicht in der Hand hält.«

Mit den Leuten »Andropowscher Schule«, die die Demokratie zu Grabe tragen wollten, meinten die liberalen Journalisten vor allem Jewgeni Primakow und dessen Mannschaft. Die Gegenkräfte symbolisierte für sie Boris Beresowski, den Kommunistenführer Gennadi Sjuganow einmal den »Rasputin von heute« genannt hatte.

Indessen war die liberale Zeitung *Iswestija* geradezu schockiert, als Jewgeni Primakow davon sprach, in den Regionen die Wahl der Gouverneure abzuschaffen. Sie wertete diese Initiative als »Aufruf zur faktischen Beseitigung der föderalen Grundlagen des Staates und zur Wiederherstellung der alten Vertikale der Exekutivkomitees«.

Rem Wjachirew war bemüht, aus dieser Zeit der Wirren maximalen Nutzen zu ziehen. Da er nicht wusste, wie die Auseinandersetzung enden würde, griff er nicht ein, sondern suchte sich so weit wie möglich herauszuhalten.

Ende 1998 wurden 2,5 Prozent der Gazprom-Aktien, die dem Staat gehörten, an die deutsche Firma Ruhrgas verkauft. Dann beschloss die Duma im Januar 1999 auf Drängen der Gazprom-Lobby das Gesetz »Über die Gasversorgung«. Danach sollten nur noch 25 Prozent plus eine Aktie von Gazprom im Besitz des Staates verbleiben. So etwas hatte es noch nicht gegeben: Die von den Kommunisten kontrollierte Duma stimmte tatsächlich dem Verkauf von 13,5 Prozent

Staatsaktien zu. Das Gesetz sah außerdem vor, dass Ausländer maximal 25 Prozent minus eine Aktie von Gazprom besitzen durften. Damit gaben sich die Kommunisten in der Frage der Privatisierung liberaler als der Präsident. Boris Jelzin hatte 1997 den maximalen Anteil von Ausländern am Grundkapital von Gazprom auf 9 Prozent festgesetzt.

Rem Wjachirew konnte es offenbar nicht erwarten, möglichst unabhängig vom Staat zu werden und damit neue Begehrlichkeiten besser abwehren zu können. Ausländische Gasgesellschaften als Eigentümer waren ihm da wesentlich verständlicher und angenehmer als die dauernd wechselnden Minister russischer Regierungen. Das genannte Gesetz verbot aber auch die Aufteilung des »einheitlichen Systems der Gasversorgung«, das heißt die Aufspaltung von Gazprom, die die internationalen Finanzorganisationen seit langem forderten.

Ein weiterer auffälliger Schachzug Rem Wjachirews im Januar 1999 war die Ernennung seines Sohnes Juri zum Chef von Gasexport, der einträglichsten Tochterfirma des Konzerns.

Inzwischen glitt Präsident Jelzin und dem Kreml die Macht zusehends aus der Hand. Jelzin entließ Generalstaatsanwalt Juri Skuratow, woraufhin dieser drohte, mit Korruptionsvorwürfen gegen die Familie des Präsidenten an die Öffentlichkeit zu gehen. Der Generalstaatsanwalt blieb tatsächlich auf seinem Posten, denn der Föderationsrat, der seinen Rücktritt bestätigen musste, stellte sich zweimal quer. Und der Kreml hatte keinerlei Hebel in der Hand, um auf das Gremium oder seine Mitglieder, die Gouverneure, Einfluss zu nehmen.

Nun erteilte der Kreml den Auftrag, den Machenschaften des Generalstaatsanwalts auf den Grund zu gehen. Eine Sonderkommission sollte sich ein Video ansehen, auf dem der Gesetzeshüter zusammen mit Prostituierten abgelichtet war. Die Kommission bestand aus Innenminister Sergej Stepaschin und dem Chef des Föderalen Sicherheitsdienstes (FSB)

Wladimir Putin. Als beide dem Präsidenten Bericht erstatteten, war das dem wohlerzogenen Stepaschin sichtlich peinlich, er lief rot an und stotterte. Putin dagegen berichtete völlig entspannt und mit einem leichten Grinsen von den amourösen Abenteuern des Generalstaatsanwalts. Wie sich Medienminister Michail Lessin später erinnerte, stellte ihm der Chef der Präsidialadministration, Alexander Woloschin, damals zum ersten Mal die Frage: »Was meinst du, hätte Putin das Zeug zum Präsidenten?«

Im April sollte die Duma über das Amtsenthebungsverfahren gegen Boris Jelzin beraten. Der Kreml drohte, sollte es im Parlament darüber zur Abstimmung kommen, werde der Präsident den »prokommunistischen« Ministerpräsidenten Primakow entlassen. Das Verhältnis zwischen der Präsidialadministration und dem Ministerpräsidenten war inzwischen so schlecht wie nie zuvor. Als Primakow auf Bitten des Kreml im Parlament erschien, um den Fraktionschefs die Amtsenthebung des Präsidenten auszureden, formulierte er es so: »Zur Zeit können wir das alle nicht gebrauchen.« Und der Präsident antwortete bei einer Begegnung mit den Gouverneuren auf die Frage, ob er den Ministerpräsidenten nicht entlassen wolle, mit dem Satz: »Zur Zeit ist Primakow nützlich, später sehen wir weiter.«

Byzanz

Der Knoten löste sich am 12. Mai 1999. Am Vorabend der Debatte über die Amtsenthebung Boris Jelzins in der Duma entließ dieser Ministerpräsident Jewgeni Primakow. Darauf hatten vor allem Jelzins Tochter Tatjana Djatschenko, ihr Ehemann und ehemaliger Chef der Präsidialadministration Valentin Jumaschew und dessen Nachfolger Alexander Woloschin gedrängt. Als Nachfolgekandidaten schlugen sie

Innenminister Sergej Stepaschin vor, der in Jelzins Amtszeit inzwischen fast alle Stühle ausprobiert hatte – vom Chef des Geheimdienstes FSB bis zum Leiter der Steuerbehörde.

Tags darauf kamen in der Duma die für die Einleitung des Amtsenthebungsverfahrens notwendigen 300 Stimmen nicht zusammen. Danach bestätigte dasselbe Gremium, das Jewgeni Primakow Treue geschworen hatte, auch noch Sergej Stepaschin als neuen Ministerpräsidenten.

An diesem Tag begann die erste Operation »Nachfolger« in der modernen Geschichte: Der Administration des Präsidenten der Russischen Föderation gelang es gegen den Widerstand der Duma den ihr feindlich gesinnten Ministerpräsidenten Primakow loszuwerden und mit dem Casting der Kandidaten für das Präsidentenamt zu beginnen. Nun brauchte man nur noch einen wählbaren Kandidaten zu finden sowie Gouverneure und Oligarchen auf ihn einzuschwören oder zumindest den zu erwartenden Widerstand zu minimieren. Vor allem aber musste Gazprom gezähmt werden.

Der Erste auf der kurzen Liste war Sergej Stepaschin, ein Petersburger und Mann der bewaffneten Kräfte »mit menschlichem Gesicht«, der bei jeder Gelegenheit die Hand aufs Herz legte und sein »Offiziersehrenwort« gab. Ihm folgte Verkehrsminister Nikolai Axjonenko, ein erfahrener Ökonom und Vertrauensmann der Kreml-Administration. Er wurde in der neuen Regierung mit dem Amt des Ersten Vizepremiers betraut und sollte Gazprom an die Kandare legen. Als erste Amtshandlung kündigte er den Treuhandvertrag mit Rem Wjachirew und übergab das vom Staat bei Gazprom gehaltene Aktienpaket von 35 Prozent in die treuhänderische Verwaltung des neuen Ministers für Brennstoffe und Energie Viktor Kaljuschny. Der galt unter Insidern als Vertrauter des Chefs der Erdölgesellschaft Rosneft, des Oligarchen Roman Abramowitsch. Kaljuschny entfaltete sofort heftige Aktivitäten, um die Kontrolle über das Aktienpaket in die Hand zu bekommen. Das bedeutete noch nicht die Entlassung Wjachirews. Es war nicht einmal eine entscheidende Schwächung seiner Position, da niemand genau wusste, welchen Anteil der Gazprom-Aktien er tatsächlich kontrollierte.

Rem Wjachirew hatte in der letzten Zeit in Absprache mit Primakow so viel Abstand von der Politik gewonnen, dass er diesen Schlag zunächst verpasste. Der war nicht verheerend, aber von grundlegender Bedeutung. Plötzlich musste Wjachirew feststellen, dass in Regierung und Präsidialadministration erneut unangenehme Leute saßen, die er weder kannte noch verstand. Um das Maß voll zu machen, wurde nach Primakows Rücktritt auch noch der von Wjachirew kürzlich entlassene Sergej Swerjew stellvertretender Leiter der Präsidialadministration – eine besonders unangenehme Überraschung.

Nun beschloss Wjachirew, seine selbstverordnete Zurückhaltung aufzugeben. Denn seit Primakows Rücktritt flaute die Auseinandersetzung mit dem Kreml nicht etwa ab, sondern spitzte sich immer weiter zu. Gegen die Präsidialadministration fand sich spontan eine bunt gemischte Widerstandsgruppe zusammen, bestehend aus dem entlassenen Ex-Premier Jewgeni Primakow, dem Moskauer Bürgermeister Juri Luschkow, der sich vom Kreml übergangen fühlte, und dem Oligarchen Wladimir Gussinski, der den Fernsehsender NTV zur Verfügung hatte. Der beleidigte Rem Wjachirew beschloss, ihnen im Kampf gegen den Kreml zur Seite zu stehen.

»Zwischen uns entstand ein schwerer Konflikt«, sagt Alexander Woloschin heute. »Gazprom unterstützte politisch Primakow und Luschkow. Sie waren sicher, dass der Kreml sein Pulver verschossen hatte.«

Rem Wjachirew stürzte sich in die nächste Auseinandersetzung mit der Regierung. Er ahnte nicht, dass es der größte Kampf seines Lebens werden sollte. Sein erster Schachzug war eine dreiste Pressekonferenz.

»Ich bin der Vorstandsvorsitzende und werde es bleiben, bis meine Amtszeit zu Ende geht«, waren Wjachirews erste Worte. Dann nahm er sich den Treuhandvertrag vor. »Ein dümmeres Papier ist mir noch nicht begegnet«, behauptete er und bot an, »jedem die Möglichkeit zu geben«, mit diesem Aktienpaket zu stimmen. Über den neuen Minister Kaljuschny ließ er nur fallen, den kenne er nicht.

Gleichsam als Parodie auf Boris Jelzin, der sich so schwertat, einen Nachfolger zu finden, gab Wjachirew den Namen dessen bekannt, der ihm im Amt folgen sollte. Es war sein langjähriger Erster Stellvertreter Wjatscheslaw Scheremet.

Zur frontalen Kollision von Kreml und Gazprom kam es auf der Aktionärsversammlung am 30. Juni, wo ein neues Direktorium gewählt werden sollte. Zuvor waren Ministerpräsident Sergej Stepaschin und der Chef der Präsidialadministration, Alexander Woloschin, gemeinsam in Rem Wjachirews Büro im Gazprom-Haus an der Uliza Namjotkina erschienen. Eine solche Ehre war noch keinem russischen Unternehmenschef widerfahren. Woloschin und Stepaschin wollten sich mit Wjachirew über die Liste der zu wählenden Direktoriumsmitglieder einigen. Sie verlangten, dass nicht wie bisher vier, sondern fünf Vertreter des Staates diesem Gremium angehören sollten. Da der Staat 37,5 Prozent der Gazprom-Aktien halte, betrage sein Anteil am Direktorium 4,7 Sitze. Außerdem empfahlen sie, zum Vorsitzenden des Direktoriums Viktor Tschernomyrdin zu wählen.

Dass der Kreml ausgerechnet den Ex-Premier favorisierte, sollte niemanden verwundern. Im Unterschied zu Wjachirew hatte er Primakow und Luschkow nie nahegestanden. Im Gegenteil, er konnte den beiden nicht verzeihen, dass sie ihn im letzten Moment von der Schwelle des Präsidentenamts abgedrängt hatten. Deshalb schien er seinen Förderern als Trojanisches Pferd geeignet, um Primakow und Luschkow vom Inneren des Staatskonzerns her zu bekämpfen.

Das Gespräch zwischen Woloschin, Stepaschin und Wjachirew zog sich lange hin. Aber die Aktionärsversammlung entschied am nächsten Tag, wie sie wollte: Nach wie vor saßen nur vier Vertreter des Staates im Direktorium, allerdings wurde Viktor Tschernomyrdin zum Vorsitzenden gewählt.

Stepaschin schien bereit, Wjachirew diese Eigenmächtigkeit nachzusehen, aber Woloschin war fuchsteufelswild und beschwor den Ministerpräsidenten, »nicht so mit sich umspringen zu lassen«. Wenn Gazprom schon vor der Wahl mache, was es wolle, könne das sehr gefährlich werden. Stepaschin dagegen war der Meinung, dass man sich gerade vor der Wahl nicht auf einen unnötigen Konflikt mit Gazprom einlassen sollte.

»Du hast als Ministerpräsident angewiesen, wer gewählt werden soll. Aber die haben einen gestrichen! Und wer ist daran schuld? Rem Iwanowitsch hat wieder einmal entschieden, wie er es für richtig hält. Das muss jetzt korrigiert werden. Wir berufen eine außerordentliche Aktionärsversammlung ein, die das Direktorium noch einmal wählt!«, ereiferte sich Woloschin.

»Aber das ist doch ein Riesenunternehmen! Wie wird der Markt darauf reagieren?«, suchte Stepaschin einzuwenden.

»Die haben dir ins Gesicht gespuckt! Los, setz eine Besprechung an, zitier Wjachirew herbei und Schluss!«

Stepaschin tat, wie ihm geheißen, und lud die Betroffenen zu sich. Kaum hatten alle Platz genommen, nahm Rem Wjachirew das Wort, als ob er der Einlader sei. Er wisse, weshalb man diese Runde einberufen habe, erklärte er. »Jemandem passt das neugewählte Direktorium nicht.« Es sei aber nichts Schlimmes geschehen, versicherte er. Staat und Gazprom seien sich immer einig gewesen und könnten gar nicht gegeneinander arbeiten. Wo gewisse Vorwürfe herrührten, verstehe er nicht.

Stepaschin nickte und meinte, Wjachirew habe zweifellos recht. In der Regierung sehe man durchaus, dass Gazprom ein gewichtiges Unternehmen sei, bei dem sich übereilte Schlüsse von selbst verbieten. Man müsse aber für die Zukunft Lehren ziehen und einiges korrigieren.

Nach ihm nahm Woloschin das Wort und erklärte in herrischem Ton, Gazprom müsse eine neue Aktionärsversammlung einberufen und das Direktorium noch einmal wählen. Erhob sich und ging. Als er schon an der Tür war, schloss Stepaschin die Besprechung mit den Worten: »Alexander Staljewitsch hat wohl recht.«

Diese Begebenheit sollte sich als schicksalhaft erweisen, allerdings nicht für Wjachirew, sondern für Stepaschin. Seine Chancen, einmal den Präsidenten zu beerben, schmolzen dahin wie Schnee in der Frühlingssonne.

Von der ersten zur zweiten Wahl des Direktoriums im Sommer 1999 brach die Auseinandersetzung zwischen Gazprom und dem Kreml offen aus. Der Konzern erklärte, man habe im Jahr zuvor 1,8 Milliarden Dollar Verluste eingefahren, weshalb er seinen Aktionären, darunter dem Staat, keine Dividende zahlen könne. Das hieß im Klartext, dass Gazprom nicht daran dachte, die vom Kreml konzipierte Operation »Nachfolger« zu finanzieren. Der Konzern deutete an, er behalte sich vor, welchen Kandidaten er unterstützen werde.

Zugleich verstärkte der Fernsehsender NTV, dessen Hauptaktionäre der Oligarch Gussinski und Gazprom waren, die Kritik am Kreml, während er gleichzeitig Luschkow und Primakow unterstützte. Der Kreml forderte, Gazprom als Großaktionär und Kreditgeber von NTV möge auf den Sender Einfluss nehmen. Aber Wjachirew rührte keinen Finger.

Daraufhin inszenierte der Minister für Brennstoffe und Energie, Viktor Kaljuschny, einen heftigen Medienkrieg gegen Gazprom. Der Fernsehsender ORT berichtete von Gazprom-Aktionären, die sich darüber empörten, dass der Konzern ihnen keine Dividende zahle, zugleich aber die Mediengruppe Media-Most und den Sender NTV mit großen Summen unterstütze. Minister Kaljuschny persönlich stellte in einer Sendung die erstaunte Frage: »Wozu braucht Gazprom die ausländische Gasgesellschaft Itera, da doch alle Geschäfte des Unternehmens auf dem Binnenmarkt von Meschregiongas und im Ausland von Gasexport abgewickelt werden?« Dem folgte bei ORT eine weitere Sendung, in der man unverblümt behauptete, Gazprom parke bei der auf Zypern registrierten Itera sein Vermögen.

Im August 1999 spitzte sich die Lage weiter zu. Juri Luschkows Partei »Vaterland« und der von zahlreichen Gouverneuren unterstützte Wahlblock »Ganz Russland« schlossen sich zusammen. Diese starke politische Kraft war offenbar durch eine großzügige Finanzspritze von Gazprom zustande gekommen. Kurz vor der Vereinigung bekam Sergej Stepaschin eine letzte Chance. Am 3. August führte Alexander Woloschin hektische Verhandlungen mit den führenden Köpfen der Gouverneurspartei »Ganz Russland«, sie möge zur Kreml-Partei werden und den amtierenden Ministerpräsidenten zu ihrem Spitzenkandidaten küren. Im letzten Augenblick erklärte jedoch Stepaschin unerwartet, er stünde für keinen politischen Block zur Verfügung. Diese Desertion vor dem Feind wurde ihm nicht verziehen. Es verging keine Woche, und er war den Posten des Ministerpräsidenten los. Um Boris Jelzin endgültig davon zu überzeugen, welch ein Schwächling Stepaschin sei, brauchte es drei Tage – vom 6. bis zum 8. August. Eine nicht unbedeutende Rolle spielte dabei die Entwicklung im Nordkaukasus. Als muslimische Guerillas von der Sekte der Wahhabiten von Tschetschenien her in Dagestan einfielen, erklärte sich Jelzin einverstanden, Stepaschin zu entlassen.

In einer vorab aufgezeichneten Fernsehansprache, die am 9. September gesendet wurde, stellte Boris Jelzin als neuen Ministerpräsidenten Wladimir Putin vor und fügte hinzu, dass er ihn im Jahr 2000 als neuen Präsidenten Russlands sehen wolle. Alle übrigen Kandidaten waren inzwischen aus der engeren Wahl gestrichen.

Der neue Ministerpräsident hatte als Erstes die Auseinandersetzung mit Wjachirew zu bestehen.

Am Tag nach Putins Ernennung wurde Viktor Tschernomyrdin in den Kreml gerufen. Dort legte man dem Vorsitzenden des Direktoriums von Gazprom eine ganze Liste von Vorwürfen gegen Rem Wjachirew vor. Sie begann mit der unterlassenen Einflussnahme auf den Fernsehsender NTV und endete mit der Finanzierung des Wahlkampfs von Primakow und Luschkow. Dem hatte Tschernomyrdin wenig entgegenzusetzen. Am Ende des Gesprächs erklärte Tschernomyrdin mit steinernem Gesicht, der Präsident selbst habe »Rem Wjachirew unterstützt«. Aber jetzt konnte ein Blinder sehen, dass Wjachirew am Rande des Abgrunds stand. Bereits am nächsten Tag brachte die französische Tageszeitung *Le Monde* ein Interview mit Boris Beresowski, in dem dieser erklärte, Rem Wjachirews Unterstützung für Juri Luschkow sei »unannehmbar«. Er müsse zurücktreten, denn »es ist nicht normal, dass ein solches Finanzpotential gegen Präsident und Regierung eingesetzt wird«.

Im Kreml wurden nun verschiedene Szenarien debattiert, darunter auch die Absetzung Wjachirews als Vorstandsvorsitzender von Gazprom. Besonders heftig forderte dies Boris Beresowski. Am hinterhältigsten war wohl der folgende Plan: Für den 26. August war die zweite Aktionärsversammlung angesetzt. Jedoch schon am 23. feierte Rem Wjachirew seinen 65. Geburtstag. Aus diesem Anlass war eine Einladung zu Jelzin geplant. Der Präsident wollte ihm gratulieren und ihm einen Orden verleihen. Der Plan sah vor, dass Wjachirew vor der Tür des Präsidentenbüros von Ministerpräsident Putin »in Begleitung der Leiter der Repressionsorgane« in Empfang genommen werden sollte. Sie wollten Wjachirew eine Mappe mit derart kompromittierendem Material zu seiner Person und seinen Kindern vorlegen, dass ihm nichts übrigbleiben würde, als auf eigenen Wunsch zurückzutreten.

Die Gerüchte über das, was man mit ihm vorhatte, dazu weitere passende Sendungen im ORT-Fernsehen reichten für den nicht besonders mutigen Rem Wjachirew völlig aus. An seinem Geburtstag war er ständig auf dem Sprung. Ausländische Staatsoberhäupter überschütteten ihn mit teuren Geschenken, aber der Ruf aus dem Kreml kam nicht. Boris Jelzin beschränkte sich auf ein Glückwunschtelegramm. Wladimir Putin schickte eine Ehrenurkunde der Regierung: »Für Verdienste vor dem Staat bei der Entwicklung der Gasindustrie, die zuverlässige Versorgung der Wirtschaft und für langjährige gewissenhafte Arbeit.«

Doch die Regierung begnügte sich nicht mit dem Ausstreuen von Gerüchten, sie unternahm auch konkrete Schritte. In einigen mit Gazprom verbundenen Strukturen fanden Durchsuchungen statt, darunter beim Gashändler Gassibkontrakt und bei der petrochemischen Holding Sibur (von der im 6. Kapitel ausführlicher die Rede sein wird).

Die erneute Aktionärsversammlung am 26. August lief wie geschmiert. In das Direktorium wurden fünf Vertreter des Staates gewählt. Rem Wjachirew behielt seinen Posten. Der Minister für das Staatseigentum Farit Gasisulin erklärte, die Verlängerung des Treuhandvertrags mit Wjachirew sei in Vorbereitung.

Rem Wjachirew ließ sich auf keinen offenen Konflikt mit der Staatsmacht mehr ein. Zum einzigen Pol der russischen Politik und Zentrum der Macht wurde nun der Kreml. Schon im August 1999 wurden alle wichtigen Beschlüsse hinter seinen dicken Mauern in frisch renovierten Korridoren und Arbeitszimmern gefasst. Beamte mit dicken Mappen huschten über rote Teppiche und prüften ihr Outfit im Spiegel. Man war in Byzanz angekommen.

»Rem Wjachirew, der alte Fuchs, ging einfach auf Tauchstation. So ein Held, den alten Gauner Primakow zu unterstützen, war er nun auch wieder nicht«, versichert Sergej Swerjew.

Bei der Dumawahl im Dezember 1999 siegte die eilig zusammengezimmerte Kreml-Partei »Einheit«. Die Partei »Vaterland – Ganz Russland«, die von ORT, besonders von dem Journalisten Sergej Dorenko, niedergemacht worden war, kam auf den dritten Platz. Viktor Tschernomyrdins Partei »Unser Haus – Russland« schaffte nicht einmal die Fünfprozenthürde und verfehlte den Einzug ins Parlament.

Sofort nach den Wahlen führte die Regierung einen Exportzoll von 5 Prozent auf Erdgas ein und forderte von Gazprom höhere Steuern. Daraufhin schlug Rem Wjachirew zum ersten Mal vor, den Konzern aufzulösen und in drei Unternehmen für Förderung, Transport und Export zu teilen. Er bot an, in einer neuen Firma einen Posten zu übernehmen. Er hatte nicht begriffen, dass von ihm rein gar nichts mehr abhing.

5. Kapitel

Gazprom verliert seine Stimme

Neujahr

Am 31. Dezember 1999 kam der Chef der Präsidialadministration, Alexander Staljewitsch Woloschin, zu spät. Als er in Boris Jelzins Büro erschien, war es bereits 9.15 Uhr. Jelzin hasste Unpünktlichkeit. Jeder, der sich bei ihm auch nur um fünf Minuten verspätete, konnte auf der Stelle sein Entlassungsgesuch schreiben. Aber diesmal war es anders.

Woloschin wäre pünktlich gewesen, hätte es den Papierstau im Drucker eines Mitarbeiters nicht gegeben. Fast fünfzehn Minuten lang musste er sich mit dem Drucker herumplagen. Der Präsident saß derweil in seinem Büro und wartete auf den Chef seiner Administration. Er wartete geduldig, denn an diesem Tag wollte er seinen Rücktritt unterschreiben. Ebendieser Erlass hatte sich in dem Drucker verfangen.

Im Kreml war es still. Den 31. Dezember hatte man in Russland zum Feiertag erklärt. Nur die Mitarbeiter der Präsidialadministration waren zum Dienst erschienen, dazu ein Kamerateam, das die Neujahrsansprache des Präsidenten aufnehmen sollte, die zugleich als seine Rücktrittserklärung gedacht war. Man hatte die Kameraleute um 5 Uhr morgens angerufen und umgehend in den Kreml gebeten. Dort nahm man ihnen die Mobiltelefone ab und verbot ihnen, von irgendeinem anderen Apparat zu Hause anzurufen. Ihre Frauen hatten keine Ahnung, wohin die Männer ausgerechnet am Silvestertag verschwunden waren.

Das Team stellte seine Scheinwerfer auf und schmückte eine Neujahrstanne. Die Mitarbeiter steckten die Nasen in ihre Papiere, denn sie wussten, dass sie zu alledem am besten den Mund hielten. Um 9.15 Uhr legte der Chef der Administration dem Präsidenten die Papiere vor und erläuterte ihm den Sinn jedes einzelnen Dokuments. Jelzin nickte bedeutungsvoll und unterzeichnete eines nach dem anderen.

Dann lag der Erlass über Woloschins Entlassung vor ihm.

»Wozu denn das?«, fragte er ärgerlich.

»Sie haben mich eingestellt, Boris Nikolajewitsch. Der Chef der Präsidialadministration ist schließlich keine Wanderfahne. Sie können mich Ihrem Nachfolger nicht hinterlassen wie Ihre Büroeinrichtung. Wladimir Wladimirowitsch wird das wohl selber entscheiden wollen.«

»Entscheiden? Entscheiden … entscheiden«, wiederholte Jelzin. Er sprach oft ein und dasselbe Wort vor sich hin, wenn er über etwas nachdachte. »Da haben Sie wohl recht.«

Und mit Schwung signierte er die letzten Seiten.

Boris Jelzin setzte sich vor den Kameras in Positur, verlas seine Rücktrittserklärung, teilte seinem Volk mit, dass der amtierende Präsident Wladimir Putin sei, sprach zu seinen Mitarbeitern die denkwürdigen Worte: »Behüten Sie mir Russland!«, und … brach in Tränen aus. Kameramann Andrej Makarow vergaß vor Verblüffung die Kamera abzuschalten. Im Archiv des Senders ORT, der damals noch Boris Beresowski gehörte, müssen die Bilder vom weinenden Präsidenten noch irgendwo abgelegt sein.

»Und wir *sind* geblieben, Russland zu behüten«, sagt Alexander Woloschin heute.

Wir sitzen in seinem Büro in der AG Vereinigte Energiesysteme beisammen. Die Präsidialadministration hat er verlassen, allerdings nicht 1999, sondern erst 2003. An jenem denkwürdigen 31. Dezember unterschrieb Wladimir Putin den Erlass über seine Neuernennung nur wenige Stunden, nachdem Boris Jelzin seine Entlassung verfügt hatte.

Putin fühlte sich unsicher. Er war nun zwar amtierender

Präsident, hatte aber weder Geld noch Medien zu seiner Verfügung. All seine Machtbefugnisse waren nichts wert ohne Alexander Woloschins intime Kenntnis des Intrigenspiels auf der höchsten Ebene der Macht und ohne den Fernsehsender ORT, der Boris Beresowski gehörte. Es sollte einige Jahre dauern, bis Putin die Kontrolle über die großen Geldströme, darunter vor allem diejenigen von Gazprom, und über die wichtigsten Fernsehstationen in der Hand hatte. Erst dann entließ er Woloschin und trieb Beresowski in die Emigration.

Alexander Woloschin ist heute Vorsitzender des Direktoriums der Russischen Aktiengesellschaft Vereinigte Energiesysteme (RAO EES). Das ist das letzte große Staatsunternehmen, wo ehemalige Mitglieder von Jelzins Mannschaft noch Unterschlupf finden. Sein Büro ist ein kleines Zimmerchen. Wir sitzen im Halbdunkel. Draußen dämmert es schon, aber Woloschin schaltet kein Licht an.

Er raucht nicht. Das hat er sich abgewöhnt, als er den Kreml verließ. Er scherzt gern und lacht viel. Aber nicht so wie Politiker über ihre eigenen Witze lachen – laut und mit gebleckten Zähnen. Er schmunzelt eher ironisch, wie es Filmregisseure tun, wenn sie einem ihrer alten, gelungenen Streifen wiederbegegnen.

Aber wie viel und wie humorvoll Woloschin auch erzählen mag, es ist doch nur ein schwacher Abglanz dessen, was im Jahr 2000 im Kreml ablief. Faktisch war er damals der zweite Mann im Staat und der wahrscheinlich engste Berater des Präsidenten Putin.

So sagt er zum Beispiel nicht, wer aus Boris Jelzins Umgebung die Idee hatte, der Präsident sollte am 31. Dezember zurücktreten und sich mit der Neujahrsrede von seinem Volk verabschieden. Ehemalige Mitarbeiter der Administration meinen, Woloschin habe schon seit Sommer 1999 darüber nachgegrübelt, wie Jelzin vorzeitig in den Ruhestand zu befördern sei. Es heißt, BEN (wie man Boris Jelzin in der

Administration nannte) habe der Gedanke gefallen. Er war krank, seine Umfragewerte lagen nur noch bei 5 Prozent, und nach Putins Ernennung zum Ministerpräsidenten begann es im Land allmählich wieder aufwärtszugehen. Die Vorstellung, zum neuen Jahr zurückzutreten, soll Jelzin deshalb imponiert haben, weil seine Gegner das nicht erwarteten und er ihnen damit eine Nasenlänge voraus war. Und in der Tat traf die Nachricht in der Neujahrsnacht viele wie ein Blitz aus heiterem Himmel.

»Als ich Jelzin das im Fernsehen verkünden hörte, wollte ich meinen Ohren nicht trauen«, sagt Alexander Kasakow. Er war damals Vorstandsmitglied von Gazprom, hatte zuvor dessen Direktorium geleitet und war selber schon einmal stellvertretender Chef der Präsidialadministration gewesen.

»Es war ein genialer Schachzug. Das finde ich noch heute. »Natürlich kursierten Gerüchte, Jelzin könnte vorzeitig zurücktreten, um Putin einen Startvorsprung zu verschaffen«, sagt Jewgeni Kisseljow, der damals Generaldirektor des Fernsehsenders NTV war und dort das Wochenmagazin *Itogi* (»Fazit«) moderierte. »Aber der 31. Dezember wäre niemandem in den Sinn gekommen. Ausgerechnet am Silvestertag. Unser Feiertagsprogramm stand fest. Da musste ich plötzlich zum Dienst, um ein Special zu dieser Nachricht zu machen.«

Der frischgebackene amtierende Präsident Wladimir Putin begrüßte das neue Jahr mit seiner Gattin in einem Hubschrauber irgendwo am Himmel zwischen Dagestan und Tschetschenien. Dorthin war er als Erstes geflogen, nachdem Jelzin ihm die Amtsgeschäfte übergeben hatte.

Putins Ansehen hing damals ausschließlich vom Erfolg des neuen Krieges im Kaukasus ab. Erst einige Jahre später sollte es auch vom finanziellen Erfolg der staatlichen Gas- und Ölgesellschaften sowie von der bedingungslosen Ergebenheit der großen Fernsehsender gestützt werden. Putin flog nach Tschetschenien, denn der Wahlkampf war in vollem Gange.

Sein wichtigster und einziger Gegner in der ersten Präsidentenwahl war kein Politiker und keine Partei, denn nach dem Erfolg der hinter ihm stehenden Partei Jedinstwo (»Einheit«) bei den Dumawahlen hatten fast alle Rivalen das Rennen bereits aufgegeben. Gegen Boris Jelzins Nachfolger kämpfte der Fernsehsender NTV, der Wladimir Gussinski und Gazprom gehörte. NTV war die beliebteste und angesehenste Fernsehstation, die Russland zu jener Zeit hatte. Dort gab es die besten Nachrichtensendungen, die besten Talkshows und die besten Filme. Die Zuschauer waren es gewohnt, dass die Reporter des Senders von jedem Brennpunkt des Geschehens als Erste berichteten. Der Sender brachte es fertig, einen Krieg zu kritisieren und sogar zu stoppen – so geschehen beim ersten Tschetschenienfeldzug. In Jewgeni Kisseljows Wochensendung *Itogi* konnte man den zuweilen etwas trockenen, aber stets kompetenten Kommentar des Moderators und der von ihm geladenen Experten hören. Einen wohltuenden Kontrast zur seriösen *Itogi* bildeten das vor Geist sprühende, nach dem Vorbild von *Hallo, Deutschland* gestaltete Politsatiremagazin *Kukly* (»Puppen«) und die hervorragend gemachten Kulturnachrichten *Namedni* (»Damals«), beide aus der Feder des hochbegabten Leonid Parfjonow. Er und Kisseljow steuerten eigene Dokumentarfilme zum Programm bei. Ein Markenzeichen von NTV waren die Moderatoren der Nachrichtensendungen, denen das Publikum vertraute und die wie alte Freunde jeden Abend zu Besuch kamen und von den Geschehnissen des Tages berichteten. Was auch immer man sich von den Versuchen des Eigentümers Gussinski erzählen mag, die Informationsströme des Senders zu kontrollieren, die Journalisten strahlten so viel Frische, Kühnheit, Kompromisslosigkeit und Aufrichtigkeit aus, wie man sie seither in den russischen Medien nirgendwo mehr findet.

Unter jenen, die damals im Kreml und bei Gazprom aktiv waren, erzählt man sich die Geschichte von einem der ersten

Gespräche Rem Wjachirews mit Wladimir Putin, als der bereits amtierender Präsident war. Es soll stattgefunden haben, als Wjachirew Putin auf einem Flug durchs Land begleitete.

»Wann hört das endlich auf? Wieso können Sie NTV nicht dazu bringen, sich an die einfachsten Regeln zu halten?«, fragte Putin.

Der Gazprom-Chef murmelte etwas von Meinungsfreiheit. Der Blick des Amtierenden wurde hart.

»Sie haben das Kontrollpaket und können nichts machen?« Und dann mit aller Schärfe: »Merk dir, wenn du sie nicht in die Schranken weist, zerreiß ich dich in der Luft.«

Rem Wjachirew, der allmächtige Herrscher über das wichtigste Unternehmen des Landes, hatte sich so etwas wahrscheinlich noch nie anhören müssen. Es verschlug ihm die Sprache. Nicht weniger schockiert waren auch seine Begleiter, die das Gespräch mithörten. Dabei kannte man von Putin bereits den markigen Spruch, er werde die tschetschenischen Terroristen »im Klo ersäufen«.

»Was machen wir jetzt?«, murmelte Wjachirew, als er aus dem Flugzeug stieg.

»Keine Ahnung. Bald ist er der Präsident ...« Wjachirews Mitarbeiter hatten sich noch nicht von dem Schreck erholt.

Wer weiß, was den künftigen Präsidenten an den Sendungen von NTV damals so erboste. Vielleicht war es der kritische Ton der Berichterstattung vom Tschetschenienkrieg, mit dem Putin im Wahlkampf punktete und von dessen Richtigkeit er offenbar überzeugt war. Möglicherweise waren es aber auch die abfälligen Bemerkungen über Angehörige seiner Familie.

Der damalige NTV-Generaldirektor Jewgeni Kisseljow will zwei Versionen für die Gründe des Krieges zwischen dem Fernsehsender und Putin gehört haben: »Die erste wird von Leuten kolportiert, die Gussinski nicht mögen. Angeblich soll der Ende 1999 bei Putin aufgetaucht sein und erklärt haben:

›Ohne unsere Unterstützung wirst du nicht Präsident. Lass uns eine Abmachung treffen, wie der Staat NTV unterstützen kann, dann machen wir dich zum Präsidenten.‹ Diese Version glaube ich nicht. Gussinski ist ein temperamentvoller Mann und hat eine spitze Zunge, aber er ist kein Dummkopf. Ende November 1999 standen bereits alle Umfragen für Putin auf Sieg. Nach der zweiten Version soll man Putin eine Mappe mit vertraulichem Material oder eine Kassette mit NTV-Aufnahmen aus dem Tschetschenienkrieg zugespielt haben. Danach hat Putin Gussinski angeblich über Innenminister Ruschailo mitteilen lassen, die Beziehungen seien abgebrochen, Gussinski solle ihn nicht mehr anrufen oder zu treffen versuchen.«

Der letzte Schlag, den NTV gegen Putin führte und der fürwahr unter die Gürtellinie ging, war eine Folge der Sendung *Kukly*, in der der Präsident als »Klein Zaches« auftrat. Boris Jelzin steht an seiner Wiege und klagt, dass ausgerechnet er, der »Vater der russischen Demokratie«, einen so hässlichen Nachfolger hat. Dann erscheint Boris Beresowski als Fee und führt »Klein Zaches-Putin« in die Gesellschaft ein.

Diese Folge wurde im Januar 2000 ausgestrahlt. Bis zur Präsidentenwahl waren es noch zwei Monate. Auf das Ergebnis hatte die Sendung keinen Einfluss mehr. Wladimir Putin siegte schon im ersten Wahlgang mit 52 Prozent. Zur absoluten Machtfülle fehlte ihm jetzt noch die Kontrolle über Finanzen und Medien.

Staatsanwaltschaft oder Gazprom

Jewgeni Kisseljow erinnert sich, dass die Beziehung zwischen Gazprom und NTV im Jahr 1995 ihren Ursprung hat. Damals kam dem Besitzer Wladimir Gussinski die Idee, für die Entwicklung der noch jungen Fernsehstation zusätzliches

Kapital einzuwerben, indem er einem finanzkräftigen Unternehmen das Aktienkontrollpaket anbot. Sein Wunschpartner war von Anfang an Gazprom, »weil die Geld haben wie Heu«. Bei den Verhandlungen spielte Viktor Tschernomyrdin eine wichtige Rolle. Beide hatten ein ganz passables Verhältnis zueinander, der Ministerpräsident war stets für Interviews mit NTV zu haben und wirkte bei mehreren Projekten des Senders mit. Dabei hatten NTV-Reporter vor den Dumawahlen 1994 Tschernomyrdins Partei »Unser Haus – Russland« nicht geschont, sondern sogar politisch sehr unkorrekte Witze über sie gerissen. Der hässliche Spitzname der Partei »Unser Haus – Gazprom« stammt von ihnen. Und über das Wahlplakat der Partei, auf dem der Ministerpräsident mit seinen Händen ein Dach formt, höhnten sie, er wolle sich wohl als »Beschützer« anbieten. Die Anspielung auf die damals weitverbreitete kriminelle Schutzgelderpressung war nicht zu überhören.

Aber 1996 taten NTV und Wladimir Gussinski alles, um Boris Jelzin bei der Präsidentenwahl zum Sieg zu verhelfen. Kurz nach der Wahl schloss der Sender dann den Vertrag mit Gazprom, der ihm später zum Verhängnis werden sollte. Gazprom erwarb 30 Prozent der Aktien des NTV-Eigentümers Media-Most. Kisseljow räumte ein, die erlöste Summe sei der Dank dafür gewesen, dass NTV Boris Jelzin im Wahlkampf unterstützt hatte: »Zu einem gewissen Zeitpunkt wurde der erfolgreiche Abschluss der Verhandlungen an die Haltung des Senders bei den Wahlen geknüpft.« Den Geschäftsabschluss feierte man mit einem grandiosen Bankett im Gästehaus des Gasmonopolisten in Bogorodskoje.

»Der Wodka floss in Strömen. Denn die Gastgeber waren handfeste sowjetische Gasdirektoren, Männer, die am Bohrturm groß geworden waren. Solche Lächerlichkeiten wie Weiß- oder Rotwein rühren die nicht an. Nur Wodka, aus großen Gläsern getrunken. Zwei solcher Kerle nahmen jeweils einen NTV-Mann in die Mitte. Der Tisch war als Hufeisen aufgebaut – wie bei einer Hochzeit. Zu Beginn erhob sich der nicht mehr ganz nüchterne Tschernomyrdin zu einer programmatischen Rede von etwa 25 Minuten. Er schwankte nicht und verhedderte sich nicht ein einziges Mal. Sein Grundgedanke war klar: Eine gute, lohnenswerte Anlage. Es ist richtig, dass Gazprom in Medien investiert.«

Tschernomyrdin erklärte, er sei in den USA gewesen, wo es genauso laufe: Erst kürzlich habe General Electrics den Fernsehsender NBC erworben.

»Wie ich das überlebt habe, weiß ich nicht mehr«, erinnert sich Kisseljow. »Wir haben fast den Geist aufgegeben, denn jeder Toast musste ernst genommen werden. ›Austrinken!‹, knurrten die Männer von Gazprom. ›Das war ein Toast von Rem Iwanowitsch. Und da wird immer ausgetrunken!‹

Nachdem das Geschäft abgeschlossen war, hörten und sahen wir von Gazprom nicht viel. Gussinski hätte uns immer sagen können: ›Rührt Tschernomyrdin nicht an, lasst Wjachirew in Ruhe, sagt nichts gegen Gazprom.‹ Aber das hat er nicht getan. Von der Firma kamen einzelne Bitten, die aber kein Problem waren. Wenn irgendwo ein neues Loch gebohrt oder der Teilabschnitt einer Gasleitung fertiggestellt wurde, riefen sie an und baten, dass wir aktuell davon berichten. Vorschriften machten sie uns nicht, außer einer: Keine persönlichen Ausfälle gegen den Großvater und seine engsten Familienmitglieder.« – »Großvater« hieß bei den Journalisten in den neunziger Jahren Boris Jelzin.

Die Verbindung zwischen Gazprom und NTV war von Dauer. Über die Jahre nahm Media-Most für Sicherheiten von Gazprom zwei enorme Kredite bei der Credit Swiss First Boston und der russischen Sberbank auf. Mit dem Geld wurde die Reichweite des Senders vergrößert, das Personal aufgestockt, wurden Filme und Serien eingekauft, Korrespondentenbüros eröffnet und der Satellitensender NTV-Plus gestartet. Gussinski hatte nicht die Absicht, diese Kredite je zurückzuzahlen.

Zum ersten Mal erinnerte Gazprom NTV im Frühjahr 1999 an seine Schulden. Laut Kisseljow geschah das, als sich Gussinski mit der Familie des Präsidenten zerstritt.

Gussinski hatte von Gazproms Absichten schon vorher Wind bekommen. Bereits im Winter hatte er alle Aktionäre von Media-Most und die Chefredakteure der ihm gehörenden Medien bei einer Zusammenkunft auf schwere Zeiten vorbereitet. Ein Teil der Aktionäre wollte sofort alles verkaufen und mit dem Geld ins Ausland verschwinden. Die Chefredakteure jedoch, darunter Kisseljow und der Leiter von *Echo Moskwy*, Alexej Wenediktow, erklärten, sie könnten nicht einfach alles hinwerfen und die Flucht ergreifen. Sie würden damit ihr Gesicht verlieren. Das entscheidende Wort sprach Gussinski selbst. Auch er wollte kämpfen.

Und sie kämpften. Am 2. März 2000 sagte Gussinski in einem Interview für *Le Monde*, dem Sender NTV drohe die Schließung, weil er gewagt habe, Putin zu kritisieren.

»Gussinski wollte vor aller Welt demonstrieren: Seine Probleme rührten nicht daher, dass er ein schlechter Geschäftsmann ist, sondern der Chef eines Fernsehsenders, der eine kritisch realistische Linie vertritt«, sagt Kisseljow. »Er handelte nach dem Grundsatz: Angriff ist die beste Verteidigung.«

Kaum drei Tage nach Putins Amtseinführung fanden gleich in mehreren Niederlassungen der Media-Most-Holding Durchsuchungen statt. In den ersten Begründungen tauchte NTV nicht auf. Die Generalstaatsanwaltschaft erklärte, gegen die Holding sei wegen festgestellter Rechtsverletzungen bei der Privatisierung von Gussinskis Firma Russkoje Video ein Strafverfahren eröffnet worden.

NTV und weitere Medien Gussinskis antworteten darauf mit einer Verschärfung der Kritik an Putin. »Wohin geht unser Land? Man hat den Eindruck, dass ein neuer August 1991 bevorsteht. Die Macht könnte wieder außer Kontrolle geraten«, räsonierte Jewgeni Kisseljow am 11. Juni 2000 in *Itogi*.

»Damals haben wir geglaubt, das sei wieder so ein Medienkrieg, wie wir schon mehrere hatten. Niemand konnte sich vorstellen, dass der Verlierer vom Platz gejagt wird«, erinnert sich der Fernsehjournalist Leonid Parfjonow. »Wir meinten, dass es mit Gussinski und Beresowski ewig so weitergeht. Man verlor eine Schlacht und gewann die nächste. So dachten wir, bis Gussinski verhaftet wurde.«

Das geschah am 13. Juni 2000. Der Medientycoon wurde ins berüchtigte Untersuchungsgefängnis Butyrka gebracht. Das war ein Schock für alle russischen Oligarchen, vor allem aber für die Chefs von Gazprom. Die Verhaftung bedeutete nämlich, dass dem Kreml die laschen Verhandlungen, die Gazprom mit Gussinski führte, nicht passten. Deswegen schaltete er jetzt die Generalstaatsanwaltschaft ein.

Siebzehn Oligarchen schrieben daraufhin an Generalstaatsanwalt Ustinow einen offenen Brief, in dem sie ihn baten, Gussinski auf ihre Bürgschaft hin freizulassen. An vorletzter Stelle in der Reihe stand der Schriftzug von Rem Wjachirew.

Präsident Putin war gerade auf Staatsbesuch in Spanien. Er erklärte, Gussinskis Verhaftung komme für ihn unerwartet. Die Gründe seien ihm nicht bekannt, weil er den Generalstaatsanwalt bisher nicht ans Telefon bekommen habe. Zugleich aber deutete er an, dass er über Gazproms Tatenlosigkeit sehr verärgert sei. Er verstehe nicht, weshalb die Medien die Tatsache nicht interessiere, dass Gazprom Gussinski Kredit gewähre, der seine Steuern nicht in Russland, sondern im Ausland zahlt. »Wieso Gazprom für dessen Probleme Geld ausgibt, ist mir unbegreiflich«, sagte der Präsident.

Aus Spanien zurück, rief Putin Wjachirew zu sich. Der informierte den Präsidenten über den bisherigen Verlauf der Verhandlungen mit Gussinski und versprach, von nun an energischer vorzugehen. »Ich habe Putin alles erklärt, und er hat mir zugestimmt. Ich habe ihn gefragt: ›Wollen Sie mir

Druck machen?‹ Er meinte, er wolle das nicht«, sagte Wjachirew einige Tage später über dieses Gespräch.

»Als Gussinski verhaftet wurde«, erinnert sich Kisseljow, »kam eine Botschaft von Medienminister Lessin: ›Wenn ihr wollt, dass Gussinski freikommt, dann verkauft alle eure Anteile. Mit dem Geld könnt ihr im Ausland herrlich und in Freuden leben.‹ Wir schlugen vor, über das Angebot zu verhandeln.«

Drei Tage verbrachte Gussinski in der Butyrka. Am 16. Juni erklärte Rem Wjachirew, Gazprom habe an Media-Most keine Forderungen. Am selben Tag beschloss die Generalstaatsanwaltschaft, Gussinski aus der Vorbeugehaft zu entlassen und ihm stattdessen eine Meldepflicht bei der Miliz aufzuerlegen.

Nun war es an den Managern von Gazprom zu beweisen, dass sie nicht weniger operativ vorgehen konnten als die Mitarbeiter der Staatsanwaltschaft. Es ging darum, Gussinski seinen Sender ohne großes Aufsehen abzunehmen. Da erinnerte man sich der einst gegründeten, aber nie wirklich genutzten Tochterfirma Gazprom-Media. Unter ihrem Dach sollten nun alle Medien zusammengeführt werden, die der Gasmonopolist besaß. Für die Tilgung der Schulden wollte man von Gussinski Media-Most und die dazugehörigen Firmen wie NTV, den Rundfunksender Echo Moskwy, den Verlag 7 Dnej, das Satellitenfernsehen NTV-Plus und andere übernehmen. Vorsitzender des Direktoriums von Gazprom-Media war der frühere Direktoriumsvorsitzende von Gazprom, Alexander Kasakow. Als Generaldirektor setzte man den früheren Chef des Staatlichen Komitees zur Verwaltung des Staatsvermögens, Alfred Koch, ein.

Alfred Koch berichtet, den staatlichen Auftrag, Gussinski NTV abzunehmen und an Gazprom zu übergeben, habe er von Medienminister Michail Lessin erhalten. Der hatte ihn auf seine Datsche eingeladen. Die alten Freunde Koch und

Lessin schwitzten zusammen im Badehaus. Koch freute sich auf die Gelegenheit, dem Oligarchen Gussinski das geliebte Fernsehen abzunehmen, denn als Finanzmann hielt er das für eine interessante und als Politiker für eine gerechte Sache.

Koch hatte allen Grund, Gussinski zu hassen, wie die überwiegende Mehrheit des Volkes die Oligarchen hasste. Er hatte nicht vergessen, wie er auf seinem Posten im Vermögenskomitee dem Einfluss Gussinskis, der die Privatisierung mächtig vorantrieb, nichts entgegenzusetzen hatte. Kochs politische Partei war Sojus prawych sil (»Union der Rechtskräfte«), deren Mitglieder Tschubais und Nemzow als stellvertretende Ministerpräsidenten 1997 und 1998 den Oligarchen, darunter Gussinski, den offenen Krieg erklärt hatten. Sie konnten Gussinski zwar daran hindern, sich die staatliche Telefongesellschaft Swjasinvest für ein Butterbrot anzueignen, verloren aber insgesamt den Krieg um die Privatisierung, wurden aus dem Amt gejagt und stehen vor der Geschichte immer als Mitglieder jener Regierung da, die 1998 den Staatsbankrott erklären musste. Gegen Koch persönlich entfesselten Gussinskis Medien unter dem Namen »Schriftstelleraffäre« eine schmutzige Medienkampagne. Koch und Tschubais wurde vorgeworfen, sie hätten mit einem westlichen Verlag vertraglich vereinbart, ein Buch über die Privatisierung in Russland zu schreiben, das Honorar eingestrichen, aber nie eine Zeile geschrieben. Ziemlich unverhüllt gaben Gussinskis Reporter zu verstehen, dass es sich in Wirklichkeit um Schmiergeld gehandelt habe.

»Erzählen Sie mir bloß nicht, dass es unter Gussinski bei NTV Meinungsfreiheit gab«, sagt Koch. »Keine Spur. Während des Präsidentschaftswahlkampfs von 1996 habe ich mehrmals an Redaktionsbesprechungen teilgenommen. Ich erinnere mich genau, wie Jewgeni Kisseljow von Gussinski Anweisungen entgegennahm. Und ich habe auch gehört, wie Wenediktow von *Echo Moskwy*, wenn er zur Arbeit kam, nicht ›Guten Morgen!‹ sagte, sondern: ›Na? Wen pinkeln wir heute an?‹«

Kasakow und Koch glaubten offenbar wirklich, der Gerechtigkeit zum Durchbruch zu verhelfen, denn selbstverständlich musste Gussinski seine Schulden bezahlen. Außerdem sahen sie es als Dienst an der Meinungsfreiheit an, wenn Gussinski nun keine Journalisten für seine persönlichen politischen und wirtschaftlichen Ambitionen mehr einspannen konnte.

»Ich habe Wjachirew gleich gesagt, dass es mir ein Fest sein wird, mich mit Gussinski anzulegen«, bekennt Kasakow. »Koch ging es nicht anders. Der persönliche Groll hat uns erst richtig in Fahrt gebracht.«

Mitverantwortung für den Erfolg der Operation trug Medienminister Michail Lessin. Auch er hatte seine Gründe, sie als gerechte und wichtige Sache anzusehen. Für den Beamten Lessin war es durchaus attraktiv, den beliebtesten Fernsehsender unter seine Kontrolle zu bekommen. Und der Politiker Lessin hielt es für gerecht, einen Sender für den Staat (in Gestalt von Gazprom) zurückzugewinnen, der mit staatlichem Geld aufgebaut worden war.

Man ging davon aus, dass 25 Prozent der NTV-Aktien beim Staat verbleiben und weitere 25 Prozent an einen respektablen ausländischen Investor verkauft werden sollten. Im Erfolgsfall winkte den drei Unterhändlern Lessin, Kasakow und Koch eine Option auf je 5 Prozent der Aktien.

Als Gussinski wieder auf freiem Fuß war, begannen die Verhandlungen mit Gazprom-Media.

»Gussinski und Koch kamen regelmäßig zusammen und trafen ihre Absprachen«, erinnert sich Leonid Parfjonow. »Gussinski meinte: ›Alik [Alfred Koch] ist doch ein ganz passabler Kerl.‹ Und auch von Koch war zu hören: ›Die Sache läuft. Wir kriegen die Kuh vom Eis.‹ NTV sendete mal mehr, mal weniger polemisch. Man suchte offenbar nach einem Kompromiss. Niemand wollte NTV schließen. Eine Zeitlang war das Ergebnis völlig offen. Ich glaubte, Gussinski würde die Sache irgendwie regeln.«

Am 20. Juli schlossen Gussinski und Koch eine Vereinbarung: Gazprom-Media übernahm Gussinskis Schulden, legte noch 300 Millionen drauf und erhielt dafür Media-Most mit allem, was dazugehörte. So lautete der Vertrag. Dazu gab es die »Anlage Nr. 6«, die beinhaltete, dass Gussinski für den Verzicht auf NTV die Freiheit garantiert werde. Sie wurde von Medienminister Lessin per Unterschrift bestätigt.

Daraufhin stellte die Generalstaatsanwaltschaft das Verfahren gegen Gussinski wegen Fehlens eines Straftatbestandes ein. Auch die polizeiliche Meldepflicht und die Sperrung seines Vermögens wurden aufgehoben. Gussinski setzte sich nach Spanien ab. Einen Monat später erklärte er von dort, er sei bereit, den Fernsehsender NTV an Gazprom zu verkaufen.

U-Boot und vorgehaltene Pistole

Im August 2000 passierte etwas, das weder mit NTV noch mit Gussinski oder Gazprom etwas zu tun hatte, den weiteren Gang der Dinge aber wesentlich beeinflusste. Am 12. August sank das U-Boot Kursk in der Barentssee. Die Besatzung war nach der Havarie noch einige Tage am Leben. Aber kein einziger Mann konnte gerettet werden.

Die Medien stürzten sich auf Präsident Putin. Zum ersten Mal seit seiner Wahl hagelte es von allen Seiten Kritik. Vor allem warf man ihm vor, dass er nicht sofort seinen Urlaub abgebrochen hatte, als er von der Tragödie erfuhr.

Die Fernsehreporter prangerten an, dass die Behörden die Havarie zu lange totgeschwiegen hatten, viel zu spät mit den Rettungsarbeiten begannen und erst nach längerem Zögern ausländische Spezialfirmen hinzuzogen, die die Besatzung hätten retten können.

Am 22. August traf Putin in Widjajewo, dem Heimathafen der Nordmeerflotte, ein, um mit Angehörigen der Verunglückten zu sprechen. Das war sicher die schwerste und unangenehmste Begegnung seiner ganzen Präsidentschaft. Blind vor Gram und Zorn schrien Familienangehörige den Präsidenten an und warfen ihm Tatenlosigkeit vor. Dabei beriefen sie sich auf die Berichte des Fernsehens.

»Das Fernsehen? Das lügt!«, antwortete der Präsident mit unterdrücktem Zorn. »Es lügt und lügt. Dort gibt es Leute, die haben zehn Jahre lang gegen die Armee und die Flotte gehetzt, wo jetzt Menschen umkommen. Heute spielen sie sich als Verteidiger derselben Armee auf. Aber auch damit wollen sie sie nur diskreditieren und endgültig kleinkriegen. Jahrelang haben sie Geld zusammengestohlen, und jetzt glauben sie, sie könnten dafür alles und jeden kaufen!«

Das Fernsehen war bei dieser Begegnung nicht zugegen. Aber NTV und ORT zeigten jeden Tag die gramgebeugten Angehörigen der Männer der Kursk, die ihre Anklagen ohne Scheu wieder und wieder in die Kameras schrien.

Das Verhältnis des Kreml zu Boris Beresowski, der Putin noch vor kurzem aktiv unterstützt hatte und selbst gegen Gussinski kämpfte, war bereits gestört. Schon vor dem Untergang der Kursk war die Rede davon gewesen, dass Beresowskis Fernsehsender ORT wieder staatlich kontrolliert werden müsse. Die Tragödie beschleunigte diesen Prozess. Einen Monat später hatte der Kreml ORT fest in der Hand. Der Oligarch Roman Abramowitsch hatte Beresowski das Kontrollaktienpaket abgekauft und dem Staat übergeben.

Nun musste noch Operation NTV zu Ende gebracht werden. Das schien umso nötiger, als bei dem anscheinend bereits geschlossenen Deal über den stillen Übergang des Senders von Gussinski an Gazprom-Media unerwartet Schwierigkeiten auftauchten. Nach seiner Flucht aus Russland wurde der Oligarch im Westen mit offenen Armen empfangen. Man wählte ihn zum Vizepräsidenten des Jüdischen Weltkongresses; er erhielt eine Audienz bei US-Präsident Clinton. Nun meinte er, Putin, dessen Ansehen durch die Kursk-Affäre und den Konflikt mit Beresowski angeschlagen war, könne ihm nichts mehr anhaben.

Im September erklärte Gussinski, seine Zustimmung zum Verkauf von NTV habe er unter Zwang gegeben. Man habe ihm dieses Versprechen für die Zusicherung seiner Freilassung aus dem Gefängnis abgerungen, gleichsam unter vorgehaltener Pistole. Zur gleichen Zeit enthüllte Media-Most die Existenz der berüchtigten »Anlage Nr. 6«, die auch die Unterschrift von Minister Lessin trug.

Gussinskis Erklärung löste einen ungeheuren Skandal aus. Putin erteilte der Regierung den offiziellen Auftrag zu prüfen, welche Rolle der Medienminister bei der Unterzeichnung der Vereinbarung zwischen Gussinski und Gazprom-Media gespielt hatte. Auf der Kabinettssitzung kanzelte Ministerpräsident Michail Kasjanow den vor ihm stehenden Lessin nach allen Regeln der Kunst ab. Aber er entließ ihn nicht. Alfred Koch berief eine Pressekonferenz ein, wo er Gussinski des Wortbruchs bezichtigte, weil der nur so getan habe, als wolle er seine Firma verkaufen. In Wirklichkeit sei es ihm darum gegangen, sein Vermögen ins Ausland zu schaffen.

Im November eröffnete die Generalstaatsanwaltschaft ein neues Strafverfahren gegen Gussinski. Sie lud ihn zur Vernehmung vor und drohte, ihn durch Interpol nach Russland überstellen zu lassen, falls er die Vorladung ignorieren sollte. Gussinski kam natürlich nicht nach Russland.

Bis zum Jahresende ging das Tauziehen hin und her. Media-Most und Gazprom-Media unterzeichneten Vereinbarungen und kündigten sie wieder. Die Generalstaatsanwaltschaft hielt lautstarke Pressekonferenzen ab, um dann für längere Zeit zu verstummen. Gegen Jahresende erhöhte sich der Druck. Inzwischen war auch die Steuerfahndung eingeschaltet worden, die vom Gericht verlangte, NTV zu schließen, weil der Sender in den zwei letzten Finanzjahren nur Verluste eingefahren hatte.

Mitarbeiter der Redaktion wurden von der Generalstaatsanwaltschaft zur Vernehmung vorgeladen. Der erste war Generaldirektor Jewgeni Kisseljow, ihm folgten die Journalisten Alim Jussupow, Alexej Kondulukow und Jewgeni Rewenko. Dann kam die Moderatorin der Abendnachrichten Tatjana Mitkowa an die Reihe. Ihr wurde vorgehalten, sie habe dem Nachbarn in der Wohnung über ihr mit Vergeltung gedroht, weil der ihre frisch renovierte Wohnung unter Wasser gesetzt hatte. Ihre Kollegen von NTV zogen damals als eine Art Mahnwache vor Tatjana Mitkowas Haus auf. Eine offizielle Genehmigung hatten sie dafür nicht. Daher hielten sie auch keine Plakate hoch und riefen keine Losungen. Sie standen einfach nur schweigend da. Aber ihre Gesichter, die jeder im Land kannte, sagten viel mehr als jedes Plakat: Man will Druck auf uns ausüben. Aber wir stehen zusammen. Helft uns!

Bald nach Neujahr wurde klar, dass die Tage von NTV in ihrer damaligen Form gezählt waren.

»Bei NTV brach das Chaos aus«, berichtet Jewgeni Kisseljow. »Am schlimmsten war, dass wir alle völlig im Dunkeln tappten. Wenn ich morgens zur Arbeit kam, wurde ich schon am Fahrstuhl von Mitarbeitern abgefangen, die von mir wissen wollten, wie es weitergeht. 80 Prozent meiner Zeit musste ich für persönliche Gespräche verwenden. Ich wollte die Leute beruhigen. Wir hatten den Eindruck, dass man bei den Behörden keine einheitliche Linie fuhr. Mal machten sie so viel Druck, dass wir glaubten, das sei das Ende. Dann ließen sie wieder nach, und wir schöpften neue Hoffnung.«

Die Panik der Journalisten war auch in ihrer Arbeit zu spüren. Hauptnachricht bei NTV war nun tagein, tagaus die Lage von NTV. Nach einem Jahr der Auseinandersetzungen bekamen viele Zuschauer und selbst zahlreiche Mitarbeiter des Senders die »messianische Berichterstattung« (Leonid Parfjonow), auf der Jewgeni Kisseljow bestand, allmählich satt. Je länger der Kampf des Senders gegen den Staat und Gazprom währte, desto schwerer fiel es NTV, seine Zuschauer bei Laune zu halten. Die Journalistin Jelisaweta Listowa meinte damals, man könne nicht ein ganzes Jahr nur mit Nabelschau verbringen. Damit traf sie ziemlich genau die allgemeine Stimmung.

»Ich habe Kisseljow gesagt«, erinnert sich Leonid Parfjonow, »dass er sich übernimmt, wenn er aus Journalisten Berufsrevolutionäre machen will.«

Kisseljow und Parfjonow waren gleichsam die beiden Pole von NTV, und das im ästhetischen wie im ideologischen Sinn. Kisseljow moderierte das etwas dröge Magazin *Itogi*. Er war der Meinung, die Politik interessiere die Zuschauer wegen ihres Inhalts. Man brauchte sich keine neuen Formate auszudenken, sondern nur die Nachrichten exakt wiedergeben und kommentieren, selbst wenn das auf Kosten einer attraktiven Gestaltung der Sendungen ging. Parfjonow dagegen drehte fesselnde Fernsehfilme vorwiegend zu kulturellen und historischen Themen. Er setzte sich vehement für »Infotainment« ein und versuchte die Nachrichten möglichst spannend an die Zuschauer zu bringen. In seinen Live-Sendungen wurden jede Menge Neuerungen ausprobiert. Er arbeitete gern mit jungen Journalisten, die er so beeindruckte, dass sie ihn nachzuahmen versuchten.

Kurz vor dem Ende von NTV in seiner bisherigen Form bot Kisseljow Parfjonow an, in seiner Sendung *Itogi* eine Rubrik zu übernehmen. Die Fans von NTV freuten sich, dass die beiden bekanntesten Gesichter des Senders nun gegen die gemeinsame Gefahr zusammenarbeiteten. In der Praxis hätte das jedoch bedeutet, einen phlegmatischen Ochsen und ein nervöses Rennpferd zusammenzuspannen.

Ende Januar bat die Moderatorin Swetlana Sorokina Präsident Putin über das Fernsehen, die Mitarbeiter des Senders zu empfangen. Er rief sie im Büro zurück und lud sie mit ihren Kollegen in den Kreml ein. Vom Pressedienst des Präsidenten wurde präzisiert, es dürften maximal zehn Personen sein. Am Ende waren es elf.

»Als wir in den Kreml kamen, wussten wir nicht, wie uns geschah«, erinnert sich Jewgeni Kisseljow. »Bald war klar, dass es keinerlei Hoffnung für uns gab. Putin erschien in Begleitung von Generalstaatsanwalt Ustinow. Als Erstes las er ein Papier vor, das dieser für ihn geschrieben hatte. Es war auf Einschüchterung getrimmt und enthielt eine unwahre Behauptung nach der anderen. Ohne die Vorgeschichte mit einem Wort zu erwähnen, hieß es, wir hätten einen Haufen Geld bei Gazprom geliehen und wollten es jetzt nicht zurückzahlen. Wir versuchten einzuwenden: ›Man hat Sie nicht korrekt informiert.‹ – ›Ich vertraue meinen Quellen‹, gab Putin zurück. Und fuhr fort: ›Sie arbeiten mit verbotenen Mitteln, schanzen sich illegale Gehälter zu …‹ Die meisten Einzelheiten habe ich vergessen. Aber er war so genau informiert, dass es keinen Zweifel gab: Die ganze Operation wurde von ihm persönlich geleitet.«

Dem Modenarren Parfjonow entging selbst in dieser Situation nicht, dass der Präsident ein von einem berühmten Schneider gefertigtes Jackett aus feinstem Zwirn trug.

Nostalgie oder Schokolade

Die Begegnungen mit Jewgeni Kisseljow und Leonid Parfjonow finden am selben Tag statt. Parfjonow erwartet uns um 10 Uhr morgens im Café Schokoladenmädchen an der Sretenka-Straße. Mit Kisseljow sind wir um 13 Uhr im Restaurant Nostalgie am Tschistoprudny Boulevard verabredet.

Seit dem denkwürdigen Frühjahr 2001 sind mehr als fünf Jahre vergangen. Beide arbeiten nicht mehr beim Fernsehen.

Aber sie haben nichts vergessen und berichten mit Hingabe davon, was damals passiert ist.

Vor allem erzählen sie von der Kundgebung für NTV und die Meinungsfreiheit, die am 31. März 2001 auf dem Moskauer Puschkin-Platz stattfand. Es war die erste und letzte Veranstaltung dieser Art mit Tausenden Teilnehmern im Zentrum von Moskau, seit Putin Präsident ist. Kisseljow sieht sie heute als die Entscheidungsschlacht.

»Wir hatten die Illusion, die Behörden damit irgendwie beeinflussen zu können. Wir glaubten, die Meinung der Öffentlichkeit würden sie nicht einfach ignorieren. Aber da hatten wir uns geirrt. Danach versuchten sie auf zynische Weise Keile in die Belegschaft zu treiben. Einzelnen Mitarbeitern boten sie das eineinhalbfache oder gar doppelte Gehalt an. Genaue Zahlen habe ich nie gehört.«

Für Parfjonow war die ganze Veranstaltung ein Beispiel für schlechten Geschmack. Er meint, Kisseljows NTV sei nicht untergegangen, weil die Staatsmacht es zerschlug, sondern weil es sich ästhetisch überlebt hatte.

»Die Kundgebung auf dem Puschkin-Platz hat mich tief aufgewühlt«, schwärmt dagegen Jewgeni Kisseljow. »Die vielen Leute mit den Losungen und Forderungen im NTV-Design! Das hat mich unheimlich mitgenommen.«

Nach dieser Demonstration trat der Konflikt in sein entscheidendes Stadium. Für den 3. April setzte Gazprom in Saratow an der Wolga eine Versammlung der Aktionäre von NTV an, auf der das Unternehmen ein ihm genehmes Direktorium wählen lassen wollte. Inzwischen gehörten Gazprom 48 Prozent der NTV-Aktien. 4,5 Prozent hielt der amerikanische Investmentfonds Capital Research Management. Den Rest besaß Media-Most, aber auf Beschluss eines Schiedsgerichts waren 20 Prozent der Media-Most-Aktien mit den entsprechenden Stimmrechten beschlagnahmt. Die Anwälte von NTV wollten die Aktionärsversammlung verhindern und beantragten beim Kreisgericht von Saratow eine einstweilige Verfügung.

»Das Saratower Gericht wollte uns verbieten, die Aktionärsversammlung abzuhalten, auf der ein neues Direktorium von NTV gewählt werden sollte«, berichtet der damalige Chef des Direktoriums von Gazprom-Media, Alexander Kasakow. »Ihre Anwälte waren schon im Anflug auf Saratow. Ich rief Gouverneur Ajazkow an und sagte zu ihm: ›Da fliegt eine Maschine in deine Stadt, die dort nicht landen soll.‹ Ajazkow begriff sofort. Er gehört zu den Leuten, die noch Disziplin im Leibe haben. Zu meiner Zeit in der Präsidialadministration habe ich ihn auf den Stuhl des Gouverneurs gehievt. Der Flieger bekam in Saratow keine Landeerlaubnis. Da sind sie auf Autos umgestiegen. Aber die Strecke war in einer Nacht nicht zu schaffen. Inzwischen haben wir bei Gericht eine andere Entscheidung erwirkt, die die ihre außer Kraft setzte. Als Kisseljow mit seinem Gerichtsbeschluss bei der Aktionärsversammlung aufkreuzte, haben wir ihm unseren vor die Nase gehalten. Er ist fast in Ohnmacht gefallen. Das hatte er nicht erwartet. Wir haben die Aktionärsversammlung durchgeführt und unser Direktorium gewählt, das sofort ein neues Management einsetzte.«

Was Kasakow und Koch hier inszenierten, erinnerte verdächtig an eine Episode, die sich sieben Jahre zuvor schon abgespielt hatte, nur dass damals Alfred Koch das Opfer war: Mitte der neunziger Jahre war Koch stellvertretender Ministerpräsident gewesen. Wie die NTV-Anwälte sich 2001 nach Saratow auf den Weg machten, sollte er damals nach Nischnewartowsk reisen, um – die Anordnung der Regierung in der Tasche – das Unternehmen Nischnewartowskneftegas zu privatisieren. Er hatte rechtzeitig zur Belegschaftsversammlung anzukommen, dort die Anordnung der Regierung bestätigen zu lassen und die Privatisierung einzuleiten. Aber auf einen Hinweis des Direktors von Nischnewartowskneftegas,

Viktor Pali, erhielt die Maschine mit dem hohen Gast an Bord in der Stadt keine Landeerlaubnis und wurde auf den Ausweichflugplatz Surgut umgeleitet. Der Vizepremier saß zwar in einer Linienmaschine, aber die Ungelegenheiten, die hundert weiteren, ganz normalen Fluggästen dadurch entstanden, kümmerten niemanden. Schließlich stand man hier mitten im Kampf ums Eigentum. Vizepremier Koch musste die 220 Kilometer von Surgut nach Nischnewartowsk auf einer Straße zurücklegen, die nur dem Namen nach eine Straße war. Unterwegs stellten sich ihm dann auch noch Bewaffnete in den Weg. Sie hielten den Wagen des stellvertretenden Ministerpräsidenten so lange in der menschenleeren Waldtundra auf, bis Direktor Pali die Belegschaftsversammlung hinter sich hatte. Die stimmte einmütig gegen die Privatisierung, als hätte es eine Anweisung der Regierung nie gegeben. Und keiner soll glauben, die wilden Methoden der Jelzin-Privatisierung seien zu Putins Zeiten zivilisierter geworden.

Mitglieder des Direktoriums von NTV waren nun die Gazprom-Chefs Rem Wjachirew, Wjatscheslaw Scheremet und Alexander Kasakow. Hinzu kam der bisherige NTV-Journalist Leonid Parfjonow. Vorsitzender des Direktoriums wurde Alfred Koch und Generaldirektor des Senders der Amerikaner Boris Jordan. Der Ausländer auf diesem Posten sollte die internationale Öffentlichkeit beruhigen, die genau verfolgte, was mit NTV geschah. Gussinski führte einseitige Verhandlungen mit Ted Turner und Rupert Murdoch, die ihm sein Aktienpaket abkaufen sollten. Beide zeigten ernsthaft Interesse. Aber Gazprom kam ihnen allen zuvor.

Als neuer Vorsitzender des NTV-Direktoriums reiste Alfred Koch ins Fernsehzentrum Ostankino zu einer Begegnung mit den Mitarbeitern. Diese wurde prompt von NTV live übertragen; Jewgeni Kisseljow dachte sich, wenn die Zuschauer auf dem Bildschirm mitverfolgen konnten, wie der Emissär Alfred Koch den Sender für Gazprom in Beschlag nahm, werde es helle Empörung geben. Aber er sollte sich irren: Seit Jahren hatte NTV liberale Ideen propagiert. Daher konnten seine liberal eingestellten Zuschauer kein Verbrechen darin sehen, dass ein Manager von Gazprom den Sender übernahm, damit Schulden beglichen wurden, die der Besitzer von NTV bei der Firma gemacht hatte.

»Ein größeres Eigentor kann man kaum schießen«, sagt Parfjonow. »Die Journalisten haben Koch erklärt: ›Sie scheinen nicht zu wissen, mit wem Sie reden! Wir sind die Moderatoren von NTV!‹ Sie haben geglaubt, sie seien permanent von einer Aura der Unfehlbarkeit umgeben. Darauf Koch: ›Sei's drum. Ich möchte eigentlich nur übers Geld sprechen. Ihr wolltet doch immer den Kapitalismus. Hier bin ich – ein Kapitalist.‹ Nach der Direktübertragung haben mich viele Bekannte angerufen und gefragt: ›Warum zeigen die den Leuten so was? Sind die alle verrückt geworden?‹ Koch, der Schweinehund, ist natürlich ein Zyniker, aber er hat Talent. Schon rhetorisch war er besser als sie.«

Am 6. April beschloss Leonid Parfjonow, NTV zu verlassen. Zum Abschied schrieb er Jewgeni Kisseljow einen offenen Brief. »Es interessiert mich nicht, ob Du den Auftrag hast, alle Brücken zu verbrennen, oder ob Du auf eigene Faust handelst. Du willst einen letzten Showdown vor laufender Kamera haben, Du provozierst den Konflikt mit allem, was Du hast. Du benutzt die Mitarbeiter als Kanonenfutter, nimmst sie als Geiseln.«

Zusammen mit Parfjonow verließen die Nachrichtenmoderatorin Tatjana Mitkowa und einige weitere Journalisten die Redaktion. Aber die meisten blieben bei Kisseljow.

In der Nacht zum 14. April wurde das Wachpersonal am Fernsehzentrum Ostankino gegen Angehörige der Spezialtruppe OMON des Innenministeriums ausgetauscht. Es war eine Blitzaktion, denn Gazprom wollte endlich sein Management in den Sender bringen, was der alte Wachdienst verhinderte. Um 8 Uhr morgens begannen die Frühnachrichten, die nach einigen Minuten abgebrochen wurden. Danach liefen mehrere Folgen der Serie *Das Gesetz des Dschungels* über den Sender.

»Die Wachmänner waren gekauft«, berichtet Parfjonow. »Ich kam etwas später, da schrieben bei NTV bereits alle ihre Kündigungsgesuche.«

»Wir haben damals mit allen Journalisten aus Kisseljows Mannschaft gesprochen«, erinnert sich Kasakow. »›Warum macht ihr solche Schwierigkeiten? Hängt ihr so an Gussinski?‹, fragten wir. ›Überhaupt nicht‹, wehrten sie ab. ›Dann arbeitet mit uns weiter, wir bringen ausländische Investoren ins Geschäft, können hervorragende Leute bezahlen, und alles wird gut.‹ Aber sie haben uns nicht geglaubt. Wir dagegen waren überzeugt, dass es genau so kommt.«

Kasakow hält inne und seufzt tief auf. Jetzt muss er zugeben, dass es nur juristisch gerechtfertigt war, Gussinski wegen seiner Schulden NTV abzunehmen. Faktisch führte die Aktion dazu, dass ein Fernsehsender zerstört und damit nach und nach auch die freie Berichterstattung in Russland unmöglich gemacht wurde. »Die Journalisten sollten recht behalten«, sagt Kasakow heute. »Die Journalisten, nicht wir.«

Das »einzigartige Team von NTV«, wie es damals hieß, spaltete sich. Auf Einladung von Boris Beresowski folgte ein großer Teil Jewgeni Kisseljow zum Sender TV-6, der jedoch bald darauf ebenfalls geschlossen wurde. Eine Minderheit blieb im neuen NTV, um mit Generaldirektor Boris Jordan zusammenzuarbeiten.

Anfangs, so Leonid Parfjonow, erlebte der Sender das goldene Zeitalter des Boris Jordan. Die neue Mannschaft von NTV war erfolgreich, das Programm fuhr hohe Quoten ein. Parfjonow führte sein Wochenmagazin *Namedni* weiter. Im Unterschied zu Kisseljows *Itogi* war das eine mutige und frische, talentiert gemachte Sendung. Die Einschaltquoten waren sensationell. Gazprom ließ die Fernsehleute gewähren. Die Konzernführung erklärte immer wieder, sie wolle ihre Anteile verkaufen, da Medien nicht ins Profil eines Gaskonzerns passten und das Unternehmen nicht mehr am Fernsehen interessiert sei. Dabei blieb es auch, als die Führung von Gazprom ohne Aufsehen ausgewechselt wurde und in Rem Wjachirews Büro Alexej Miller einzog.

Alexander Kasakow erinnert sich, dass Gazprom-Media in vollem Ernst mit dem deutschen Medienmagnaten Leo Kirch verhandelte, dem man Gazproms Aktienpaket verkaufen wollte.

»Anfangs haben Alfred Koch und ich tatsächlich geglaubt, Gazprom wolle sein Paket an einen Ausländer abstoßen. Natürlich sind wir zuerst auf die Deutschen zugegangen. Putin spricht Deutsch. Koch ist deutscher Nationalität. Gazprom macht mit Deutschland gute Geschäfte. Mehrmals sind wir bei Kirch in München gewesen. Er war sehr interessiert. Wir führten schon Preisverhandlungen. Kirch ist ein ganz eigener Charakter. Als ganz junger Mann musste er in den Krieg und hat bei uns im Gefangenenlager gesessen. Russland kennt er also nicht nur vom Hörensagen. Irgendwann wurden uns die Verhandlungen aber aus der Hand genommen und anderen übergeben. Uns sagte man nur: ›Ihr habt Wichtigeres zu tun.‹ Das bedeutete, Gazprom wollte gar nicht verkaufen. Kirch hat nicht lockergelassen. Mehrmals hat er mich noch angerufen. Aber was sollte ich ihm sagen? Ich war nicht der Unterhändler und hatte mit der Sache nichts mehr zu tun. Ganz nebenbei sind wir dann auch unsere Option auf 5 Prozent der Aktien losgeworden.«

Im Oktober 2001 schieden Kasakow und Koch bei Gazprom-Media aus. Koch erzählt, wenn er den neuen Gazprom-Chef Alexej Miller in NTV-Angelegenheiten aufsuchen musste, ließ der ihn stundenlang im Vorzimmer warten. Darüber ärgerte sich Koch maßlos, denn Miller und er hatten an der Leningrader Universität zusammen studiert, kannten sich von Jugend auf und waren per du. Einmal hatte Koch die Warterei satt, erhob sich und ging. Am Fahrstuhl kam ihm ein Mitarbeiter nachgelaufen und bat ihn zurückzukommen. Koch ließ sich überreden und musste weiter warten. Da wurde ihm klar, dass Miller mit ihm nicht zusammenarbeiten wollte. Miller war mit der Neustrukturierung des Konzerns beschäftigt und suchte nach einem Weg, wie er ihn unauffällig loswerden konnte. Koch nahm seinen Hut. Die einzige politische Deckung, die dem begabten Journalisten Parfjonow für seine Experimente jetzt noch blieb, war der Generaldirektor von NTV, der Amerikaner Boris Jordan.

Ein Jahr später, im Oktober 2002, besetzte eine Gruppe tschetschenischer Terroristen das Theater an der Dubrowka-Straße, wo gerade eine Vorstellung des Musicals *Nordost* lief. Eine Belagerung begann. Das ganze Land erstarrte in banger Erwartung. Von Präsident Putin war drei Tage lang nichts zu sehen und zu hören. Am dritten Tag verschickte die Präsidialadministration an die Fernsehredaktionen ein Video von einer Besprechung Putins mit den Vertretern der bewaffneten Organe, allerdings ohne Ton. Offenbar sollte das Fernsehen der Bevölkerung demonstrieren, dass der Präsident nicht untätig sei. Was das aber bedeutete, mit wem er beriet, ob er die Geiseln überhaupt retten wollte und wie das geschehen sollte, das brauchte das Volk nicht zu wissen. Alle Sender ließen das Video gehorsam laufen, nur NTV kam auf die Idee, es einem Gebärdendolmetscher vorzuführen, der von den Lippen lesen konnte.

»Wir müssen zu einem Entschluss kommen … Morgen geht's los … Dann reden wir weiter …«, sagten die Beamten.

NTV sendete das Band mit einem Kommentar des Dolmetschers. Das war ein Hohn auf den Pressedienst des Kreml. Und einen Tag später übertrug NTV entgegen einer Anordnung der Präsidialadministration live, wie Spezialeinheiten das Theater stürmten.

Eine Woche später nannte Präsident Putin bei einer Begegnung mit den Chefs der großen Medien die Handlungsweise von NTV »Quotenfang mit dem Blut von Mitbürgern – wenn man sie dort überhaupt als Mitbürger ansieht«. Damit spielte er darauf an, dass NTV-Generaldirektor Jordan Amerikaner war. Der hielt sich nur noch wenige Monate auf diesem Posten, dann ersetzte ihn Gazprom durch Nikolai Senkewitsch.

Dessen ganze Verbindung zum Fernsehen bestand darin, dass sein Vater zur Sowjetzeit ein bekannter Moderator gewesen war. Senkewitsch selber hatte Medizin studiert, war aber damals in einer untergeordneten Leitungsfunktion bei Gazprom tätig.

»Die Person hatte keine Bedeutung«, sagt Parfjonow. »Ob Senkewitsch oder nicht, war nicht wichtig. Er war ein Medienmagnat der bürokratischen Revanche«, fügt er hinzu.

Nun fehlte Parfjonow bei NTV jede Rückendeckung auf der Leitungsebene. Die nächste problematische Sendung, ein Interview mit der Witwe des ehemaligen tschetschenischen Präsidenten Selimchan Jandarbijew, wurde abgesetzt. Parfjonow wollte das von der Leitung schriftlich haben und erhielt ein entsprechendes Papier, das er sofort an die Presse gab, um nachzuweisen, dass bei NTV neuerdings Zensur ausgeübt wurde. Wegen dieser Veröffentlichung eines internen Dokuments wurde Parfjonow Verletzung der Firmendisziplin vorgeworfen, und er erhielt Sendeverbot. Daraufhin kündigte er bei NTV. Anders konnte er nicht reagieren.

Als der bekannteste Fernsehmoderator des Landes glaubte er, rasch wieder eine Arbeit zu finden. Weit gefehlt. Der Besitzer eines Senders erklärte, er sei bereit, ihn einzustellen, aber nur bis zum ersten Anruf aus dem Kreml. Das war nur eine leicht kaschierte Absage, denn der Anruf würde zweifellos kommen, sobald man im Kreml erfuhr, dass Parfjonow einen Arbeitsvertrag unterschrieben hatte.

Wir fragen ihn, ob er nicht schon im April 2001 hätte wissen können, wie das alles enden würde, aber Parfjonow meint, er bedaure nichts: »Als Kisseljow ging und Jordan kam, hatten wir plötzlich eine Menge Möglichkeiten. Ich habe niemals ruhig und sorglos vor mich hin arbeiten können. Ich bin immer auf der Suche nach neuen Herausforderungen. Wenn ein Fenster sich öffnet, dann nutze ich es, so weit es geht. Wenn es sich schließt, muss ich mir ein neues suchen. Und wenn es kein großes ist, dann eben ein kleines. Warum sich den Kopf darüber zerbrechen, wie alles ausgeht?«

»Nein, nein« – »Doch, doch«

Während der ganzen eineinhalb Jahre, die Gazprom damit beschäftigt war, Gussinski die Fernsehstation NTV abzujagen, grübelte man in der Präsidialadministration darüber nach, was man mit Wjachirew anfangen sollte. Der alte Gazprom-Chef benahm sich in der Sache NTV gewohnt störrisch und bremste nicht selten, was der Kreml plante.

Wjachirew brachte es sogar fertig, zu einem lange vereinbarten Gespräch mit dem stellvertretenden Ministerpräsidenten Christenko im Weißen Haus nicht zu erscheinen. »Er hat verschlafen, und jetzt schafft er es nicht mehr«, hieß es aus seinem Sekretariat lakonisch. Die Regierungsmitglieder beschwerten sich bei Putin. Den glaubte Wjachirew mit plumper Schmeichelei für sich einnehmen zu können. So verkündete er bei der Inbetriebnahme von Blue Stream, der neuen Gasleitung durch das Schwarze Meer: »Russland hat eine Zukunft, eine Hoffnung und ein Ziel. Am Ruder unseres Landes steht ein verlässlicher Steuermann – Wladimir Wladimirowitsch Putin!«

Putin dankte es Wjachirew mit zur Schau getragener Verachtung. Der Gazprom-Chef zeigte Interesse, Vertrauensmann des Kandidaten Putin bei der Präsidentschaftswahl zu werden. Darauf ging niemand ein. Bei Reisen durchs Land schloss sich Wjachirew der Begleitung des Präsidenten an. Der übersah ihn demonstrativ und redete nur mit Anatoli Tschubais. »Nein, nein!«, antwortete Wjachirew bei einer Besprechung auf eine Kritik des Präsidenten. »Doch, doch!«, gab Putin in Wjachirews Tonfall zurück.

Im Januar 2000 verkündete Rem Wjachirew wieder einmal seine Absicht, das Unternehmen in die Sparten Förderung und Transport aufzuteilen. Damit hätte er den einträglichen Teil von Gazprom behalten und den unrentablen abstoßen können. Aber die Regierung wollte von diesem Plan nichts hören, worauf Wjachirew behaupten musste, mit der Teilung von Gazprom habe er lediglich den Verkauf von Aktiva gemeint, die nicht ins Profil passten.

Im Juni 2000 versuchte Wjachirew Veränderungen am Statut von Gazprom anzubringen, die es ihm erlaubt hätten, einige Tochterunternehmen aus der Holding herauszulösen und deren Aktien frei zu verkaufen. In einem Jahr lief sein Vertrag als Vorstandsvorsitzender aus, und er wusste, dass er sich kaum auf diesem Posten würde halten können. Daher wollte er mit einem treuherzigen Augenaufschlag ein Stückchen Gazprom zum Andenken für sich abzwacken. Das Direktorium lehnte dieses Ansinnen jedoch auf seiner Sitzung am 29. Juni ab. Mehr noch, Viktor Tschernomyrdin verkündete, dass er seinen Posten aufgeben werde. An seiner Stelle wurde der stellvertretende Leiter der Präsidialadministration Dmitri Medwedew zum Vorsitzenden des Direktoriums gewählt.

Tschernomyrdins Weggang war ein Zeichen dafür, dass das Fundament, auf dem der Koloss Gazprom ruhte, tiefe Risse bekommen hatte. Noch mehr aber brachte Rem Wjachirew auf, dass ausgerechnet sein Erzfeind Boris Fjodorow ins Direktorium gelangte, mit dem er zur Zeit der Regierung Kirijenko so heftige Sträuße ausgefochten hatte.

Im August erklärte Rem Wjachirew öffentlich, Gazprom werde das Gas ausgehen, weshalb man entweder den Preis erhöhen oder den Export reduzieren müsse. Wenn nicht, werde das Unternehmen an die russische AG EES kein Gas mehr liefern. »Über diesen Winter kommen wir noch. Wenn das Gas im nächsten für die Heizung reichen soll, dann müssen wir uns enorm anstrengen. Im Winter 2001/02 werden wir schwere Probleme haben. Und noch ein Jahr später ist nichts mehr zum Heizen da. Aber das geht mich dann nichts mehr an, da bin ich schon in Rente«, räsonierte er.

Den schwersten Schlag fügte Wjachirew im Dezember 2000 die Staatsduma zu. Sie beschloss das Gesetz »Über Aktiengesellschaften«. Danach kann der Chef einer AG von der Aktionärsversammlung mit einfacher Stimmenmehrheit gewählt werden. Bisher war nach dem Statut von Gazprom die Absetzung des Vorstandsvorsitzenden nur durch einstimmigen Beschluss des Direktoriums möglich. Das heißt, für seine Entlassung hätte auch Wjachirew selbst stimmen müssen.

Im Winter 2001 wurde es still um Gazprom. Alle verfolgten gespannt, was sich bei NTV tat. Aber nur einen Monat nachdem der Fernsehsender in den richtigen Händen war, gab es schon das erste unheilverkündende Signal: Viktor Tschernomyrdin, Schöpfer von Gazprom und Parlamentsabgeordneter, wurde als Botschafter in die Ukraine geschickt. Bis zur Sitzung des Direktoriums blieb noch ein Monat.

Gerüchte, Wjachirews Schicksal könnte mit dem von NTV verknüpft werden, gab es bereits 1999, als Sergej Stepaschin noch Ministerpräsident war. Damals schrieb die Presse, der Chef der Präsidialadministration, Alexander Woloschin, wolle Wjachirew absetzen, da er vor den Wahlen einen verlässlichen Mann an der Spitze von Gazprom brauche, er fürchte aber das

Aufsehen, das ein solcher Schritt in den Medien erregen könnte. Die Legende berichtet, Woloschin habe damals Gussinski um Unterstützung gebeten. NTV sollte die Vorgänge bei seinem Aktionär Gazprom so darstellen, wie es der Kreml wollte. Aber Gussinski habe einen zu hohen Preis gefordert. So kurz vor der Wahl hatte der Kreml diese Summe nicht.

Deshalb sei der erste Schlag dann gegen NTV geführt worden. Wjachirew schien nicht zu begreifen, dass er sich selbst mundtot und schutzlos gemacht hatte, als er im Auftrag des Kreml den besten Fernsehsender Russlands zerstörte. Und der Kreml, dem es gelungen war, Gazprom zur Vernichtung seines eigenen Sprachrohrs zu zwingen, hatte nun die Hände frei, um an die Neuaufteilung des Gasriesen selbst zu gehen.

6. Kapitel

Der Mann aus Petersburg

Kundschafter Putin

Am 30. Mai 2001 fuhr Rem Wjachirew frühmorgens in düsterer Stimmung zu Präsident Wladimir Putin in den Kreml. Sein Vertrag mit Gazprom sollte am 31. Mai auslaufen. In wenigen Stunden hatte das Direktorium darüber zu entscheiden, ob es ihn verlängern wollte oder nicht. Bislang hielten die Mitglieder dazu kein Blatt Papier in der Hand. Man hatte ihnen lediglich mitgeteilt, der Direktoriumsvorsitzende und zugleich stellvertretende Chef der Präsidialadministration Dmitri Medwedew werde dazu die Einführung geben. Die Ungewissheit behagte Wjachirew überhaupt nicht.

Ein Mann aus der Gazprom-Führung, der es wissen muss, meint, Wjachirews Absetzung und die Auswechslung der gesamten Führungsmannschaft des Konzerns sei von langer Hand vorbereitet worden. Angeblich soll Wladimir Putin, damals Direktor des Geheimdiensts FSB, bereits im Herbst 1999 jenen, die an derartigen Grundsatzentscheidungen beteiligt waren, wie Alexander Woloschin oder Boris Beresowski, angedeutet haben, er wolle weder Ministerpräsident noch Präsident werden, sondern Gazprom übernehmen. Als er dann Ministerpräsident wurde, erhielten offenbar einige Personen, die für Putins Mannschaft bei Gazprom vorgesehen waren, den Auftrag, das Unternehmen gründlich zu durchleuchten. All das ist allerdings nicht belegt. Sollte eine solche Operation tatsächlich vorbereitet worden sein, dann geschah das in bester nachrichtendienstlicher Tradition, die besagt, dass strikte Geheimhaltung der halbe Erfolg ist. Wjachirew jedenfalls wusste von alledem nichts. Er spürte nur intuitiv, dass sich etwas zusammenbraute. Für alle Fälle oder weil er aus eingeweihten Kreisen den Tipp erhalten hatte, dass seine Entlassung vorbereitet werde, begann er seit Ende 1999 selbst davon zu reden, er sei erschöpft und denke an den Ruhestand. Auch den Namen seines Wunschnachfolgers nannte er: seinen Freund und Stellvertreter Wjatscheslaw Scheremet. Einmal hatte man an die Mitglieder des Direktoriums von Gazprom sogar schon ein Papier zur vorzeitigen Aufhebung des Vertrags mit Wjachirew verteilt. Das wurde aber kurz darauf wieder zurückgezogen und den Direktoriumsmitgliedern Schweigen auferlegt.

In Wirklichkeit wollte Wjachirew bei der Firma bleiben, denn die war sein ganzer Lebensinhalt. Wenn er um ihre Existenz kämpfte, dann wusste er wahrscheinlich selbst nicht mehr, ob es ihm um sein eigenes Vermögen und seine Sicherheit ging oder um jene vier Gasozeane, zwölf Fernleitungen und die Geldströme, die so fröhlich in der Kasse klingelten. Tief in seinem Inneren war er der einfache Gasingenieur geblieben. Komplizierte Gefühle auszudrücken war seine Sache nicht. Als Boris Beresowski 1999 wieder einmal eine Attacke gegen Gazprom fuhr und Wjachirews Stuhl bedrohlich wackelte, beschrieb er am Abend vor der Aktionärsversammlung die Zukunft des Unternehmens nach seinem möglichen Weggang so: »Das wird schwer. Das Geld verschwindet in privaten Taschen. Die Aktienmehrheit kriegt ein gewisser Jemand.«

Jetzt, auf dem Weg in den Kreml, konnte er sich absolut nicht an den Gedanken gewöhnen, dass Putin ihn in wenigen Minuten in Rente schicken könnte. Wie sollte das gehen? Und was wurde dann aus Gazprom? Er war fest überzeugt, dass niemand das Unternehmen so leiten konnte wie er, weil niemand es so kannte wie er.

Ehemalige Mitarbeiter erzählen gern, wie Wjachirew bei operativen Besprechungen, wenn es um die Havarie einer

Gasleitung ging und eine Reparaturbrigade in Marsch gesetzt werden musste, zuerst lästerlich fluchte, sich dann, ruhiger geworden, die Schläfen rieb und sehr praktische Ratschläge gab: »Sag den Jungs, sie sollen ja nicht auf gerader Strecke hinfahren. Nach Kilometer 115 gehen die Sümpfe los, da säuft ihnen die Technik ab. Sie sollen einen Haken über die Anhöhe schlagen und dann sachte in die kleine Niederung bei Kilometer 118 hinunterfahren, da kommen sie besser durch.«

Wjachirew kannte Gazprom wie seine Westentasche. Als er jetzt zu Putin fuhr, ging es aber gar nicht darum, dass niemand in der Firma so genau Bescheid wusste wie er, sondern dass niemand sie so liebte wie er. Das Gas war sein Leben.

Im Kreml dankte Putin Wjachirew kurz für die gute Arbeit und teilte ihm mit, Gazprom werde von nun an »ein junger Mann leiten, der mein Vertrauen hat, der unternehmerische Erfahrung besitzt und sich in modernen Leitungsmethoden auskennt«. Von dem neuen Gazprom-Chef erwartete Putin »die Stärkung und den Ausbau der Beteiligung des Staates an Gazprom«. Wjachirew verließ das Büro des Präsidenten mit versteinerter Miene.

Nach ihm waren noch drei Mitglieder des Direktoriums zum Präsidenten bestellt – Wjatscheslaw Scheremet, der Leiter der Baufirma Stroitransgas, Arngolt Becker, und der Direktor der Gazprom-Bank, Viktor Tarassow. Auch ihnen verkündete Putin seinen Entschluss und wollte wissen, ob sie dazu Fragen hätten. Sie hatten keine.

Um 12.30 Uhr traf Putin im Empfangsraum des Sicherheitsrats im Kreml mit allen Mitgliedern des Direktoriums zusammen und gab dort seine Entscheidung bekannt: Wjachirew werde das Amt des Chefs des Gasmonopols niederlegen, und an seine Stelle werde der neununddreißigjährige Alexej Miller treten, den Putin aus langer Zusammenarbeit in Petersburg kannte. Der Präsident gab zu verstehen, ihm liege sehr viel daran, dass der Beschluss über die Auswechslung

Wjachirews gegen seinen Petersburger Protegé einstimmig gefasst werde. Dafür wurde der für die Verwaltung des Staatsvermögens zuständige Minister Farit Gasisulin, der ebenfalls Mitglied des Direktoriums war, eigens aus dem Urlaub geholt.

Um 15 Uhr fand in der Gazprom-Zentrale in Moskau die offizielle Direktoriumssitzung statt. Dort präsentierte Dmitri Medwedew den neuen Vorstandsvorsitzenden, einen nervösen Beamten mit winzigem Schnurrbart und schlechten Zähnen. Es brauchte einige Jahre, bis der neue Chef des Gaskonzerns sich zu dem selbstsicheren Würdenträger wandelte, den heute kein Schnurrbart, dafür aber ein strahlendes Lächeln ziert. Damals war er nur ein Bekannter des Präsidenten, den dieser Anfang 2000 nach Moskau geholt und zum stellvertretenden Energieminister ernannt hatte, um ihm bald darauf den wertvollsten Besitz des Staates, Gazprom, anzuvertrauen. Einwände gegen Miller gab es auf dieser Sitzung nicht.

»Es wurde überhaupt nicht diskutiert«, berichtet ein Augenzeuge. Das Direktorium fasste den einstimmigen Beschluss, den Vertrag mit Rem Wjachirew nicht zu verlängern und Miller zu seinem Nachfolger zu ernennen. Als Trostpflaster trat Medwedew Wjachirew den Posten des Direktoriumsvorsitzenden ab, allerdings nur für ein Jahr. Der frischgebackene oberste Chef von Gazprom ließ keinerlei Emotionen erkennen und schwieg sich im Wesentlichen aus. Diese Personalie war der wichtigste Sieg in Präsident Putins bisheriger Amtszeit. Nun stand an der Spitze des größten Unternehmens des Landes ein Mann, der ihm persönlich treu ergeben war. Damit ging eine Epoche zu Ende. Schließlich hatte Wjachirew einmal stolz erklärt, ohne Gazprom gäbe es Russland nicht. Jetzt wurden Gazprom und Russland von einem Punkt aus geführt.

Wjachirews Weggang löste auf dem Wertpapiermarkt einen regelrechten Sturm aus. Binnen vier Tagen schoss die

Gazprom-Aktie um 26,4 Prozent nach oben, wodurch sich der Marktwert des Unternehmens um 1,5 Milliarden Dollar erhöhte. Den Investoren war es im Grunde gleichgültig, wer an Wjachirews Stelle trat. Aus ihrer Sicht hatte Wjachirew Reformen bei Gazprom gebremst und sich stets gegen die Freigabe der Aktienmärkte gewandt, die bislang noch in in- und ausländische getrennt waren.

Operation »Nachfolger«

Im Unterschied zu Wjachirew war Miller kein Gasfachmann. Er hatte am Petersburger Institut für Finanzökonomie studiert. Einige Jahre später wurde er von Anatoli Tschubais eingestellt. Der war im Oktober 1990 Erster stellvertretender Vorsitzender des Exekutivkomitees, also der Regierung der Stadt Leningrad, und Vorsitzender des Komitees für wirtschaftliche Entwicklung geworden und stellte eine Mannschaft junger Leute mit ökonomischer Ausbildung zusammen. Dort arbeitete Miller an einem Projekt zur Einrichtung einer freien Wirtschaftszone in Leningrad mit, das jedoch bald wieder eingestellt wurde, weil man es als völlig aussichtslos ansah.

Im Sommer 1991 übernahm Anatoli Sobtschak das Bürgermeisteramt, das Exekutivkomitee wurde aufgelöst, und im November ging Tschubais als Vorsitzender des Komitees für die Verwaltung des Staatsvermögens nach Moskau. »Miller war einer der Schwächsten in Tschubais' Mannschaft«, erinnert sich ein ehemaliger Kollege. »Deshalb hat der ihn auch nicht nach Moskau mitgenommen.«

Die Mitarbeiter des Komitees, die in Leningrad verblieben, suchten sich andere Plätzchen im Bürgermeisteramt. Miller fand als Einziger im Komitee für Auslandsbeziehungen der Stadt St. Petersburg Unterschlupf, das damals der spätere Präsident Wladimir Putin leitete.

1996 verlor Anatoli Sobtschak die Gouverneurswahl an Wladimir Jakowlew. Er musste mit seiner Mannschaft, darunter auch Putin, aus dem Smolny ausziehen. Miller fand im Hochseehafen von St. Petersburg eine Stellung als Direktor für Entwicklung und Investitionen. 1999 wurde er dann Generaldirektor der Firma Baltisches Rohrleitungssystem, die er mehr schlecht als recht führte, bis sich sein ehemaliger Vorgesetzter Putin Anfang 2000 an ihn erinnerte und ihn nach Moskau berief. Leute, die mit Miller in Petersburg zusammengearbeitet haben, sagen über ihn, dass er »aufmerksam zuhören und gut notieren konnte«. Schwerwiegende Entscheidungen traf Miller nie sofort. Er grübelte mehrere Tage lang über seinen Aufzeichnungen oder holte sich bei anderen Rat.

»Miller ist ein passabler Beamter, der ideale Stellvertreter, nicht mehr«, erinnert sich einer, der ihn näher kennt. »Eigeninitiative ist seine Sache nicht. Er tut nie etwas, das nicht von oben sanktioniert ist, und weicht Verantwortung gern aus.«

»Seine Haupteigenschaft: Er grüßte die richtigen Leute«, erinnert sich ein anderer. »Er hielt sich immer etwas abseits, war völlig unauffällig, lebte und diente wie ein Schatten.«

In den ersten Monaten bei Gazprom führte Miller in der Tat ein Schattendasein. Er steckte kaum die Nase aus seinem Büro, wo er früh am Morgen auftauchte und erst spät in der Nacht wieder verschwand. Untergebene erinnern sich, dass er selbst dort unsicher wirkte, als fürchte er, bald wieder gehen zu müssen. Er brauchte lange, um sich an den Gedanken zu gewöhnen, dass er jetzt der Herr über Gazprom war.

»Miller hat uns alle durch seinen Arbeitseifer verblüfft«, berichtet der ehemalige Leiter der Finanzabteilung von Gazprom, Alexander Semenjaka. »Er war Punkt 8 Uhr morgens zur Stelle und ging nie vor Mitternacht. Heute dagegen findet man ihn kaum noch in seinem Büro.« Miller wollte bei Gazprom alles wissen. Gespräche führte er in der Regel vertraulich, interessierte sich lebhaft für die Probleme, vermied aber rasche Entschlüsse. Bei Besprechungen hörte er seinen Mitarbeitern aufmerksam zu, entschied dann meist erst einige Tage später. Und tat alles, um Kontinuität zu demonstrieren.

Damals hätte man bei Gazprom kaum jemanden gefunden, der Miller mehr als ein Jahr auf seinem Posten gab. Trotz der eindeutigen Unterstützung Präsident Putins hatte er es in der ersten Zeit bei der Firma schwer. Am 29. Oktober 2000 meldete die Website strana.ru unter Berufung auf einen Mitarbeiter der Präsidialadministration, Miller hätte angeblich ein Gesuch geschrieben, ihn von der Funktion des Vorstandsvorsitzenden bei Gazprom zu entbinden. Aber die Nachricht wurde rasch wieder gelöscht und der Informant entlassen. Bis heute ist unklar, ob es dieses Rücktrittsgesuch tatsächlich gegeben hat. Es wäre ohnehin nicht akzeptiert worden, denn dann hätte Putin zugeben müssen, dass die Entscheidung, Miller an die Spitze des größten Unternehmens des Landes zu stellen, falsch war. Miller galt als unangreifbar, und zwar nicht deshalb, weil ihm keine Fehler unterlaufen konnten, sondern weil Putin solche Fehler nie zugegeben hätte. Wjachirew ließ einmal im kleinen Kreis fallen: »Spätestens in einem Monat nimmt sich Miller den Strick.« Der Monat verging, aber Miller war immer noch da. Und sei es nur deswegen, weil er sich keinen Strick nehmen durfte.

Am 31. Juli 2001 wurde Wjatscheslaw Scheremet sechzig Jahre alt. Zum Gratulieren kamen nicht nur alte Freunde, sondern auch Miller. »Ein Trinkspruch folgte dem anderen«, berichtet ein Teilnehmer des Gelages. »Wjachirew ließ Scheremet hochleben, dann folgten die anderen Gazprom-Chefs. Nach ihnen nahm Miller das Wort. Er war nervös und verhaspelte sich. Alle schauten ihn mitleidig an. Schließlich fiel ihm nichts Besseres ein, als das Grußtelegramm des damaligen Energieministers Igor Jussufow zu verlesen. Das machte ihn noch verlegener, und er verabschiedete sich bald.«

Einen Monat später entzog Miller dem Jubilar die Zeichnungsberechtigung und die Verantwortung für den finanzwirtschaftlichen Bereich von Gazprom. Bald darauf mussten auch die prominenten Gäste, die sich auf Scheremets Geburtstagsfeier darüber amüsiert hatten, wie stockend Miller das Glückwunschtelegramm des Ministers vortrug, ihre Sessel in der Führungsetage für Neuankömmlinge räumen. Anfang September 2001 hatte Miller Gazprom gründlich gesäubert. Entlassen waren Rem Wjachirews Getreue Alexander Puschkin, der für die Gasförderung in der GUS und im Baltikum zuständig war, und sein Wirtschaftsleiter Nikolai Guslisty. Millers rechte Hand wurde für kurze Zeit der Petersburger Pjotr Rodionow, der unter Wjachirew als aufmüpfig gegolten hatte. Aber das Zeichnungsrecht in Finanzfragen erhielt auch er nicht und wurde nach einigen Monaten wieder entlassen.

Bei der Zusammenstellung seiner Mannschaft gab der neue Gazprom-Chef ganz nach dem Vorbild Präsident Putins Landsleuten und persönlichen Freunden den Vorzug. So besetzte er zum Beispiel die Hauptbuchhalterstelle mit Jelena Wassiljewa, die er aus Petersburg kannte. Das größte Unternehmen, in dem diese Dame bisher gearbeitet hatte, war der Petersburger Hochseehafen, der einen jährlichen Gewinn von 19,5 Millionen Dollar auswies. Jetzt sollte sie für die Buchhaltung eines Konzerns Verantwortung übernehmen, dessen Exporterlöse Dutzende Milliarden Dollar betrugen und der ein Viertel der Steuereinnahmen Russlands erwirtschaftete. Offenbar spielte auch hier nicht die berufliche Eignung der Anwärterin die Hauptrolle, sondern persönliche Ergebenheit. Miller war bereits im Petersburger Hochseehafen ihr Vorgesetzter gewesen.

Mit den verdienten Veteranen von Gazprom machten die Neuankömmlinge nicht viel Federlesens. Alexander Kasakow, ehemaliger Direktoriumsvorsitzender des Unternehmens, erinnert sich an Jelena Wassiljewas Eintreffen so: »Ich komme morgens zur Arbeit und finde in meinem Büro eine Dame vor. Es hat ihr offenbar gefallen, und so hat sie meine Sachen kurzerhand vor die Tür stellen lassen. Was sollte ich machen? Ich konnte sie ja schlecht hinauswerfen.«

Einige Monate später schrieb Kasakow sein Entlassungsgesuch.

In kurzer Zeit machten eine ganze Reihe von Millers Bekannten, mit denen er entweder im Hochseehafen von St. Petersburg oder beim Baltischen Rohrleitungssystem zusammengearbeitet hatte, Karriere bei Gazprom.

»Mir war klar, dass ich gehen und meinen Posten einem aus Millers Kreis überlassen musste«, erinnert sich der ehemalige Finanzchef von Gazprom, Alexander Semenjaka. »Bei Gazprom hatte es immer ein Kastensystem gegeben, und die neue Mannschaft unterschied genauso zwischen Neuen und Alteingesessenen.«

Semenjaka verließ Gazprom im April 2002. Sein Arbeitsfeld, die Finanzen, einen der Schlüsselbereiche des Unternehmens, übergab er an den zweiunddreißigjährigen Freund Millers Andrej Kruglow. Der Senkrechtstarter war bereits nach zwei Jahren Finanzdirektor von Gazprom.

Der Austausch des Führungspersonals vollzog sich in rasantem Tempo. Wie Semenjaka berichtet, funktionierte bei einem Manager plötzlich die elektronische Einlasskarte nicht mehr, ein anderer wurde vorzeitig aus dem Urlaub geholt, nur um ihm die Entlassung mitzuteilen. Der frühere Mitarbeiter Millers im Petersburger Hafen Kirill Selesnjow stieg binnen zwei Jahren vom persönlichen Referenten des Gazprom-Chefs zum Generaldirektor des Unternehmens Meschregiongas auf, das den Absatz des Gases auf dem gesamten russischen Markt realisierte. An die Spitze des Verwaltungsapparats von Gazprom trat mit Michail Sereda ebenfalls ein ehemaliger Mitarbeiter Millers beim Baltischen Rohrleitungssystem.

Einen anderen Schlüsselbereich, die Vermögensverwaltung, übernahm Millers Petersburger Bekannter Alexander Krasnenkow. Zuvor war Krasnenkow Generaldirektor des Hotels Astoria gewesen. Das Hotel hatte man im Oktober 1995, zu der Zeit, da Wladimir Putin im Petersburger Bürgermeisteramt tätig war, in eine Aktiengesellschaft umgewandelt. Miller musste Krasnenkow allerdings nach einem Jahr bei Gazprom schon wieder entlassen, weil er in einen Skandal um Ausgaben für Werbung und Sponsoring verwickelt war, wofür die Vermögensverwaltung verantwortlich zeichnete. Aber auch nach seiner Ablösung blieb Krasnenkow mit Vermögensangelegenheiten des Unternehmens befasst. Heute ist er Mitglied der Direktorien der Gazprom-Bank, von Sibur, Stroitransgas und Nortgas, was ihm jährlich mehrere Millionen Dollar einbringt.

Außenstehenden mögen die Personalveränderungen im Konzern damals zufällig erschienen sein. Insider meinen jedoch, sie seien nach einem gut durchdachten und von langer Hand vorbereiteten Plan erfolgt, der auf genauer Kenntnis des Unternehmens beruhte. Im Handumdrehen hatte Miller alle Schlüsselpositionen mit Leuten seines Vertrauens besetzt. Sie sollten vor allem die Finanzströme des Unternehmens unter Kontrolle nehmen und den Wjachirew-Leuten die Teile des Vermögens abjagen, die sie sich in die Tasche gesteckt hatten. Sergej Lukasch, damals Chef des Sicherheitsdiensts von Gazprom, behauptet, die Besetzung aller Spitzenposten sei direkt mit Präsident Putin abgestimmt worden.

Wo ist das Geld?

Am 20. November 2001 versammelte sich in Nowy Urengoi alles, was in der Energiewirtschaft Rang und Namen hatte. Präsident Putin besuchte die gigantische Lagerstätte jenseits des Polarkreises, wo man drei Wochen zuvor mit der Gasförderung begonnen hatte. Das war das erste neue Vorkommen, das Gazprom seit zehn Jahren in Angriff nahm. Putin verlieh Wjachirew dafür den Orden »Für Verdienste vor dem Vaterland« 4. Klasse. Wjachirew knurrte trotzdem. Die ganze Arbeit hatte er geleistet, und den Rahm schöpfte jetzt sein Nachfolger ab.

Nach der Auszeichnung erwartete den Ex-Chef von Gazprom eine unangenehme Überraschung. Putin erklärte Miller, wie er mit Wjachirews Erbe umzugehen habe. Die Hauptsache sei, darauf zu achten, so der Präsident, dass nichts beiseitegeschafft werde. Dann sprach Putin die Differenz zwischen den Preisen an, zu denen Gazprom das Gas seinen westlichen Partnern lieferte, und denen, die auf den westlichen Märkten erlöst wurden. Die konnten das Zwei- bis Dreifache betragen.

»Warum geben wir das Gas so billig ab?«, fragte der Präsident und blickte Miller dabei unverwandt an. »Wo bleibt die Differenz? Wo ist das Geld? Kopfschütteln nützt da nichts, das müsst ihr herausfinden.«

Nach Putins Meinung sollte man das Geld bei den Vermittlerfirmen suchen, die offenbar einen großen Teil der Exporterlöse von Gazprom einstrichen. Das ging gegen Wjachirew, dessen Sohn Juri die Firma Gasexport leitete. Aber Putin war schon beim nächsten Thema: »Ihr müsst den Vermögensfragen mehr Aufmerksamkeit schenken. Sonst steht ihr eines Tages da und staunt, wie man euch Sibur wegnimmt, und nicht nur das!«

Sibur war das liebste Kind der Manager von Gazprom. Seinem Direktorium gehörten Wjatscheslaw Scheremet und Alexander Puschkin an. Mit ihrer Unterstützung und dank der Finanzierung durch Gazprom gelang es dem Präsidenten von Sibur, Jakow Goldowski, binnen drei Jahren zahlreiche petrochemische Firmen, die bei der Erdölförderung anfallendes Begleitgas verarbeiten, aufzukaufen, zu konsolidieren und Sibur zu einer integrierten petrochemischen Holding aufzubauen, der größten im Land. Das Kontrollaktienpaket von Sibur gehörte Gazprom. Aber Goldowski war der Meinung, das Unternehmen müsse wachsen, wofür zusätzliche Aktien auszugeben seien. Um also die Kontrolle über Sibur zu behalten, war Gazprom gezwungen, etwa 800 Millionen Dollar in den Kauf weiterer Aktien des Unternehmens zu investieren. Die zusätzliche Aktienausgabe war jedoch nur der erste Schachzug einer Kombination aus vielen Schritten, die sich Goldowski ausgedacht hatte. Das von Gazprom für die erste Nachauflage gezahlte Geld setzte er ein, um eine zweite zusätzliche Aktienemission vorzunehmen, der weitere folgten. So wollte er Sibur Schritt für Schritt der Kontrolle von Gazprom entwinden.

Die entscheidende Etappe in diesem Spiel leitete Goldowski mit großem Weitblick nur einen Monat vor Wjachirews Rücktritt ein. Er rechnete damit, dass der neue Vorstandsvorsitzende Alexej Miller, der zum Zeitpunkt der ersten Nachauflage von Sibur-Aktien noch nicht alle Feinheiten der Lage bei Gazprom kannte, nicht durchschauen würde, dass der Kauf dieser Aktien Gazprom durchaus nicht die Kontrolle über Sibur garantierte, dass Goldowski die 800 Millionen Dollar für eine neue Nachauflage – ohne Gazprom – einsetzen würde. Es heißt, Pjotr Rodionow habe Miller über Goldowskis Plan die Augen geöffnet. Er setzte Miller auseinander, dass der Anteil von Gazprom an den Sibur-Aktien mit der zweiten Nachauflage auf 38 Prozent sinken würde und damit die Kontrolle des Unternehmens in die Hände von Goldowskis Strukturen überginge. Rodionow wies Miller auch darauf hin, dass sich Sibur in der Vergangenheit auf Sicherheiten von Gazprom stark verschuldet hatte.

Im November wurde Alexander Puschkin als stellvertretender Vorstandsvorsitzender bei Gazprom entlassen. Für ihn holte Miller den Duma-Abgeordneten Alexander Rjasanow ins Unternehmen, der zu Goldowski ein sehr belastetes Verhältnis hatte. Als Goldowski vier Jahre zuvor Gasverarbeitungswerke für Sibur aufkaufte, hatte er Rjasanow buchstäblich vom Posten des Direktors des Gasverarbeitungswerks Surgut vertrieben, weil der sich weigerte, ihm 28 Prozent der Aktien seines Unternehmens zu verkaufen. Rjasanows Widerspenstigkeit brachte ihm eine Nacht Untersuchungshaft ein. Wie er selbst berichtet, nahm ihn die Miliz auf dem Flugplatz fest, weil er angeblich das Geld fremder Leute beiseiteschaffen wollte. Später erschien Goldowski in seiner Zelle und bot ihm den Verbleib auf dem Direktorenposten an, wenn er die gewünschten Aktien herausrücke.

Goldowski hingegen erklärte, Rjasanow habe sich bei seinem Unternehmen Geld geliehen, um dafür 34 Prozent der Aktien seines eigenen Unternehmens zu kaufen. Statt der Aktien habe er Goldowski aber das Geld zurückgegeben. Mit dieser Behauptung erreichte er, dass Rjasanow in seiner Firma den Hut nehmen musste. Als Rjasanow dann später Abgeordneter wurde, verteidigte er mehrfach die Interessen von Erdölfirmen, die mit Sibur im Streit lagen.

Rjasanow sagt heute, seitdem er stellvertretender Vorstandsvorsitzender von Gazprom geworden sei, wünsche er, von der Geschichte mit Goldowski grundsätzlich nichts mehr zu hören. Goldowski wiederum verkündet, er wolle »diese unangenehme Geschichte nicht neu aufwärmen«.

Die »unangenehme Geschichte« lief ungefähr so: Miller und Goldowski kamen überein, dass Gazprom sich am Kauf der bereits aufgelegten Nachemission beteiligen und Siburs Schulden übernehmen werde, aber nur gegen weitere Sibur-Aktien als Sicherheit. Damit hätte Gazprom die Kontrolle über Sibur zurückgewonnen. Goldowski brach jedoch dieses Gentlemens' Agreement und versuchte unmittelbar vor Neujahr insgeheim noch eine weitere Nachauflage von Aktien vorzunehmen – die vierte in kurzer Zeit –, um so das Kontrollpaket von Gazprom bei Sibur wieder aufzuweichen. Für diesen hinterhältigen Trick sollte Goldowski bitter bezahlen.

Am 8. Januar 2002 wurde der Chef von Sibur verhaftet. Für diesen Tag hatte Goldowski ein Treffen mit Miller vereinbart. Er fuhr am Moskauer Sitz von Gazprom bei der Tür rechts vom Haupteingang vor, wo sich die Fahrstühle befinden, die nur für das Führungspersonal bestimmt sind. Goldowskis Leibwächter blieben im Foyer, denn Bewaffnete haben zu den Fahrstühlen der Chefs keinen Zutritt. Goldowski betrat den Lift, drückte den Knopf der fünften Etage, kam aber in Millers Büro nicht an. Er wurde in Millers Vorzimmer festgenommen, das ein riesiger Seidenteppich schmückt, der wohl eher in ein Schlafzimmer passt. Miller saß derweil ruhig nebenan in seinem Arbeitszimmer. Keiner weiß, ob Miller daran beteiligt war, Goldowski diese Falle zu stellen. Er selbst behauptet, Goldowskis Verhaftung sei auch für ihn überraschend gekommen.

Zur selben Zeit wurde auch Scheremet verhaftet, den man drei Tage später allerdings gegen Meldeauflagen wieder freiließ. Für ihn bürgte Rem Wjachirew. Goldowski hingegen wurde mehrere Monate lang im Gefängnis festgehalten. Man legte ihn in eine Gemeinschaftszelle und gestattete ihm nicht einmal den Besuch seiner Frau. Am Ende gab Goldowski schriftlich die Zusicherung ab, dass er die Aktien eines ganzen Dutzends petrochemischer Unternehmen mit Gazprom in Verbindung stehenden Strukturen überlassen werde. Diese Erklärung öffnete ihm den Weg in die Freiheit.

Goldowski berichtete später, er habe nie damit gerechnet, in Millers Vorzimmer verhaftet zu werden. »Ich habe gedacht, wir würden uns schon darüber einigen, wer wen bei Sibur aufkauft. Am Abend zuvor bekam ich allerdings eine Warnung, dass eine Festnahme möglich sei. Aber was hätte ich tun sollen? Ins Ausland flüchten?«

Goldowski, der heute in Wien lebt und sich in Russland nicht mehr sehen lässt, erklärt, er habe niemanden übers Ohr hauen wollen. Mit dem Antritt des neuen Gazprom-Managements habe sich die Strategie des Konzerns gegenüber Sibur verändert. Gazprom hätte eigentlich gar nicht zu zahlen, sondern nur Siburs Schulden in neue Aktien umzuwandeln brauchen. »Ich habe Miller angeboten: Entweder Sie kaufen meinen Anteil an Sibur oder ich Ihren. Wir können aber auch alles verkaufen, uns den Gewinn teilen und mit dieser ganzen Petrochemie Schluss machen«, erinnert sich Goldowski. »Aber Gazprom konnte sich ewig nicht entscheiden.«

Während Goldowski im Gefängnis saß, nahmen sich die Prüfer der Kontroll- und Revisionsverwaltung von Gazprom die Firma Gasexport vor, die von Putin verdächtigt wurde, das Gas für zu niedrige Preise ins Ausland zu exportieren. »Wir hatten Glück, die haben uns einen braven Geheimdienstmann geschickt«, erinnert sich ein ehemaliger Mitarbeiter von Gasexport. »Der hatte ständig die Nase im Papier. Allerdings hat er gern einen getrunken und ist manchmal über der ganzen Prüferei eingeschlafen.«

Der Chef von Gasexport, Rem Wjachirews Sohn Juri, wartete die Ergebnisse der Prüfung nicht ab, sondern kündigte von sich aus.

»Das habe ich getan, weil ich mit den Veränderungen bei Gazprom und bei Gasexport nicht einverstanden war«, sagt er heute. »Vor allem wollte ich meinem Vater ein Beispiel geben. Ich war der Meinung, je früher er Gazprom den Rücken kehrt, desto besser für ihn. Die duldeten ihn in der letzten Zeit doch nur, um die Fehler des neuen Managements zu kaschieren, das unfähig war, das Unternehmen zu führen.«

Als Goldowski einige Jahre später gefragt wurde, warum er im Unterschied zu Juri Wjachirew nicht eingewilligt habe, »im Guten zu scheiden«, antwortete er: »Ich habe damals erklärt, dass ich ein selbständiger Geschäftsmann bin. Ich habe dieses Unternehmen nicht für Gazprom aufgebaut, sondern für mich und meine Kinder. Warum sollte ich das alles einfach aufgeben?«

Bei Gazprom wird nicht gestohlen

Goldowski ist nicht der Einzige, der mit Hilfe von Gazprom eine Firma für sich und seine Kinder gegründet hat. Rem Wjachirew und seine nächsten Mitstreiter haben das ebenso getan.

Als schlimmstes Verbrechen galt zu Wjachirews Zeiten, in der Firma eine Unterschlagung zu begehen. »Bei Gazprom wird nicht gestohlen«, lautete seine ständige Ermahnung für junge Mitarbeiter. Und er fügte hinzu: »Wenn schon stehlen, dann zuerst für Gazprom und erst dann für sich selbst!« Verwandte in Firmen im Umkreis des Konzerns unterzubringen galt aus seiner Sicht allerdings nicht als ehrenrührig.

Anfang der neunziger Jahre war es durchaus üblich, dass Tochtergesellschaften von Gazprom gegründet wurden, in denen später Verwandte und Freunde von Rem Wjachirew und seinen engsten Mitstreitern nach und nach die Positionen der Gründer übernahmen. »Alle aus Wjachirews Familie waren fest überzeugt, dass sie sich diese Firmen ehrlich erarbeitet hätten«, erinnert sich ein früherer leitender Angestellter. »Nur ging es dabei allzu grobschlächtig zu: Kindern, Frauen, Brüdern und Schwestern wurden Aktien überschrieben.«

Dass sein Bruder Viktor die Gruppe Burgas leitete, die alle Bohrfirmen von Gazprom vereinigte, hielt Wjachirew ebenso wenig für anstößig wie die Tatsache, dass sein Sohn Juri der Firma Gasexport vorstand, über die das Exportgeschäft von Gazprom abgewickelt wurde, oder dass seine Tochter Tatjana Großaktionärin beim wichtigsten Auftragnehmer von Gazprom für Bauarbeiten – Stroitransgas – war. Dank der Aufträge von Gazprom machte die Firma Milliardenumsätze. Große Anteile an Stroitransgas hielten auch zwei Söhne Viktor Tschernomyrdins.

Stroitransgas eroberte sich binnen zehn Jahren nahezu eine Monopolstellung bei Bauarbeiten in der Gasindustrie. Das Unternehmen war an solchen Mammutprojekten wie den Gasleitungen Blue Stream und Jamal-Europa beteiligt. Im Jahr 2000 betrug der Umsatz 1,3 bis 1,4 Milliarden Dollar. Über 70 Prozent stammten aus Aufträgen von Gazprom. Stroitransgas war seinerseits Großaktionär bei Gazprom. 1995 erhielt die Firma 4,83 Prozent der Aktien als Entgelt für Auftragsarbeiten in Höhe von 2,5 Millionen Dollar. Auf diese Weise bekamen Wjachirews und Tschernomyrdins Sprösslinge auch noch beträchtliche Aktienpakete von Gazprom in die Hand.

»Die Gazprom-Aktien haben sie mir förmlich aufgeschwatzt. Ich wollte eigentlich bares Geld haben«, versicherte der Präsident von Stroitransgas, Arngolt Becker, gegenüber Journalisten. Jetzt werde er die Anteile natürlich auf keinen Fall verkaufen, fügte er hinzu, denn sie seien gute Sicherheiten für Kredite. Becker ließ sich lange bitten. In den Verkauf der Aktien willigte er erst ein, nachdem der Unternehmer Alischer Usmanow mit ihm ein »konstruktives Gespräch« geführt hatte.

»Ein Mann, der Probleme löst« – so kennt man Usmanow bei Gazprom. Er hat für den Konzern Geschäfte abgewickelt, wo dieser aus verschiedenen Gründen nicht selbst auftreten wollte oder konnte. Als Usmanow zum Beispiel Boris Beresowski und Badri Patarkazischwili die beste Zeitung des Landes *Kommersant* abkaufte, waren Analytiker der Meinung, dass er dieses Geschäft (dem Fall NTV fünf Jahre zuvor vergleichbar) für Gazprom, das heißt für Putin, erledigt habe. Gazprom wies derartige Unterstellungen weit von sich und erklärte, damit nichts zu tun zu haben. Dies sei ein ganz persönliches Projekt des Unternehmers Usmanow.

Usmanow hatte auch seine Hände im Spiel, als Nikolai Bogatschow Tambeineftegas abgekauft wurde, eine kleine Gasfirma, der das Vorkommen von Jushno-Tambeisk gehörte, eine der größten Gaslagerstätten der Welt mit geschätzten Vorräten von 1,2 Billionen Kubikmetern. An einem solchen Schatz konnte Gazprom einfach nicht vorbeigehen.

Zu Rem Wjachirews Zeiten leitete Usmanow die Tochterfirma Gazprom-Investholding, deren Aufgabe es war, Aktien des Konzerns aus der Stahl- und Eisenbranche als nicht ins Profil passend zu verkaufen. Usmanow fand für das Problem eine glänzende Lösung: Er verkaufte die Fabriken an sich selbst. Offiziell trat die mit ihm befreundete Gruppe Interfin als Käufer auf.

Sozusagen als Gegenleistung für dieses Geschäft musste Usmanow Arngolt Becker dazu bewegen, seine Gazprom-Aktien herauszurücken. Man weiß nicht, mit welchen Argumenten Usmanow Becker überzeugte oder vielleicht auch erpresste, jedenfalls erhielt dieser für 4,83 Prozent Anteile an Gazprom, die heute etwa 13 Milliarden Dollar wert sind, ganze 190 Millionen. Bei Gazprom sind manche der Meinung, Usmanow sei nur zufällig in dieses Geschäft geraten, weil seine Gazprom-Investholding damals einfach in der Lage gewesen sei, die Finanzierung zu übernehmen. Andere neigen dazu, es sei den unternehmerischen Fähigkeiten Usmanows zu verdanken, dass das von Putin eingesetzte neue Gazprom-Management so viele Aktien des Konzerns aufzukaufen vermochte, dass sie zusammen mit dem vom Staat gehaltenen Paket in Höhe von 38,37 Prozent ausreichten, um die volle Kontrolle des Staates über den Gasmonopolisten wiederherzustellen.

Eine weitere Firma, die unter Rem Wjachirew erblühte, war Itera. Zunächst trat Gazprom Itera das Recht ab, turkmenisches Gas in die GUS-Länder zu exportieren. Dann wurden Itera einige große Förderfirmen zugeschlagen. Im Jahr 2000 verkaufte Itera in Russland und den GUS-Staaten insgesamt 85 Milliarden Kubikmeter Gas. Iteras Umsatz betrug mehr als 3 Milliarden Dollar. 2001 war die Firma nach Gazprom die zweitgrößte russische Gasgesellschaft und förderte aus Vorkommen, die sie von Gazprom erhalten hatte, 25 Milliarden Kubikmeter Gas.

Wjachirew und Genossen sahen Itera als ihren Reserveflugplatz an, wo sie nach ihrer Pensionierung weich zu landen hofften. Wie einige Topmanager von Gazprom und Itera wissen wollen, hatte die Wjachirew-Gruppe mit Itera-Chef Igor Makarow eine mündliche Absprache, dass sie nach dem Abschied von Gazprom das Kontrollaktienpaket von Itera übernehmen sollte. Makarow selbst bestreitet derartige Behauptungen heftig. Es ist nicht sicher, ob Alexej Miller von dieser Vereinbarung wusste. Er jedenfalls entzog Itera den Auftrag, in den GUS-Ländern Gazprom-Gas zu verkaufen und nahm auch die Förderfirmen zurück, die Itera von Gazprom erhalten hatte, darunter Purgas und Sewerneftegazprom, die wiederum Lagerstätten besaßen, die einmal die Leitung Nord Stream speisen sollen.

Die Rücknahme der Förderfirmen war dringend nötig, denn beim Antritt der neuen Führungsmannschaft ging die Gasförderung des Konzerns zum ersten Mal zurück. Das Manko musste dringend aus diesen Lagerstätten aufgefüllt werden.

Anfang 2003 war Gazprom dann auch offiziell ein Staatsunternehmen. Als im Februar das zehnjährige Bestehen Gazproms gefeiert wurde, brachte Putin Alexej Miller öffentlich seinen Dank dafür zum Ausdruck, dass er die Kontrolle des Staates über Gazprom hergestellt hatte. Binnen weniger Jahre hatte sich der Konzern von einer Reihe von Vermittlerfirmen getrennt, auf deren Konten, wie der Präsident treffend bemerkt hatte, bedeutende Summen gelandet waren. In dieser

Zeit konnten die Versuche von Gazprom-Managern vereitelt werden, der Kontrolle des Konzerns beträchtliche Vermögenswerte zu entziehen. Das Kontrollaktienpaket wurde in der Hand des Staates konsolidiert, Gazprom in eine transparente Firma umgewandelt, der Aktienmarkt endlich liberalisiert und der Kapitalwert des Konzerns am Markt verzehnfacht. Jetzt musste nur noch mit den benachbarten Transitländern Belorussland und Ukraine reiner Tisch gemacht werden. Außerdem galt es, das Gas Zentralasiens fest in die Hand zu bekommen. Und sei es nur, damit nicht sichtbar wurde, wie sehr all die Betriebsamkeit von Millers Mannschaft zum Rückgang der Gasförderung von Gazprom beigetragen hatte.

Nur bei Meschregiongas erlebte Miller einen Reinfall. Diese Gazprom-Tochter, die Wjachirew 1997 gegründet hatte, wickelte alle Verrechnungen beim Verkauf von Gas auf dem Binnenmarkt ab. In wenigen Jahren konnte Meschregiongas den Anteil der Verrechnung in Geld von 3 Prozent auf 85 Prozent erhöhen. Dabei gelang es der Gazprom-Tochter, Kontrollaktienpakete zahlreicher regionaler Gastransport- und Vertreiberfirmen in die Hand zu bekommen, die das Gas bis zum Verbraucher brachten. Doch die Aktien dieser Firmen blieben nicht lange bei Meschregiongas, sondern wurden so rasch wie möglich an die im Jahr 2000 eigens zu diesem Zweck gegründete Regiongasholding weitergegeben. Meschregiongas (also Gazprom) gehörten nur 20 Prozent der Aktien der Regiongasholding. Der Rest wurde von Strukturen kontrolliert, die mit dem damaligen Chef von Meschregiongas, Valentin Nikischin, dessen Sohn Dmitri und auch Viktor Tschernomyrdins Sohn Vitali zusammenarbeiteten.

Im Dezember 2001 setzte Miller Nikischin kurzerhand ab. Seine Stelle erhielt Nikolai Gornowski, ein Absolvent des Leningrader Bergbauinstituts, an dem Wladimir Putin seinerzeit seine Dissertation verteidigt hatte. Gornowski konnte allerdings mit Miller nicht zusammenarbeiten und ging nach zwei Jahren wieder. Dabei ließ er das wertvollste Stück von Meschregiongas, die Gesellschaft Asot (Stickstoff) mitgehen, zu der einige Großunternehmen der chemischen Industrie mit einem Gesamtumsatz von über 300 Millionen Dollar gehören. Den Rechtsstreit zur Rückgewinnung von Asot führt Gazprom heute noch.

Von der Liste gestrichen

Das hektische Treiben der Mannschaft von Alexej Miller führte auch dazu, dass es in Russland bald zwei Milliardäre weniger gab. Zu der Zeit, da Rem Wjachirew vom Posten des Vorstandsvorsitzenden von Gazprom »gegangen« wurde, gab das amerikanische Magazin *Forbes* seine neue Aufstellung der reichsten Männer der Welt bekannt. Gazprom-Aktien waren gerade stark im Aufwind, und so hatte *Forbes* sowohl Wjachirew als auch Tschernomyrdin auf seiner Liste. Wjachirews Vermögen wurde auf 1,5 Milliarden Dollar (Platz 336) und das von Tschernomyrdin auf 1,1 Milliarden Dollar (Platz 452) geschätzt. Ein Jahr später waren beide von der Liste verschwunden.

»Sie sind natürlich keine armen Leute, aber Milliarden haben sie nicht zusammengescharrt, das ist schon heute klar«, heißt es in Kreisen ehemaliger Mitarbeiter Wjachirews.

Dieser fiel nach seinem Weggang von Gazprom förmlich ins Nichts. Aus dem Wohnhaus für Spitzenmanager gegenüber der Gazprom-Zentrale ist er ausgezogen. Spitze Zungen nennen es bereits »das Waisenhaus«. Es heißt, Wjachirew, noch vor kurzem der mächtigste Geschäftsmann Russlands, sitze auf seiner Datsche und verbringe den lieben langen Tag mit Angeln. Er könne immer noch nicht glauben, dass von seiner ganzen Macht nichts geblieben ist.

Ein ehemaliger Topmanager von Gazprom berichtet, als er Wjachirew einmal besuchte, habe der ihn nach der Gesellschaftlichen Kammer gefragt, einer von Präsident Putin erdachten Scheinorganisation, die verschleiern soll, dass es im ganzen Land keine echten gesellschaftlichen Organisationen gibt. Seit Putins Gesetz zur Reglementierung ihrer Tätigkeit in Kraft getreten ist, haben die meisten Organisationen aus juristischen und ökonomischen Gründen den Geist aufgegeben.

»Was ist das für eine Sache, diese Gesellschaftliche Kammer?«, fragte Wjachirew. »Was meinst du, ist die wichtig?«

»Überhaupt nicht, die reine Fiktion«, antwortete der ehemalige Topmanager. »Warum fragen Sie, Rem Iwanowitsch?«

»Man hat mir dort einen Platz angeboten. Ich überlege, ob ich es machen soll ... Allerdings ganz schön teuer ...« Wjachirew wollte damit sagen, für einen Platz in der Gesellschaftlichen Kammer erwarte man ein hübsches Schmiergeld.

»Mein lieber Rem Iwanowitsch, machen Sie sich keine Sorgen! Wenn nötig, legen wir zusammen. Wenn das zu Ihrer Rehabilitierung beitragen kann, dann sollten Sie natürlich ja sagen!«

Der Besucher wollte von Wjachirew genauer wissen, woher das Angebot komme und an wen man sich wenden müsse. Wjachirew antwortete ausweichend. »Da wurde mir klar«, meint unser Gesprächspartner, »dass er sich nur Illusionen machte. Niemand hatte Wjachirew ernsthaft etwas angeboten, und niemand wird ihm noch ein Angebot machen. Das hätte er gern. Aber er wird nicht rehabilitiert.«

Für dieses Buch wollten wir unbedingt auch mit Rem Wjachirew sprechen. Er erklärte sich mehrfach bereit, uns zu empfangen, sagte aber jedes Mal kurzfristig ab. Wir boten ihm an, unserer Darstellung seine Version entgegenzusetzen, den Aussagen Millers zu widersprechen, mit Nemzow über den Treuhandvertrag zu polemisieren oder Putins Vorwurf zu entkräften, Wjachirew habe versucht, Vermögenswerte von

Gazprom beiseitezuschaffen. Er sollte seine Sicht der Dinge darlegen, um sich zu rechtfertigen, wenn schon nicht im heutigen politischen und wirtschaftlichen Leben, dann doch wenigstens vor der Geschichte. Wjachirew schwankte hin und her, lehnte am Ende aber doch ab. Ohne die Herrschaft über Gazprom ist Wjachirew nur noch ein verwirrter, misstrauischer, wahrscheinlich sehr unglücklicher alter Mann. Er wittert überall Gefahren, und sei es, dass er mit Journalisten reden soll.

7. Kapitel

Es lebe Belorussland!

Glücksfall Gasleitung

Anfang 1994 trug der Abgeordnete des Belorussischen Parlaments Alexander Lukaschenko noch die weiß-rot-weiße Nationalflagge (die er später persönlich verbieten sollte) in den Tagungssaal, stritt für Volksherrschaft, Freiheit und Gerechtigkeit. Im Juli 1994 wurde Lukaschenko zum Präsidenten des Landes gewählt und begann gegen die Freiheit vorzugehen.

Es mag Zufall gewesen sein, dass Gazprom im selben Jahr den Beschluss fasste, die Gasfernleitung Jamal-Europa über belorussisches Gebiet zu bauen. Das war wohl eine Entscheidung nach rein wirtschaftlichen Kriterien. Die Ukraine schuldete Gazprom 900 Millionen Dollar für geliefertes Gas. Das Unternehmen wollte die Gasströme diversifizieren und nicht mehr allein von der Ukraine abhängig sein. Dann konnte man, ohne die Verträge mit den europäischen Staaten zu verletzen, dem zahlungsunwilligen Nachbarn schon mal den Gashahn zudrehen.

Wahrscheinlich kam bei Gazprom damals niemand auf den Gedanken, was passieren könnte, wenn der frischgebackene belorussische Präsident eine so wichtige Gasleitung als politischen Trumpf in die Hand bekam und wie lange Russland und Westeuropa aus Gründen wirtschaftlicher Zweckmäßigkeit die belorussische Tyrannei mit Schweigen übergehen konnten. Am Ende taten sie das zwölf Jahre lang.

Die russischen Nachbarn schwiegen, als es belorussischen Zeitungen verboten wurde, den Bericht des Abgeordneten

Sergej Antontschik abzudrucken, der enge Mitarbeiter von Präsident Lukaschenko der Unterschlagung beschuldigte. So erschienen die Zeitungen eben mit einigen weißen Flecken. Die russischen Nachbarn schwiegen, als in Belorussland die Nationalflagge verboten und die sowjetische Symbolik wieder eingeführt wurde. Sie schwiegen, als das gewählte Parlament auseinandergejagt und durch eine Marionettenversammlung ersetzt wurde. Auch als Präsident Lukaschenko internationale Hilfsorganisationen aus Belorussland auswies, schwiegen die Nachbarn. Sie taten es vor allem deswegen, weil die Gasleitung noch im Bau war. Schließlich sollten über Belorussland die reichen Gasreserven auf den Feldern von Jamal mit den reichen Geldbeständen in den Städten Europas zusammengebracht werden.

Dann begann man in Belorussland Oppositionelle zu verhaften. Das geschah bei wirtschaftlichem Wohlstand, denn Russland lieferte sein Gas weiter zu einem Viertel des Preises, den Westeuropa zahlen musste.

Es gibt Schätzungen, wonach der Wohlstand Belorusslands zu etwa 25 Prozent dem billigen russischen Gas geschuldet war. Auch Erdöl wurde für ein Butterbrot aus Russland geliefert. Ein der Gazprom-Führung nahestehender Mann sagt außerdem (was Gazprom-Pressesprecher Sergej Kuprianow bestreitet), dass auf belorussischem Gebiet eines der sogenannten »Löcher« liegt, ein unterirdisches Reservoir, in das durch Manipulation des Leitungsdrucks in erheblichen Mengen Gas abgezapft wird. Wie dem auch sei – wenn die belorussische Wirtschaft zu einem Viertel auf den russischen Gaslieferungen beruht, dann hat Gazprom Repressalien, Folter, das Verschwinden von Menschen und die Fälschung von Wahlen in diesem Lande zu einem Viertel mitfinanziert.

Am 12. Februar 1996 starteten die Bauarbeiten für die Gasleitung durch Belorussland. Am 28. Februar erließ Gazprom Belorussland Schulden für Gaslieferungen in Höhe von

700 Millionen Dollar. Zur gleichen Zeit wurde die Direktorin der Nationalbank des Landes, Tamara Winnikowa, ins Gefängnis geworfen, weil sie sich Geschäften mit Alkohol und Tabak widersetzt hatte, die Manager der Firma Torgexpo aus der Umgebung des Präsidenten betrieben. Dann kam auch der ehemalige Abgeordnete Wladimir Kudinow hinter Gitter, weil er einen Brief geschrieben hatte, in dem er die Abgeordneten aufforderte, ein Amtsenthebungsverfahren gegen Präsident Lukaschenko einzuleiten.

Am 23. Oktober 1996 wurde unweit der belorussischen Stadt Slonim die erste Naht am belorussischen Abschnitt der Gasleitung Jamal-Europa geschweißt. Dieser festlichen Eröffnung der Bauarbeiten wohnten Gazprom-Chef Rem Wjachirew, der Minister für Brennstoffe und Energie der Russischen Föderation, Pjotr Rodionow, und Belorusslands Präsident Alexander Lukaschenko bei. Zuvor hatte das Presseamt des Präsidenten allen oppositionellen Medien die Akkreditierung zu diesem Anlass verweigert. Der Ort der feierlichen Handlung war mit einer roten Wimpelkette abgesperrt, wie sie bei der Wolfsjagd verwendet werden. Dahinter nahmen die Korrespondenten der miteinander konkurrierenden russischen Fernsehsender ORT, der damals Beresowski gehörte, RTR, in Staatsbesitz, und NTV, damals Eigentum Gussinskis, zum ersten Mal in der Geschichte eine gemeinsame Erklärung auf. Sie stellten sich zusammen ins Bild und konstatierten übereinstimmend, der belorussische Präsident schränke die Meinungsfreiheit ein. Initiiert hatte die ganze Sache ORT-Korrespondent Pawel Scheremet. Wjachirew, der innerhalb der Absperrung stand, hüllte sich in Schweigen. Die Gasleitung war ihm offenbar wichtiger als die Meinungsfreiheit in Belorussland.

Als 1997 der russische Präsident Jelzin erkrankte und sich lange nicht in der Öffentlichkeit sehen ließ, wuchs Präsident Lukaschenkos Selbstüberschätzung ins Unermessliche. Der führende Mann Belorusslands schien wirklich zu glauben, wenn er eine Gasleitung auf seinem Territorium hatte, könne er nicht nur die Herrschaft über Belorussland, sondern auch über Russland einfordern. Am 20. Februar 1997 rügte Lukaschenko Gazprom-Chef Rem Wjachirew öffentlich dafür, dass der den Präsidenten in einem persönlichen Brief gebeten hatte, die bereits neu aufgelaufenen Schulden seines Landes bei Gazprom in Höhe von 250 Millionen Dollar zu begleichen. Lukaschenko hatte offenbar vergessen, dass seine Macht zu einem Viertel auf Wjachirews Leitung beruhte. Daher ereiferte er sich, es komme dem Chef einer Gasfirma nicht zu, einem Staatspräsidenten persönliche Briefe zu schreiben.

Im März bekam Anatoli Tschubais, inzwischen Vizepremier der russischen Regierung, zufällig den in Arbeit befindlichen Entwurf des Vertrags über die geplante Union von Russland und Belorussland zu Gesicht. Diese fiel zwar nicht in sein Ressort, aber Tschubais ließ auf der Stelle alles stehen und liegen, um die Unterzeichnung zu verhindern. Nach dem Entwurf wäre das Staatsoberhaupt der neu zu schaffenden Union faktisch Lukaschenko geworden.

»Ich erinnere mich daran, als sei es gestern gewesen«, sagt Tschubais. »Ich warf einen Blick auf das Dokument und sah, dass das oberste Machtorgan ein Staatsrat aus vier Personen werden sollte, je zwei von jeder Seite: Präsident und Parlamentspräsident. Dieses Gremium hatte das Recht, für beide Staaten gültige Beschlüsse zu fassen. In Russland war damals der Kommunist Selesnjow Duma-Präsident, Belorussland wäre in diesem Staatsrat durch Lukaschenko und Malofejew vertreten gewesen, wenn ich mich recht erinnere.«

Das Gespräch mit Tschubais findet im Flugzeug statt. Jetzt, da Tschubais der Aktiengesellschaft Vereinigte Energiesysteme Russlands« (RAO EES) vorsteht, fliegt er mit einer unternehmenseigenen alten und schäbigen IL-62. Die war einmal die Präsidentenmaschine von Michail Gorbatschow. Die breiten, weichen Sessel haben abgewetzte Bezüge. Die Plastikfolie an den Wänden schlägt Blasen. Tschubais sitzt in einem kleinen Salon mit einem Tisch und zwei Sesseln. Wir fliegen an einem Tag nach Kamtschatka und zurück. Das sind zwanzig Stunden in der Luft. Außer im Flugzeug kommt Tschubais nicht dazu, über die Zeit zu reden, da Russland beinahe von einer Troika regiert worden wäre, der der Kommunist Gennadi Selesnjow als Duma-Präsident, der frühere Sekretär eines KPdSU-Gebietskomitees in Belorussland, Anatoli Malofejew, als von Lukaschenko bestimmter Präsident des von ihm eingesetzten Parlaments, und Lukaschenko selbst angehört hätten.

»Es war der reine Wahnsinn«, fährt Tschubais fort. »Die drei hätten gemeinsam alle Beschlüsse durchgesetzt. Ein Umsturz auf verfassungsmäßigem Wege, ein kalter Machtwechsel ohne Gewalt hätte stattgefunden, und nur, weil wir alle geschlafen haben. Boris Jelzin schleppte einen schweren Schuldkomplex wegen des Zerfalls der Sowjetunion mit sich herum, den er irgendwie kompensieren wollte. Aber ich wusste genau, dass ich lieber verrecke, als die Unterzeichnung eines solchen Vertrags zuzulassen. Das wäre Verrat an all denen gewesen, die Jelzin gewählt hatten. An allem, was seit 1991 erreicht wurde. Wir hätten den Staat sehenden Auges dem roten Gelichter überlassen. Lukaschenko war nur einen Schritt davon entfernt, die Macht in unserem Land an sich zu reißen.«

In jenem Frühjahr 1997 versuchte Tschubais, der damals Finanzminister war, Jelzin mehrfach davon zu überzeugen, dass er in der dort vorgesehenen Machtkonstellation keine Entscheidungen mehr beeinflussen könnte. Das wollte Jelzin partout nicht einsehen.

Auch Tschernomyrdin neigte dazu, den Unionsvertrag zu unterstützen. Wenn man Viktor Stepanowitsch heute daran erinnert, winkt er ab, als wäre das eine Kleinigkeit gewesen.

»Die Wiedervereinigung der Wirtschaften Russlands und

Belorusslands hätte eine sehr gute Sache sein können«, sagt Tschernomyrdin. »Aber die belorussische Wirtschaft ist im Vergleich zur russischen wie ein Tropfen im Meer. Deshalb hätte Lukaschenko überhaupt nichts bestimmen können. Es wäre nichts passiert.«

Da Tschernomyrdin als Regierungschef offiziell als der Verantwortliche für die Ausarbeitung des Unionsvertrags mit Belorussland galt, obwohl der Vertrag in Wirklichkeit ein Werk des Ministers für Nationalitätenfragen, Sergej Schachrai, war, bekamen es alle Politiker, die etwas gegen den Unionsvertrag und Lukaschenkos Machtantritt in Russland zu sagen wagten, sofort mit Tschernomyrdin zu tun.

Keiner weiß, welcher russische Politiker den Artikel in *Le Monde* vom 29. März 1997 lanciert hat, der mit sensationellen Angaben über Tschernomyrdins Privatvermögen und dessen Beziehungen zur Schattenwirtschaft aufwartete. Danach war Tschernomyrdins Privatbesitz in den vier Jahren, die er als Regierungschef amtierte, von 28 Millionen auf 5 Milliarden Dollar angewachsen. Die meisten Journalisten glaubten damals, die Zahlen seien von Tschubais gekommen. Aber der bestreitet das. Tschernomyrdin habe den Unionsvertrag nie ernsthaft gewollt, meint er, weshalb er auch keinen Grund hatte, ihn anzugreifen.

Am 2. April 1997 legte Tschernomyrdin seine Einkünfte offen. Danach betrug sein Gehalt 4 Millionen Rubel im Monat, das waren weniger als 1000 Dollar. Er besitze weder einen Palast noch Landhäuser oder Gazprom-Aktien, erklärte er. Trotzdem setzte ihn das amerikanische Magazin *Forbes* auf die Liste der reichsten Männer der Welt. Dort blieb er, bis Wladimir Putin Präsident wurde. Als man Tschernomyrdin zum Botschafter in der Ukraine ernannte – eine Art ehrenhafte Verbannung –, stellte sich heraus, dass er tatsächlich weder Milliarden noch Paläste, ja nicht einmal Gazprom-Aktien sein Eigen nannte.

Aber nicht nur Tschubais, auch viele andere leisteten aus den verschiedensten Gründen und mit unterschiedlichen Mitteln Widerstand gegen den Unionsvertrag. Dieser brachte Menschen zusammen, die einander ansonsten spinnefeind waren.

Zu ihnen gehörte auch der Oligarch Boris Beresowski. Der Reporter Pawel Scheremet, der für Beresowskis Erstes Russisches Fernsehen arbeitete, erhielt damals den Auftrag, heimlich über die belorussische Grenze zu gehen. Wahrscheinlich drang er von Litauen her in Belorussland ein, nicht um in einer Fernsehreportage zu demonstrieren, wie schlecht diese Grenze geschützt war, sondern um von den belorussischen Behörden festgenommen und zum Anlass eines internationalen Skandals zu werden, mit dem man Lukaschenko bei Jelzin diskreditieren wollte.

Ob Pawel Scheremet von seiner Rolle als Köder gewusst hat oder nicht, als jedenfalls sein Bericht gesendet wurde, verhaftete man ihn in Minsk sofort und steckte ihn für drei Monate ins Gefängnis. Der Skandal fand statt. Russland erklärte, Belorussland habe kein Recht, einen russischen Bürger einzusperren. Belorussland erklärte, es habe das Recht, jeden festzuhalten, der seine Grenze illegal überschreite. Präsident Jelzin war wütend. Er ließ den russischen Luftraum für Lukaschenkos Maschine sperren, so dass dieser auch jene wenigen Staaten im Osten nicht besuchen konnte, die noch bereit waren, ihn zu empfangen.

Bald stellte sich jedoch heraus, dass diese Maßnahme den belorussischen Präsidenten nicht weiter störte. Boris Nemzow, damals Minister für Brennstoffe und Energie, berichtet, dass Lukaschenko seinen Geheimdienst erst dann anwies, Scheremet freizulassen, als Nemzow Gazprom bedeutete, die Gaslieferungen nach Belorussland zu unterbrechen. Nun musste Lukaschenko einlenken. Scheremet kam frei und fuhr nach Russland zurück. Der Unionsvertrag aber wurde nicht unterzeichnet. Lukaschenko fürchtete keine internationale Isolierung. Das Einzige, was er fürchtete, war ein geschlossener Gashahn.

Unterdessen isolierte sich Belorussland selbst international immer mehr. Wenn belorussische Beamte bei westlichen Ländern um Visa nachsuchten, erhielten sie häufig Absagen. Sie sorgten sich jedoch nicht so sehr, dass sie vielleicht nie im Leben Paris oder New York zu sehen bekommen würden, sondern viel mehr, dass sie bei Lukaschenko in Ungnade fallen könnten. Das Fass zum Überlaufen brachte das Referendum im Jahr 2004. Kein einziges europäisches Land erkannte es als legitim an. Aber Lukaschenko kümmerte das wenig. Die Gasleitung führte immer noch über sein Territorium, Gazprom lieferte ihm nach wie vor Gas zum Preis von 40 Dollar für 1000 Kubikmeter und sah ihm weiterhin Schulden in Millionenhöhe nach.

Präsident auf ewig

Am 20. Oktober 2004 gegen 18 Uhr waren alle Höfe und Gassen um den Oktoberplatz in Minsk voll von Angehörigen der Miliz, der OMON-Spezialtruppen in ihren roten Baretten und von Geheimdienstmännern in einheitlich aussehenden Lederjacken. Diese Streitmacht hätte ausgereicht, um eine Demonstration von einer Million Menschen auseinanderzujagen. Auf den Gehwegen patrouillierten Verkehrspolizisten und verboten den vorbeifahrenden Wagen, auf dem Oktoberplatz auch nur zu bremsen. Die dort geparkten Autos waren sämtlich abgeschleppt worden. Alle diese Maßnahmen hatte man wegen der Aktivisten der Organisation »Junges Belorussland« getroffen, die sich auf dem Platz versammelten, um ihren Protest gegen die Ergebnisse des Referendums zum Ausdruck zu bringen, mit dem sich Alexander Lukaschenko vom Volk das Recht hatte bestätigen lassen, so oft zum Präsidenten gewählt zu werden, wie er nur wollte, das heißt auf Lebenszeit. Dem Referendum war eine grotesk anmutende Propaganda vorausgegangen. Jeden Sonntag gab es auf allen Fernsehkanälen Belorusslands Werbesendungen, die einander glichen wie ein Ei dem anderen.

Die erste war dem Militärmanöver »Schild des Vaterlandes« gewidmet: Präsident Lukaschenko lügt fünfzehn Minuten lang in die Kamera, er sei viele Male gebeten worden, Friedenstruppen zu allen möglichen Konflikten dieser Erde zu schicken, aber er habe das stets abgelehnt, um sein Volk zu schonen.

Das nächste Thema könnte man mit »Wütende Abfuhr« überschreiben: Präsident Lukaschenko erteilt (aus der Ferne) dem Europarat und der OSZE eine wütende Abfuhr, die den Chef der Schnellen Eingreiftruppe Belorusslands (SOBR), Dmitri Pawlitschenko, dazu den Leiter der Präsidialadministration, Viktor Schejman, Innenminister Juri Siwakow und Geheimdienstchef Wladimir Naumow beschuldigen, Menschen entführt zu haben. Der Präsident erklärt, er lasse seine besten und treuesten Genossen nicht im Stich.

Dann ging es um die Gasifizierung der belorussischen Waldgebiete: Auf einem Platz in dem Städtchen Turow entzündet der Präsident eine Gasfackel, die einem Zinkeimer ähnlich sieht. Glückliche Großmütter freuen sich, dass das Leben in ihr Städtchen zurückkehrt, wenn sie auch kein Geld haben, um sich das Gas in ihre Häuser legen zu lassen. Das Städtchen liegt in der beim Atomunfall von Tschernobyl verstrahlten Gegend, und das Leben kehrt nach dort zurück, weil der Präsident es so befohlen hat. Aber alle freuen sich. Besonders eine glückliche junge Familie, in deren Haus zum Eintreffen des Präsidenten bereits eine Gasleitung gelegt wurde. Sie weiß nur noch nicht, dass die Gebühren für das Gas doppelt so hoch sein werden wie ihr ganzes Monatseinkommen.

Es folgte eine Sendung über Lehrer: Der Präsident zeichnet den besten Lehrer des Landes mit einem gläsernen Storch aus und verkündet, es gebe keine wichtigeren Berufe als die des Arztes und des Lehrers. Er vergisst zu erwähnen, dass in Belorussland jeden Monat Ärzte ins Gefängnis gesperrt werden. Er sagt auch nicht, dass das belorussische Lyzeum »Jakub Kolas« geschlossen worden ist und heimlich in Privatwohnungen fortgeführt wird, dass das Europäische Humanwissenschaftliche Institut nach Litauen umziehen musste, dass die Lehrer neue methodische Anleitungsbroschüren erhalten haben, in denen sie angewiesen werden, die Rolle dieses Präsidenten in der Geschichte besonders hervorzuheben. Er spricht nicht davon, dass am 1. September in der ersten Klasse vier Stunden lang aus seinen Werken vorgelesen wird.

In der nächsten Sendung war von Gurken die Rede: In einer Konservenfabrik streicht der Präsident mit der Hand zärtlich über das Gemüse …

So ging das Tag für Tag, Woche um Woche. Trotz dieser Propaganda ergaben Umfragen des Analytischen Zentrums von Juri Lewada aus Russland unmittelbar vor dem Referendum, dass nur 47 Prozent der Wähler beabsichtigten, mit Ja zu stimmen, 37 Prozent dagegen mit Nein. Es wurde eine Wahlbeteiligung von 76 Prozent vorausgesagt. Das bedeutete, dass, umgerechnet auf die gesamte Wählerschaft des Landes, ganze 35 Prozent bereit waren, für die unbegrenzte Verlängerung der Amtszeit Alexander Lukaschenkos zu votieren. Um aber das Referendum zu gewinnen und die entsprechende Verfassungsänderung vornehmen zu können, brauchte der Präsident 50 Prozent plus eine Stimme aller Wahlberechtigten.

Auf legalem Weg konnte Lukaschenko dieses Referendum nicht für sich entscheiden. Umfragen können natürlich irren, aber in der Regel nicht um 15 Prozent. Das wusste ganz Belorussland. Vor allem wusste es die Staatsmacht. Deshalb drängten sich in den Gassen und Höfen um den Oktoberplatz die Männer der Spezialtruppen – sie erwarteten den Aufstand.

Als das Referendum am Sonntag, dem 17. Oktober 2004, schließlich stattfand, registrierten Beobachter in den Wahllokalen die verschiedensten groben Verletzungen der Wahlordnung: Ihren Feststellungen zufolge war schon das Wahlgesetz so abgefasst, dass Wahlfälschung erleichtert wurde. Beobachter wurden kurzerhand aus den Wahllokalen geworfen, als sie Mitglieder der Wahlkommissionen dabei ertappten, wie sie manchen Wählern gleich mehrere Wahlzettel in die Hand drückten. In Baranowitschi stellte sich heraus, dass die für die vorzeitige Stimmabgabe aufgestellten Urnen geöffnet worden waren. Ein ernster Vorfall, denn in manchen Wahllokalen gaben bis zu 50 Prozent der Wähler vorzeitig ihre Stimme ab. Als Beobachter in Retschiza sonntags Wahllokale aufsuchten, standen dort andere Urnen als jene, die am Samstagabend für die vorzeitige Stimmabgabe benutzt worden waren. Man hatte sie einfach ausgewechselt. In vielen Wahllokalen waren die Urnen nicht versiegelt. In Gomel wurde die Beobachterin Irina Makowezkaja verhaftet, weil sie angeblich die öffentliche Ordnung gestört hatte. Ihr Vergehen bestand darin, dass sie eine Linie überschritten hatte, die sie möglichst weit von der Urne fernhalten sollte. In Minsk gaben mehr als 100 Prozent der registrierten Wähler ihre Stimme ab.

Ergebnisse des Referendums wurden schon am Wahltag gegen Mittag bekanntgegeben. Der Jugendverband der Republik Belarus (BRSM) veröffentlichte Ergebnisse von Befragungen vor den Wahllokalen, die seine Mitglieder durchgeführt hatten. Danach hätten 82 Prozent der Wähler mit Ja gestimmt. Der Präsident persönlich bat die ausländische Presse über das Staatsfernsehen, sich keine Sorgen um die Demokratie in Belorussland zu machen. Aus Russland angereiste Beobachter versicherten in derselben Sendung, die Wahlen verliefen ordnungsgemäß.

Am nächsten Tag, dem 18. Oktober 2004, gab die Zentrale Wahlkommission bekannt, bei dem Referendum hätten 77,4 Prozent der Wähler dafür gestimmt, Lukaschenko das Recht zu gewähren, für unbegrenzte Zeit bei Präsidentschaftswahlen anzutreten.

Der Leiter der GUS-Beobachtergruppe, Wladimir Ruschailo, nickte zu der Feststellung, die Wahlen seien »fair, korrekt, legal und transparent« gewesen.

Dagegen erklärte die Leiterin der OSZE-Wahlbeobachtergruppe Audrey Glover, in den Wahllokalen, wo ihre Beobachter anwesend waren, hätten sie gesehen, dass bei der Auszählung der Stimmen Wahlzettel in ganzen Stapeln aus den Urnen genommen wurden. »Wahlzettel liegen nicht stapelweise in der Urne«, so Glover, »wenn sie einzeln eingeworfen werden. Stapelweise kann man sie nur hineingelegt haben.«

Die OSZE erklärte, derartige Wahlen könne sie nicht als legitim anerkennen.

Am Abend des Wahltags sprachen wir mit OSZE-Beobachtern in der Bar des Hotels Belarus in Minsk. Sie saßen an den Tischen und füllten ihre Fragebogen aus. Offizielle Kommentare durften sie nicht abgeben. Wir setzten uns zu ihnen und sahen ihnen bei ihrer Arbeit zu. An einem Nachbartisch half eine OSZE-Betreuerin einem Beobachter aus Polen beim Ausfüllen des auf Englisch abgefassten Fragebogens. »In diese Zeile müssen Sie eintragen, welchen Eindruck die Wahlkommissionen in den Wahllokalen auf Sie gemacht haben. Es geht um Ihren persönlichen Eindruck, verstehen Sie?«

»Ich verstehe«, antwortete der Beobachter auf Englisch mit starkem Akzent. »Ich habe den Eindruck, dass die alle korrumpiert waren.«

Kein Wunder, dass mit einem Aufstand gerechnet wurde. Und tatsächlich wurde der Aufstand vorbereitet. Ein Funktionär der radikalen oppositionellen Jugendbewegung Subr (»Wisent« – benannt nach dem in den weitläufigen Wäldern des Landes noch vorkommenden Wildrind), der seinen Namen nicht nennen wollte, bestellte uns am 20. Oktober um 18 Uhr auf den Oktoberplatz und erklärte: »Einige meiner Jungs sind schon vorher verhaftet worden. In den Schulen finden an diesem Abend Tanzveranstaltungen statt. In Instituten und Fachschulen hat man den Unterricht in die Abendstunden verlegt. Damit gelingt es, einen Teil der Jugend fernzuhalten. Aber nicht alle.«

Überall in Minsk gab es Verhaftungen. In der Nacht vom Sonntag, dem 17. Oktober, zum Montag verschwand der Reporter des Ersten Russischen Fernsehens, Pawel Scheremet. Wir haben über vierundzwanzig Stunden lang nach ihm gesucht – auf Milizrevieren und in Gefängnissen. Schließlich fanden wir ihn in einem Krankenhaus. Er berichtete, er sei auf der Straße festgenommen, geschlagen und dann zum Untersuchungsgefängnis in der Okrestina-Straße gebracht worden. Dort nahm man ihm Schnürsenkel, Gürtel und Handy ab und steckte ihn in eine Zelle. Hier saß er bis zur Abendkontrolle und hatte starke Kopfschmerzen. Als seine Zelle kontrolliert wurde, informierte Scheremet den Diensthabenden über seine Kopfschmerzen und verlangte nach einem Arzt.

»Wir können nur den Rettungswagen rufen«, teilte ihm der Gefängnisarzt mit.

»Vielleicht nicht nötig …«, meinte Scheremet achselzuckend.

»Doch, es ist nötig!«, sagte der Arzt langsam und eindringlich. »Ruft den Rettungswagen!«

Erst da begriff Scheremet, dass der Arzt ihn ins Krankenhaus verlegen lassen wollte, wo Journalisten und Menschenrechtler nachts vor seiner Tür Wache halten konnten.

Uns blieb nur, Scheremet aus Belorussland nach Russland zu schmuggeln, wobei wir mehrmals die Autos wechseln mussten, um die Spuren zu verwischen. Aber zunächst wollten wir bei der nicht genehmigten Kundgebung dabei sein, die die belorussischen Behörden so sehr fürchteten, dass sie ganze Heerscharen ihrer Spezialtruppen um den Oktoberplatz zusammenzogen.

An dem Aufstand nahmen Jungen und Mädchen teil – vielleicht hundert Leute, nicht mehr. Der Älteste mag fünfundzwanzig gewesen sein. Wir fragten einen der Studenten, ob er wisse, dass er wegen der Teilnahme an der Aktion verhaftet werden könne. Er wusste es. Er sagte: »Mein Dekan hat mir mit Exmatrikulation gedroht, wenn ich zu dieser Kundgebung gehe. Er hat mich noch ausgelacht, ich sei gar kein richtiger Oppositioneller, denn der müsse mindestens einmal im Gefängnis gesessen haben. Wenn sie mich jetzt einlochen, dann bin ich ein richtiger Oppositioneller.«

Um 18.05 Uhr fuhr ein Lautsprecherwagen der Miliz an das Häuflein Demonstranten heran. Auf Russisch und Belorussisch kam die Anordnung: »Verehrte Bürger, Versammlungen und Aktionen auf dem Oktoberplatz sind per Gesetz verboten. Bitte gehen Sie auseinander. Wenn das nicht in fünf Minuten geschieht, wird der Platz geräumt.«

Als Antwort holte der Vorsitzende der Minsker Zelle von Junges Belorussland, Pawel Sewerinez, ein Megaphon aus der Tasche und begann Losungen zu rufen: »Lukaschenko hat verloren!« – »Es lebe Belorussland!«

Zehn Minuten lang versuchten die Milizionäre im Wagen und die jungen Leute auf dem Platz einander zu überschreien. Die Jungen und Mädchen entrollten ein Transparent, auf dem stand: »Nieder mit der Diktatur!« Sie übertönten den Lautsprecherwagen, der kaum noch zu hören war.

Das Ultimatum war abgelaufen. Um 18.15 Uhr zogen die Demonstranten mit Transparenten und den von Lukaschenko verbotenen weiß-rot-weißen Nationalflaggen Belorusslands den Franziska-Skorin-Prospekt hinauf. Sie blieben auf dem Gehsteig. Vor ihnen liefen die Fotografen und hinter ihnen die jungen Männer in den Lederjacken. Von dorther kam der Befehl, das KGB-Gebäude zu schützen, zu dem die Demonstranten offenbar ziehen wollten. Wenn sie eine Straße überquerten, hupten die Autofahrer im Takt ihrer Losungen. Die Marschierenden riefen: »Lukaschenko, fürchte dich!«

Vor dem KGB-Gebäude skandierten sie im Chor: »KGB, gib unsere Leute raus!« Aber der KGB blieb stumm. Als die Demonstranten sahen, dass niemand mit ihnen sprechen wollte und dass niemand sie verhaftete, kehrten sie um und liefen über den Prospekt zurück. Wir fragten: »Und wohin jetzt?« Einige antworteten: »Wir demonstrieren so lange, bis die uns festnehmen.«

So zogen sie wieder in Richtung Oktoberplatz. Aber sie gingen nicht bis zum Konzertsaal, sondern bogen nach rechts in die Engels-Straße ein und nahmen Kurs auf die Residenz von Präsident Lukaschenko.

»Das war's dann wohl!«, rief uns der Fotograf einer westlichen Agentur im Vorbeilaufen zu.

»Alle Gruppen Bereitschaft herstellen!«, kommandierten einige Männer in Zivil.

Die jungen Leute marschierten und riefen: »Lukaschenko hat verloren!« Die Busse der Spezialtruppen folgten ihnen in die Engels-Straße, hielten sich dicht am Gehweg und rückten immer enger zusammen. Stoßstangen knirschten, als sie aufeinander auffuhren. Sie bildeten eine Mauer, die die Demonstranten von der Fahrbahn trennte. Hinter dem Zug stellten sich die Kämpfer der Spezialtruppe OMON quer über den Gehweg. Dann tauchte auch vor dem Zug eine solche Kette auf. Die Demonstranten waren eingekesselt.

Es trat eine Pause ein. Einige Minuten lang standen alle still, und nichts geschah.

»Es lebe Belorussland!«, rief dann Pawel Sewerinez ins Megaphon.

»Es lebe Belorussland!«, fielen die Jungen und Mädchen ein.

Das war das Signal für die Spezialtruppe. Die Männer drängten sich in das kleine Häuflein hinein, die Türen der Busse gingen auf, und die OMON-Leute begannen die Demonstranten in die Busse zu werfen wie Brennholzscheite. Besonders leichtes Spiel hatten sie mit den Mädchen. Vier Mann packten eine an Armen und Beinen, holten Schwung und warfen sie dann aus einer Entfernung von bis zu vier Metern in die offene Tür. Mit dem Gesicht schlugen die Mädchen auf die metallenen Stufen. Dabei flogen Zähne, platzten Lippen und Stirnen.

Die Ewigkeit geht zu Ende

Zwei Jahre später stellte sich Lukaschenko, gestützt auf die gefälschten Ergebnisse des Referendums, erneut der Wahl zum Präsidenten Belorusslands. Er gewann sie mit einem Ergebnis, wie es nur bei Wahlfälschung, nicht bei freier Abstimmung zustande kommt. Nach dem amtlichen Endergebnis, das die Zentrale Wahlkommission bekanntgab, erhielt er 82,6 Prozent der Stimmen. Sein ärgster Rivale Alexander Milinkewitsch kam auf 6 Prozent. Die Wahlbeteiligung betrug 93,3 Prozent.

Diese Wahl unterschied sich von dem Referendum nur geringfügig. Die gleichen Propagandasendungen im Fernsehen, die Festnahme von Aktivisten der Opposition, Drohungen, Repressalien, Verbot von Umfragen außer den offiziell zugelassenen, bei denen jeder Teilnehmer Name, Vorname und Adresse anzugeben hatte. Trotzdem wurden nichtgenehmigte Sondierungen durchgeführt, die ergaben, dass Lukaschenko im ersten Wahlgang auf keinen Fall gewinnen konnte.

Oppositionsführer Milinkewitsch bat seine Anhänger, auf den Platz zu kommen, damit die Gegner Lukaschenkos wenigstens sehen sollten, dass es sie wirklich gab.

Der Oktoberplatz war natürlich wieder von OMON-Spezialtruppen umstellt, die man in den Theatern und im Zirkusgebäude untergebracht hatte. An diesem Abend öffnete sich dort nirgendwo ein Vorhang. Auf dem Platz versammelte sich eine Menschenmenge vor einer Großleinwand. Als Präsident Lukaschenko auf der Leinwand erschien, gab es heftige Pfiffe. Neben der Leinwand war ein besonderer Platz für Journalisten freigehalten, wo die Behörden für deren Sicherheit garantierten. Allerdings ließ sich an dieser Stelle kein Reporter sehen.

»Wie viele Menschen mögen hier sein, was schätzen Sie?«, fragten wir Milizoffiziere und zeigten auf die Menge.

»Hier ist doch keiner«, antworteten die Offiziere. »Sehen Sie nicht, wie leer der Platz ist?«

Tatsächlich waren etwa 20 000 Menschen gekommen.

Alexander Milinkewitsch stand mit seiner Frau und seinen engsten Mitkämpfern auf den Stufen des Gewerkschaftshauses. Wind kam auf. Milinkewitsch nahm ein Megaphon, aber der Wind trug seine Worte davon. Selbst auf eine Entfernung von zwei Metern konnte man nur einzelne Satzfetzen verstehen. Die Menge hörte offenbar gar nichts und rief durcheinander: »Milinkewitsch!« – »Freiheit!« – »Es lebe Belorussland!«

Milinkewitsch erklärte: »Wir haben gewonnen. Wir sind das Volk. Wir Belorussen!« Weiter betonte er, diese Wahlen seien in zweifacher Hinsicht ungültig. Erstens, weil Alexander Lukaschenko nicht das Recht habe, sich zum dritten Mal zur Wahl zu stellen, denn das Referendum, auf das er sich berufe, sei ebenfalls nicht rechtmäßig gewesen. Zweitens, weil die Wahlergebnisse gefälscht seien, Aktivisten der Opposition festgenommen wurden, die staatlichen Medien Lukaschenko als Propagandaapparat dienten und die oppositionellen Medien mundtot gemacht wurden.

Was er sagte, war kaum zu hören. Wildes Schneetreiben setzte ein. Es steigerte sich zum Schneesturm. Der Wind zerfetzte die Fahnen. Man konnte sich kaum noch auf den Beinen halten. Der Schnee fiel so dicht, dass die Menschen vor dem Gewerkschaftshaus Milinkewitsch nicht mehr sehen konnten. Aber so schnell wie der Schneesturm gekommen war, legte er sich fünf Minuten später auch wieder. In der Menge wurde von einer meteorologischen Geheimwaffe Lukaschenkos gemunkelt. Das Schneetreiben hatte die Teilnehmerzahl fast halbiert. Besonders hartnäckige Demonstranten, die auf dem Platz blieben und sogar für achtundvierzig Stunden ein Zeltlager errichteten, wurden schließlich verhaftet.

Lukaschenko feierte seinen Sieg. Auf einer Pressekonferenz erklärte er, vom Virus der »bunten Revolutionen« würden nur geschwächte Länder befallen, Belorussland habe ein starkes Immunsystem. Damit meinte er wohl das Gas, das unter Hochdruck durch die Leitung Jamal-Europa von einer Kompressorenstation zur anderen strömte.

Ein Jahr später, als wir an diesem Buch schrieben, sollte uns der stellvertretende Vorstandsvorsitzende von Gazprom, Alexander Medwedew, erklären, er sei schon oft in Belorussland gewesen, aber von Diktatur oder Menschenrechtsverletzungen habe er noch nie etwas bemerkt. Schade, dass Medwedew damals nicht mit uns auf dem Platz war. Schade, dass er Lukaschenkos Pressekonferenz nicht gesehen hat.

Auf die Frage, warum die Kandidaten der Opposition nicht den gleichen Zugang zu den Massenmedien erhielten wie der Präsident, antwortete Lukaschenko: »Ich verstehe überhaupt nicht, was Sie mit ›gleichem Zugang‹ meinen. Sie haben doch unsere Opposition gesehen. Die taugt einfach nichts.«

Als er gefragt wurde, warum Aktivisten der Opposition ins Gefängnis geworfen werden mussten, erwiderte der Präsident, die Oppositionspolitiker hätten selbst darum gebeten, vor den Wahlen festgesetzt zu werden, um sich vor ihren westlichen Sponsoren nicht zu sehr zu blamieren.

Wenn 86 Prozent der Belorussen für den Präsidenten seien, warum protestierten dann Tausende auf dem Platz?, wurde der Präsident gefragt. Darauf erklärte er, auf dem Platz seien weniger Menschen gewesen, als für die Opposition gestimmt hätten. Dass Anhänger der Opposition sich dort versammeln durften, sei der beste Beweis dafür, wie demokratisch es in der Republik Belorussland zugehe.

Am nächsten Tag bereiteten sich die offiziellen Medien und die Behörden auf die feierliche Amtseinführung des Präsidenten vor. Die wurde, für alle unerwartet, plötzlich abgesagt. Präsident Lukaschenko war verschwunden. Das fiel auf, weil der Präsident sonst jeden Tag gleich in mehreren Sendungen des Fernsehens auftaucht. Nun aber gab es eine ganze Woche lang keine Nachricht von ihm. Es heißt, am Abend nach der Pressekonferenz des Siegers habe entweder Präsident Putin oder jemand Geringerer aus der russischen Führung Lukaschenko angerufen und gefordert, er möge für die politische Unterstützung, die Russland den belorussischen Behörden gewährte, den Gasleitungsbetreiber Beltransgas an Gazprom abtreten.

Faktisch versuchte Gazprom, das bisher keinerlei moralische Skrupel gehabt hatte, das Regime des Diktators jahrelang zu unterstützen, Lukaschenko aus reinem Eigennutz einen seiner wichtigsten politischen Trümpfe zu entwinden. Das war nur logisch. Wenn die Macht in Belorussland sich nicht auf die freie Wahl des Volkes, sondern auf russisches Öl und Gas stützte, dann sollte sie auch nicht dem selbsternannten Präsidenten, sondern dem russischen Öl und Gas gehören. Es heißt, dass Lukaschenko, dem nun klarwurde, wie sehr er von russischen Energieträgern abhing und wie leicht man ihn eines Tages stürzen konnte, sich mit der Flasche tröstete. Eine ganze Woche lang. Das ist natürlich ein Gerücht. Ein anderes will wissen, Lukaschenko hätte mit Putin gesprochen, davon einen Herzinfarkt bekommen und eine Woche krank darniedergelegen.

Tatsache aber ist, dass Beltransgas nur zum Teil an Gazprom abgetreten wurde. Gott allein weiß, welche spitzfindigen Argumente Lukaschenko bei den Verhandlungen vortrug, doch es gelang ihm, die Hälfte der Gastransportgesellschaft für sich zu retten.

Als Reaktion auf das ganze Hin und Her verkündete Gazprom-Chef Alexej Miller nur elf Tage nach der Präsidentschaftswahl in Belorussland, dass das Unternehmen den Preis für Gaslieferungen ab 2007 erhöhe. Bei 46 Dollar für 1000 Kubikmeter werde es nicht bleiben, man werde sich dem europäischen Preis annähern. Wie sehr, werde davon abhängen, wie der Kauf von Beltransgas für Gazprom ausgehe. Das Unternehmen deutete an, der Gaspreis für Belorussland könnte etwa verdoppelt werden.

Lukaschenko wollte seinen Ohren nicht trauen. Wie ein Spieler, der einfach nicht glauben will, dass seine Glückssträhne irgendwann zu Ende geht. Wie kein Tyrann auf der Welt glaubt, dass er sterblich ist oder dass es ihm vielleicht nicht gelingen könnte, sich ewig an der Macht zu halten. Möglicherweise hoffte Lukaschenko ja auf das persönliche Gespräch mit dem russischen Präsidenten Putin. Aber die Verhandlungen im Dezember in Moskau verliefen erfolglos, und Lukaschenko musste ohne die erwarteten Wohltaten wieder abreisen. Gazprom schickte sich an, Belorussland am 1. Januar 2007 den Gashahn zuzudrehen, wenn bis zu diesem Zeitpunkt der Vertrag mit den neuen Preisen nicht unterzeichnet war.

Gazprom-Pressesprecher Sergej Kuprianow berichtet, man habe in der Silvesternacht sogar Sonderdienste für den Fall in Bereitschaft gehalten, dass das Gas für Belorussland gestoppt werde und die Gasströme umgeleitet werden müssten.

Die Verhandlungen zogen sich fast bis zum Neujahrstag hin. Von Zeit zu Zeit kam Kuprianow zu den Journalisten und erklärte, es sei noch keine Übereinkunft erreicht. Da stand er nun bei strengem Frost im feinen Zwirn draußen auf der Straße mit dem Gazprom-Hochhaus an der Uliza Namjotkina in Moskau als Bildhintergrund – nur über seine eleganten Büroschuhe hatte er Filzstiefel gezogen. Die durften nicht gefilmt werden. Er hat sie zum Andenken an diese Nacht behalten.

Kuprianow berichtet, bei den Gesprächen seien am Ende von belorussischer Seite Argumente gebraucht worden wie: »Stell dir vor, was passiert! Hast du Kinder? Und den Kindern wollt ihr Gas für 100 Dollar verkaufen?« Das unglücklichste Kind, das den belorussischen Unterhändlern vor Augen schwebte, war aber wohl Präsident Alexander Lukaschenko.

Am 31. Dezember 2006, fünf Minuten vor Mitternacht, wurde der Vertrag unterzeichnet. Belorussland muss nun für 1000 Kubikmeter Gas zwar nicht den europäischen Preis zahlen, aber immerhin 100 Dollar, fast dreimal so viel wie bisher. Lukaschenko glaubte allerdings immer noch, mit 55 Dollar davonzukommen. Die Differenz wollte er mit einem Stabilisierungskredit von 1,5 Milliarden Dollar (in Höhe der Goldreserven Belorusslands) ausgleichen, den ihm Russland versprochen hatte. Der Kredit kam aber nicht zustande, und die belorussische Wirtschaft, mit deren Stabilität sich Lukaschenko in allen Wahlreden so gebrüstet hatte, geriet langsam in die Krise.

Um die Krise zu vermeiden, stellte Belorussland alle Zahlungen für das Gas ein. Da senkte Gazprom im August 2007 den Druck in den Gasleitungen so stark, dass in Belorussland nur noch so viel Gas ankam, wie es bezahlt hatte. Damit war die nächste Runde im Gaskonflikt zwischen den beiden Ländern eingeläutet. Die endete damit, dass Lukaschenko zwar einwilligte, für das Gas zu bezahlen, aber dafür erhöhte er einseitig die Transitgebühren für das über Belorussland transportierte russische Erdöl. Man muss es ihm lassen: Er kämpft, er klammert sich an jedes Fass Öl und an jeden Kubikmeter Gas.

Gazproms Möglichkeiten sind indes nicht unbegrenzt. Wenn das Unternehmen die Verträge mit dem Westen nicht in Gefahr bringen will, kann es das Gas nur wenige Wochen sperren, maximal einen Monat.

Ob früher oder später, eines Tages muss Alexander Lukaschenko bezahlen. Zunächst für das Gas. Dann für das Erdöl. Dann für die Eingekerkerten, für die Ermordeten und Verschwundenen. Schließlich für das Blut, das aus den Lippen der Mädchen quoll, als OMON-Leute sie am 20. Oktober 2004 auf dem Oktoberplatz in hohem Bogen in die Busse schleuderten.

8. Kapitel

Gazprom als Waffe

Gasrevolution

Die ganze Nacht vom 26. zum 27. Dezember 2004 wurde auf Kiews größtem Platz, dem Maidan der Unabhängigkeit, gesungen. Nicht auf der Bühne, sondern im ganzen weiten Rund: Einer stimmte an, und hunderttausend Menschen fielen ein. Überall wurden Fahnen geschwenkt. Und was für Fahnen! Von Aserbaidschan, von der orthodoxen Kiew-Mohyla-Akademie, von Kanada, von Belorussland, vom Kiewer Spielzeugkaufhaus, von Polen, von der EU und noch einigen hundert Ländern und Organisationen. Orangefarbene Banner mit der Aufschrift: »Juschtschenko? Ja!« Nur eine Flagge Russlands war nicht darunter.

Die Leute standen da mit Ikonen, mit Fotoapparaten, mit McDonald's-Tüten und mit Bildern des ukrainischen Nationaldichters Taras Schewtschenko. Das Ganze wirkte nicht wie eine Revolution, sondern eher wie ein Karnevalsumzug.

An diesem Tag fand in der Ukraine die dritte Runde der Präsidentenwahlen statt. Gegen 23 Uhr erschienen auf der Großleinwand des Maidan die ersten Hochrechnungen. Danach hatte der Kandidat der Opposition, Viktor Juschtschenko, über 60 Prozent der Stimmen, der von Präsident Leonid Kutschma gewünschte Nachfolger, der von Russland unterstützte Viktor Janukowitsch, dagegen nur 35 Prozent der Stimmen erhalten. Alle Autos, die im Zentrum von Kiew noch fuhren oder schon standen, ließen ihre Hupen ertönen. Hunderttausende Menschen auf Kiews Prachtboulevard

Kreschtschatik schrien auf. Jeder etwas anderes: »Juschtschenko!«, »Sieg!«, »Mama!«, »Ost und West zusammen!« Sogar Mutterflüche wurden gebrüllt. Aber nur vor Glück.

Zu dieser Zeit lief die Revolution auf dem Maidan schon einen Monat lang. Am 21. November hatte die zweite Runde der Präsidentschaftswahlen stattgefunden. Noch in der Nacht rief Russlands Präsident Wladimir Putin, dem man erste Ergebnisse von Wählerbefragungen nach Verlassen der Wahllokale mitgeteilt hatte, den Kandidaten Viktor Janukowitsch an und gratulierte ihm zum Sieg. Nach einigen Tagen kam die Bestätigung der Zentralen Wahlkommission, und Wladimir Putin gratulierte ein zweites Mal.

Aber bereits am 22. November strömten Hunderttausende Anhänger des Kandidaten Viktor Juschtschenko auf dem Maidan zusammen. Sie waren überzeugt, dass man das Ergebnis gefälscht hatte, und hielten den Platz einen Monat lang besetzt. Kiew hüllte sich in leuchtendes Orange – die Farbe des Oppositionskandidaten Juschtschenko.

Zuerst ging Angst unter den Versammelten um, denn nichts ist schlimmer als untätig zu warten. Einige wollten weglaufen, denn sie rechneten mit der OMON, der gefürchteten Spezialtruppe des Innenministeriums, mit Wasserwerfern oder Provokateuren. Andere riefen zum Sturm auf die Präsidialadministration, das Parlament oder die Zentrale Wahlkommission auf. Aber am Ende harrten alle gemeinsam einen Monat lang mit zusammengebissenen Zähnen im Dezemberfrost aus.

Morgens drängten sich die Kiewer wie jeden Tag in die überfüllten Wagen der Metro. Kaum fuhr der Zug an, begann man fast im Flüsterton zu skandieren: »Juschtschenko! Juschtschenko!« Der Zug ratterte, und in jedem Wagen der gleiche Chor. Man fuhr zur Arbeit, aber wer sich freimachen konnte, war bald wieder auf dem Maidan. Dort hieß es stehen, warten und sich fürchten. Bis das staatliche Fernsehen auf die Seite des Maidan überlief. Bis das Oberste Gericht die Ergebnisse des zweiten Wahlgangs vom 21. November annullierte und für den 26. Dezember einen dritten Wahlgang ansetzte.

Was in Kiew vorging, war in Moskau durchaus nicht allgemein bekannt. In den Berichten des Zentralen Russischen Fernsehens hieß es, das Volk der Ukraine habe für Viktor Janukowitsch gestimmt, aber eine Bande nationalistischer Unruhestifter halte den größten Platz von Kiew besetzt und hindere die Staatsmacht daran, normal zu funktionieren. Kein Schimpfwort war schlimm genug, um die Orangenen damit zu belegen – man nannte sie Faschisten, Söldlinge der USA, Spione, Nationalisten, Verräter, Russenfeinde und Drogensüchtige. Anders konnte es auch nicht sein, denn Moskau hatte für Janukowitsch großen Aufwand getrieben. Damit sind gar nicht in erster Linie die russischen Polittechnologen gemeint, die schon Monate vor den Wahlen zu seiner Unterstützung nach Kiew abkommandiert wurden. Mit Viktor Janukowitsch rechnete vor allem Gazprom.

Drei Monate vor der Wahl hatten Gazprom-Chef Alexej Miller und der Chef des staatlichen Konzerns Naftogas Ukrainy, Juri Boiko, in Moskau ein ganzes Paket von Dokumenten unterzeichnet, mit denen die Bedingungen für Gaslieferungen an die Ukraine von Grund auf verändert wurden. Nach außen wirkte es, als hätte die Ukraine auf der ganzen Linie kapituliert. Seit dem Zerfall der Sowjetunion war die Belieferung der Ukraine mit Gas im Wesentlichen Sache selbständiger Mittlerfirmen gewesen. Das Abkommen vom Sommer 2004 bedeutete nun, dass Kiew künftig auf deren Dienste verzichten und sich voll und ganz Gazprom anvertrauen sollte. Das Recht, Gas in die Ukraine zu liefern, wurde auf eine von Gazprom abhängige Struktur namens RosUkrEnergo übertragen. Politisch wirkte das wie ein großes Zugeständnis des ukrainischen Präsidenten Leonid Kutschma und seines Ministerpräsidenten Janukowitsch an Gazprom. Als Gegenleistung wollte Russland Janukowitsch bei der Wahl mit all seinen Möglichkeiten unterstützen.

Gazprom-Mitarbeiter, gleichgültig, ob es sich um ehemalige oder noch in Diensten des Unternehmens stehende handelt, reden gar nicht gern über das Verhältnis des Unternehmens zur Ukraine. Wer dazu überhaupt etwas sagt, will meist ungenannt bleiben. Das Thema ist zu heikel. Und auch wer redet, behält viel für sich.

Einer, der zu jener Zeit auf einem hohen Posten saß, sagt heute, den Gazprom-Managern sei durchaus klar gewesen, dass die Vereinbarung vom Sommer 2004 eine ziemlich riskante Sache war: »Damals hieß es in Moskau allgemein, Janukowitsch habe den Sieg schon in der Tasche. Er war regelmäßig in der russischen Hauptstadt anzutreffen, wo er sich erholte oder den Präsidenten zum Geburtstag in dessen Residenz Nowo-Ogarjowo besuchte. Auch Putin fuhr öfter zu ihm nach Kiew. Wir dagegen, die wir die Lage in der Ukraine gut kannten, schrieben in unseren Analysen, dass Janukowitsch die Wahlen nicht gewinnen kann. Erstens, weil er als Mann Kutschmas galt, der inzwischen alle Sympathien eingebüßt hatte. Zweitens, weil er selbst ein ziemlich komplizierter Charakter war. Sogar im Gefängnis hatte er schon gesessen. Wenn er den Mund hielt, ging es noch, aber sobald er ihn auftat, war alles zu spät. Denn er sprach damals nur ein paar Brocken Ukrainisch. Wir wussten, dass Janukowitsch keine Chance hatte. Das haben wir offen gesagt.«

Auch Alexej Miller wurde mehrfach mit der Meinung seiner Mitarbeiter zu den schlechten Wahlaussichten seines neuen Partners konfrontiert. Aber er brachte es nicht fertig, mit Präsident Putin darüber zu sprechen. Der wollte so rasch wie möglich ein Abkommen mit der Ukraine, und niemand wagte ihn darauf hinzuweisen, dass Janukowitsch möglicherweise nicht der ideale Partner sei. Die Berater, die Putin selber fragte, erklärten einstimmig, was er hören wollte: Es läuft hervorragend, Janukowitschs Sieg ist sicher und das Gasabkommen in guten Händen.

Dieser Selbstbetrug hielt bis zum 26. Dezember an. Die Beamten aus der Präsidialadministration berichteten bis zum letzten Augenblick, die Lage sei unter Kontrolle. Topmanager von Gazprom bestätigten, die Gasverträge seien sicher, und selbst die staatlichen Fernsehsender hämmerten tagein, tagaus ihren Zuschauern die Nachricht ein, die orange Revolution habe keine Chance. Der Maidan wurde nicht gezeigt, stattdessen übertrug man Bilder aus Donezk in der Ostukraine, wo Kundgebungen zur Unterstützung von Viktor Janukowitsch stattfanden. Bei den Aktionen für den Nachfolger Leonid Kutschmas war stets von Tausenden Teilnehmern die Rede. Und wenn schon von den Orangenen berichtet werden musste, dann waren ein paar betrunkene junge Leute mit Symbolen zu sehen, die denen der Nazis ähnelten.

»Man ließ unseren Präsidenten ziemlich im Dunkeln tappen«, meint der ehemalige Manager von Gazprom.

Als dann die Revolution siegte, herrschte im Kreml und bei Gazprom heillose Verwirrung. Zum neuen Jahr stellte Turkmenien, der Hauptlieferant der Ukraine, dessen Gas durch Gazprom-Leitungen über russisches Gebiet fließt, überraschend und in Verletzung aller Verträge die Lieferungen ein. Als Grund nannte man notwendige Reparaturarbeiten. Gazprom seinerseits erklärte, es werde das Defizit nicht aus eigenen Vorräten auffüllen. Die Vertreter der orangen Parteien deuteten dies umgehend als Gazproms politische Rache für Viktor Juschtschenkos Sieg.

Aber die ersten Emotionen hielten nicht lange vor. Einige Tage später war das Problem gelöst. Die Ukraine stimmte höheren Preisen zu, und die Lieferungen wurden wiederaufgenommen. Denn weder Gazprom noch der Kreml konnten damals sagen, was der Machtwechsel in der Ukraine längerfristig bedeutete. Die Frage hatte grundsätzlichen Charakter, denn die Ukraine war seit der Ausrufung ihrer Unabhängigkeit vor fünfzehn Jahren stets das undurchschaubarste Tätigkeitsfeld von Gazprom gewesen. Die Gaslieferungen dorthin umwehte ein Geruch von Geheimnissen, Skandalen, Verdächtigungen und Korruption im großen Stil.

Für die Ukraine war die orange Revolution eine Folge merkwürdiger Abstimmungen in drei, statt zwei Wahlgängen, die ein unerwartetes Ergebnis brachten. Für Gazprom dagegen konnte sie zu einer wahren Umwälzung werden, denn sie drohte die langjährigen, wenn auch sehr komplizierten Beziehungen rund um das Gas zu zerstören.

Die rätselhaften Mittlerfirmen

Mitte der neunziger Jahre hatte sich Gazprom schon einmal am Rand des Bankrotts befunden, weil seine Abnehmer nicht zahlten. »Wir standen auf zwei Eisschollen gleichzeitig«, beschreibt ein enger Berater Rem Wjachirews die Situation. »Die russischen Verbraucher schuldeten Gazprom 15 Milliarden und die Staaten der ehemaligen UdSSR 7 Milliarden Dollar. Keiner konnte zahlen. Ich weiß noch, wie wir damals nach Vilnius fuhren. Auf 300 Kilometern litauischer Straßen stießen wir auf keine einzige brennende Laterne. In der Dunkelheit kamen uns auf der ganzen Strecke vielleicht fünfzehn Autos entgegen. Wir fragten, was passiert sei. Es hieß, man habe kein Geld für das Gas, da blieben die Straßenlaternen eben dunkel.«

Gazprom musste damals die Lohnzahlungen an die eigenen Arbeiter einstellen. Bautrupps im Hohen Norden begannen zu streiken. »Wenn wir bei dem alten Schema geblieben wären, hätten wir nicht überlebt. Wir mussten uns etwas einfallen lassen«, bekennt ein ehemaliger Topmanager von Gazprom. Bei den russischen Verbrauchern war kein Geld zu holen. Die einzige Chance lag darin, dass Gazprom die GUS-Staaten zur Zahlung bewegte. Ein enger Berater Wjachirews berichtet, das neue Zahlungsschema sei im Büro des Gazprom-Chefs entstanden, als sich der frühere Radweltmeister Igor Makarow einen Gesprächstermin bei ihm erstritt.

Makarows Firma Omrania war damals eine von vielen, die Lebensmittel nach Turkmenien lieferten. Makarow stammt aus der turkmenischen Hauptstadt Aschchabad. Seine Firma verkaufte Zucker dorthin. Als den turkmenischen Beamten das Geld ausging, boten sie Makarow Gas als Zahlung an. Das war jedoch ohne Absprache mit Gazprom nicht abzusetzen. Daher wandte sich der Jungunternehmer an Wjachirew. Bei Gazprom wusste man, dass Turkmenien und die Ukraine seit längerem Gas gegen Lebensmittel tauschten. Wjachirew schlug Makarow vor, sich in dieses Geschäft einzuklinken, der Ukraine turkmenisches Gas zu verkaufen und die Zahlungen dort selbständig einzutreiben. Das Ergebnis war, dass Gazprom zur Methode »Gas gegen Lebensmittel« überging und sich sein Gas von der Ukraine in Waren bezahlen ließ.

Der Gashändler Dmitri Firtasch berichtet, den Tausch von zentralasiatischem Gas gegen Lebensmittel habe 1994 Igor Bakai erdacht, dessen Firma Respublika Lebensmittel nach Turkmenien verkaufte. Hartnäckig hält sich aber das Gerücht, sowohl hinter Makarow als auch hinter Bakai habe der geheimnisvolle Geschäftsman Semjon Mogiljowitsch gestanden. Wie dem auch sei, die Präsidenten der Ukraine und Turkmeniens, Leonid Krawtschuk und Saparmurat Nijasow, unterzeichneten damals eine Vereinbarung, wonach Respublika die Gasschulden der Ukraine für das Jahr 1993 an Aschchabad mit Lebensmitteln begleichen sollte.

»Igor Bakai hat sich dieses Schema ausgedacht«, beteuert Firtasch, »und wurde so zum ersten großen Gashändler. Vor ihm hatte noch niemand derartige Geschäfte gemacht. Für Gazprom war der ukrainische Markt damals uninteressant, denn die Ukraine wollte und konnte nicht mit Geld bezahlen. Die Variante Gas für Lebensmittel stellte sich dann aber als attraktiv für alle Seiten heraus.«

Firtasch behauptet, Bakai habe vom damaligen ukrainischen Präsidenten Leonid Krawtschuk eine garantierte Quote für Gaslieferungen an die Ukraine erhalten. Aber das Geschäft war kaum ins Laufen gekommen, da verlor Krawtschuk die Präsidentenwahl an seinen bisherigen Ministerpräsidenten Leonid Kutschma. Die Firma Respublika bekam Probleme. Eine Regierungskommission wurde eingesetzt, die herausfand, dass Bakai seinen Auftrag, die Staatsschulden der Ukraine für 1993 zu begleichen, nicht erfüllt hatte.

Gazprom suchte nun Zugang zu Präsident Kutschma. Der war mit Viktor Tschernomyrdin seit langem befreundet und kannte auch Rem Wjachirew gut. Bereits im Wahlkampf galt er als der prorussische Kandidat. Seine Wahlspots liefen selbst im russischen Fernsehen. Als er dann Präsident wurde, verstand er sich mit Gazprom bestens. Den Platz von Respublika nahm jetzt die Firma von Igor Makarow ein.

Wjachirew erkannte bald, wie attraktiv der ukrainische Markt, der größte in der GUS, war. Er entschied, dass Makarow alle anderen Vermittler aus dem ukrainisch-turkmenischen Geschäft verdrängen und das Monopol zur Lieferung von Gas in die Ukraine erkämpfen sollte. Das tat er zunächst mit seiner Firma Omrania, die er jedoch bald in den USA neu registrieren ließ und in Itera umbenannte, um vor der Öffentlichkeit als respektable internationale Gesellschaft dazustehen, die der Partnerschaft mit Gazprom würdig war.

Allein hätte Itera den ukrainischen Markt nie erobern können. Immerhin gab es in der Ukraine damals bereits ein recht entwickeltes Handelsnetz für Gas. Aber die Firma genoss die Protektion von Gazprom. Für Kiew war vor allem wichtig, dass Gazprom bei den wieder wachsenden Staatsschulden der Ukraine ein Auge zudrückte.

»Dass die Ukraine nicht zahlte, geschah offenbar mit Billigung von Gazprom. Da funktionierte ein ganz eigener Mechanismus, bei dem Itera eine Rolle spielte«, erklärt ein ehemaliger Topmanager von Gazprom.

Itera konnte seine Position auch deswegen immer weiter ausbauen, weil die Firma nicht nur über ausgezeichnete Beziehungen zu Rem Wjachirew verfügte, sondern auch mit dem damaligen ukrainischen Ministerpräsidenten Pawlo Lasarenko und dessen für den Brennstoff-Energie-Komplex verantwortlicher Stellvertreterin Julia Timoschenko hervorragend zusammenarbeitete.

Alle Verrechnungen für ukrainisches Gas liefen über Itera, solange Rem Wjachirew an der Spitze von Gazprom stand. 2001 ging dessen Ära zu Ende. Bereits 2002 erhielt Eural Trans Gas das Recht, turkmenisches Gas an die Ukraine zu liefern, eine andere Firma noch rätselhafteren Charakters.

Das Unternehmen hatten drei rumänische Arbeitslose und ein Anwalt aus Israel in einem ungarischen Dorf registrieren lassen. Trotzdem stimmte Gazprom zu, dass Eural Trans Gas in der Ukraine Milliardengewinne einfahren konnte. Anfangs hieß es bei Gazprom und der ukrainischen staatlichen Gasgesellschaft Naftogas Ukrainy, die zweifelhafte Herkunft von Eural Trans Gas sei ein vorübergehendes Problem, denn die Firma werde bald von Gazprom und Naftogas Ukrainy aufgekauft, die jeweils 50 Prozent der Aktien erwerben wollten. Aber dieser Kauf ist nie zustande gekommen. Naftogas Ukrainy erklärte, Gazprom hätte das Geschäft platzen lassen, und Gazprom schob die Schuld Naftogas Ukrainy zu.

Eural Trans Gas geriet bald ins Gerede. In den Medien wurden der Firma enge Verbindungen zu dem Geschäftsmann Semjon Mogiljowitsch unterstellt. Der besaß zu jenem Zeitpunkt einen russischen, einen ukrainischen, einen israelischen und einen ungarischen Pass. Seit mehreren Jahren fahndeten die USA wegen Betrugs, Schutzgelderpressung und Geldwäsche nach ihm. Laut FBI gehörte er zu den meistgesuchten Verbrechern der Welt. Die ukrainischen Medien konnten allerdings keinerlei Beweise für Verbindungen von Eural Trans Gas zu Mogiljowitsch beibringen. Firmenchef Andras Knopp verteidigte seine Ehre und Würde erfolgreich vor einem Gericht, das mehrere ukrainische Zeitungen verpflichtete, Gegendarstellungen zu ihren eigenen Artikeln über Verbindungen des ungarischen Gashändlers zu Mogiljowitsch zu drucken.

Der damalige Minister für Brennstoffe und Energie der Ukraine, Juri Boiko, erklärt heute, Eural Trans Gas habe mit Mogiljowitsch nie etwas zu tun gehabt. Das seien Gerüchte gewesen, die von rachsüchtigen Itera-Leuten verbreitet wurden, weil man sie aus dem ukrainischen Markt gedrängt hatte.

Allerdings zwangen die Unklarheiten um den ungarischen Gashändler Gazprom, auf dessen Dienste zu verzichten. An die Stelle von Eural Trans Gas trat nun RosUkrEnergo. Der frühere Direktor von Naftogas Ukrainy, Alexej Iwtschenko, der nach der orangen Revolution zum Chef der Gaswirtschaft der Ukraine avancierte, sagt heute, der Beschluss, RosUkrEnergo zu gründen, sei bei Verhandlungen von Präsident Leonid Kutschma mit Wladimir Putin auf der Krim gefallen. Anwesend war auch der damalige Chef von Naftogas Ukrainy, Juri Boiko, der danach mit Gazprom-Chef Alexej Miller alle notwendigen Dokumente unterzeichnete.

Das geschah drei Monate vor der orangen Revolution. RosUkrEnergo wurde in der Schweiz registriert. 50 Prozent der Aktien kontrollierte Gazprom, die übrigen 50 Prozent wurden von der Raiffeisen Investment AG mit Sitz in Wien verwaltet.

Zunächst trat Gazprom an RosUkrEnergo das Recht ab, alle Gaslieferungen aus Turkmenien in die Ukraine zu tätigen. 2006 erhielt RosUkrEnergo dann Verträge zur Lieferung des gesamten Gases aus Zentralasien, das über russisches Territorium befördert wird, in die Ukraine, dazu weitere 17 Milliarden Kubikmeter, die im Transit nach Europa gehen. Keine der bisherigen Mittlerfirmen hatte auch nur davon träumen können, einmal selbst Gas nach Europa zu exportieren. Der Umsatz von RosUkrEnergo stieg auf Milliarden-Dollar-Höhe. Dabei fiel kaum jemandem auf, dass RosUkrEnergo nicht nur die Verträge von Eural Trans Gas, sondern auch dessen Management übernommen hatte. Der ehemalige Chef des Moskauer Büros des ungarischen Gashändlers, Oleg Paltschikow, war jetzt Kodirektor der neuen Schweizer Firma.

Bald nach der orangen Revolution jedoch fingen für RosUkrEnergo die Probleme an. Ministerpräsidentin der Ukraine war jetzt Julia Timoschenko, die zuvor ebenfalls im Gashandel Karriere gemacht hatte. Im Sommer 2005 erklärte ihre rechte Hand, der damalige Chef des ukrainischen Sicherheitsdiensts Alexander Turtschinow, es sei möglich, dass RosUkrEnergo von Semjon Mogiljowitsch kontrolliert werde. »Zwar taucht Mogiljowitschs Name in den Gründungsdokumenten von RosUkrEnergo nicht auf, aber es gibt viele Indizien dafür, dass eine Reihe Personen, die Mogiljowitsch kontrolliert, bei dieser Firma mitarbeiten«, sagte Turtschinow der *Financial Times* in einem Interview. Vertreter von Gazprom und Naftogas Ukrainy wiesen jede Verbindung von RosUkrEnergo zu Mogiljowitsch oder dessen Leuten scharf zurück.

Nun begannen die Medien und die Justiz Russlands und der Ukraine intensiv nach dem Besitzer der zweiten Hälfte der Aktien von RosUkrEnergo zu fahnden. Aber fast ein Jahr lang konnte der Eigentümer dieses Pakets, das die Raiffeisen Investment AG verwaltete, nicht ermittelt werden.

Im Februar 2006 erklärte Wladimir Putin auf eine Frage von Korrespondenten, er wisse nicht, wer die Nutznießer von RosUkrEnergo seien, es interessiere ihn auch nicht. Für ihn sei wichtig, dass 50 Prozent dieser Firma Gazprom gehören. »Wer hinter diesen 50 Prozent und dem Aushängeschild Raiffeisen AG steht, weiß ich so wenig wie Sie«, sagte der Präsident. »Und auch Gazprom ist das nicht bekannt. Das ist der ukrainische Teil der Firma. Dort müssen Sie nachfragen.«

Damit räumte Putin faktisch ein, dass RosUkrEnergo kein transparentes Unternehmen sei. Unerwartet fügte er hinzu: »Mit diesem undurchsichtigen ukrainischen Teil von 50 Prozent ist RosUkrEnergo allerdings ein Waisenknabe gegenüber dem, was bei uns im Gasbereich seit fünfzehn Jahren läuft.«

Während Putin und Gazprom versicherten, 50 Prozent von RosUkrEnergo gehörten jemandem auf der ukrainischen Seite, erklärte Kiew, vom Besitzer dieses Teils der Firma wisse man in der Ukraine nichts, den kenne nur Gazprom.

»Aus Kiew kann man wohl kaum das Vorgehen eines russischen Monopols kommentieren, das ist eine souveräne Angelegenheit Russlands«, sagte der ukrainische Präsident Viktor Juschtschenko im Gespräch mit uns erregt. »Ich habe nie gewusst, wer hinter Itera steht und wer diese Firma gegründet hat. Das müssen Sie die russischen Behörden fragen. Ich will es auch gar nicht wissen. Das Gleiche gilt für Eural Trans Gas. Und für RosUkrEnergo, ein Unternehmen, das erst 2004, wenige Monate vor den Präsidentenwahlen in der Ukraine, entstanden ist. Wir wissen, dass die Silbe ›Ukr‹ in dem Unternehmensnamen keinerlei Bedeutung hat. Da steckt nicht eine einzige ukrainische Aktie drin. Ich habe den Ministerpräsidenten angewiesen, bei Gazprom und der Raiffeisen Investment AG etwas über die Geschichte dieser Struktur in Erfahrung zu bringen. Wer hinter ihr steht und wie die Aktien verteilt sind. Wenn es sich um eine Firma handelte, die in der Ukraine registriert oder an der die ukrainische Seite beteiligt wäre, dann wüsste ich davon. Sie fragen mich, warum sie die russischen Gaslieferungen tätigt. Das

Gas kommt aus Russland? Dann fragen Sie bei der richtigen Adresse nach: bei Gazprom.«

»Hat die ukrainische Seite nicht das Recht zu erfahren, mit wem sie verhandelt und bei wem sie das Gas kauft?«, fragen wir.

»Wir verhandeln mit Gazprom. Oder mit Agenten, die Gazproms Vollmacht haben. Und da Gazprom RosUkrEnergo mit der Lieferung von Gas für die Ukraine und für den Transit beauftragt hat, arbeiten wir mit diesem Unternehmen zusammen. Ich bitte Sie, an wen soll ich mich denn noch wenden, um herauszufinden, wem RosUkrEnergo gehört!«, brüllte Viktor Juschtschenko im März 2006. »Bringen Sie mir Tatsachen! Ich kann mich nicht zu irgendwelchen Legenden äußern!«

Heute behauptet der damalige Chef von Naftogas Ukrainy, Alexej Iwtschenko, die Raiffeisen Investment AG habe der ukrainischen Regierung nicht mitgeteilt, wem die Hälfte der Aktien von RosUkrEnergo gehört. Als die Ukraine dann anbot, 50 Prozent der Aktien zu erwerben, wurden dafür 2 Milliarden Dollar gefordert, ein unannehmbarer Preis.

Einen Monat später war die Sache klar. Im April 2006 interessierten sich das Justizministerium der USA und das FBI für die Tätigkeit und die Eigentümer von RosUkrEnergo. Nun gab der Besitzer der in Wien deponierten 50 Prozent der Aktien überraschend seine Identität preis. Es ist der Gashändler Dmitri Firtasch, ehemaliger Partner der Firma Respublika von Igor Bakai. Außerdem gab er zu, auch der Besitzer von Eural Trans Gas zu sein.

Sein Büro hat Dmitri Firtasch in London. 2006, jetzt schon Milliardär, gab er der Presse zum ersten Mal ein Interview. Damit habe er seine Jungfräulichkeit verloren, erklärte er.

Auf die Frage, wie es ihm gelungen sei, zum Vermittler von Geschäften zwischen der Ukraine, Turkmenien und Gazprom zu werden, antwortete Firtasch ausweichend: »Ich war einfach zur rechten Zeit am rechten Ort.«

Dmitri Firtasch versicherte, Semjon Mogiljowitsch sei er nur einige Male begegnet, aber Partner seien sie nie gewesen. Das sollte wohl heißen, dass Mogiljowitsch mit Itera zusammengearbeitet habe.

Bald stellte sich jedoch heraus, dass in Firtaschs Highrock Holdings mit Sitz auf Zypern, die das Geschäft »Gas gegen Lebensmittel« tätigte, Semjon Mogiljowitschs Ehefrau angestellt war. Finanzdirektor der israelischen Firma Highrock Properties, die ebenfalls auf Firtaschs Namen läuft, war Igor Fischerman, nach dem das FBI im Zusammenhang mit dem Fall Semjon Mogiljowitsch fahndet. Firtasch behauptet jedoch, er sei viel später Eigentümer dieser Firmen geworden, als diese mit Mogiljowitsch längst nichts mehr zu tun hatten. Angeblich sei er »zufällig darauf gestoßen, dass unter den Gesellschaftern dieser Firmen Mogiljowitschs Frau und Fischerman« seien. Aus Naivität habe er das nicht überprüft. Aber als er davon erfuhr, sei er »sofort nach Zypern geflogen, um alles umzuschreiben«.

Die Gründer von RosUkrEnergo versichern, Dmitri Firtasch hätten die Umstände gezwungen, so lange anonym zu bleiben. »Die endlose Medienkampagne gegen Eural Trans Gas, der Vorwurf der Zusammenarbeit mit Mogiljowitsch, den er nicht widerlegen konnte, haben ihn veranlasst, besser ganz zu schweigen. Die Sache war psychologisch einfach nicht durchzustehen«, sagte Konstantin Borodin, Pressesprecher von Juri Boiko, dem Minister für Brennstoffe und Energie der Ukraine.

Alexej Iwtschenko, der nicht mehr bei Naftogas Ukrainy tätig ist, sondern heute die Partei Kongress ukrainischer Nationalisten anführt, vermutet, dass Dmitri Firtasch nicht der wirkliche Besitzer von 50 Prozent der RosUkrEnergo-Aktien ist, räumt allerdings ein, der sei ihm auch nicht bekannt. »Ich denke, dahinter stehen hohe Tiere auf russischer Seite. Oder auf russischer und ukrainischer Seite.«

Der ehemalige Spitzenmanager von Gazprom, mit dem wir sprechen konnten, ist ebenfalls der Meinung, dass Firtasch bei RosUkrEnergo nicht selbständig agiere. Die Aktien, die er offiziell besitzt, gehörten in Wirklichkeit anderen Leuten.

»Wer könnte denn hinter ihm stehen?«, fragen wir.

»Wahrscheinlich Kutschma. Firtasch ist zwar ein bekannter Mann, aber die Geschäftsideen von RosUkrEnergo wie zuvor auch von Eural Trans Gas waren ganz sicher mit Kutschma abgestimmt. Am wahrscheinlichsten ist, dass Firtasch selbst sie an Kutschma herangetragen hat. Wie sie die Aktien dann untereinander geteilt haben, weiß ich nicht. Und später hat Firtasch offenbar auch ein gutes Verhältnis zum derzeitigen Ministerpräsidenten aufgebaut.« Damit meinte er den zur Zeit unseres Gesprächs amtierenden Viktor Janukowitsch.

»Und von früheren Gönnern hat sich Firtasch getrennt?«

»Wen haben Sie da im Sinn?«

»Mogiljowitsch.«

»Davon weiß ich nichts. Ob der damit zu tun hatte oder nicht …« Unser Gesprächspartner hatte es plötzlich eilig. Die letzten Worte sprach er fast im Flüsterton.

Krieg

Viktor Juschtschenko wird bei Gazprom nur der »Künstler« genannt. Das klingt nicht sehr schmeichelhaft. Es soll heißen, dass er impulsiv, inkonsequent und nicht sehr pragmatisch ist, weshalb man mit ihm besser keine Geschäfte macht.

»Er steht mit den Füßen nicht auf der Erde, sondern schwebt irgendwo in den Wolken«, heißt es im Kreml über den ukrainischen Präsidenten.

Tatsächlich herrscht in Juschtschenkos Büro ein kreatives Durcheinander. Der riesige Raum ist mit Geschenken aller

Art – Figuren, Andenken, Globen und Büsten – vollgestellt. An den Wänden hängen Teppiche, Bilder und Karten. Gemälde, die keinen Platz mehr gefunden haben, lehnen einfach an der Wand.

Wie Putin räumt auch Juschtschenko ein, dass im Gashandel zwischen Russland und der Ukraine in den neunziger Jahren das Chaos herrschte. Als Juschtschenko an die Macht kam, erklärte er, mit den Bartergeschäften Gas gegen Lebensmittel müsse Schluss sein, weil das die Beziehungen nur kriminalisiere. Stattdessen sei zu Marktpreisen überzugehen. »Die Leute, die sich damals mit dem Gas befassten, darunter auch führende Politiker der Ukraine, bezogen daraus seit 1995 beträchtliche Einkünfte und bauten so ihre Vermögen auf. Wer damals ein Jahr lang beim ukrainischen Naftogas arbeitete, konnte – wie auch bei Gazprom – in 365 Tagen zum Milliardär werden. Die Schulden dieser Unternehmen wurden nach ein, zwei Jahren an den Staat weitergegeben. So lief das damals. Wir schlugen vor, diese Praxis zu beenden, den Handel in Geld zu verrechnen und bei der Preisbildung die europäische Formel anzuwenden.«

Juschtschenkos Idee, von Bartergeschäften zu Marktbeziehungen überzugehen, war für Moskau ein Geschenk des Himmels. Viktor Juschtschenko äußerte den Vorschlag gegenüber Wladimir Putin, als dieser im April 2005 zu seinem ersten offiziellen Besuch nach der orangen Revolution nach Kiew kam. Russische Beamte, die den Präsidenten begleiteten, erinnern sich, dass einige Mitarbeiter Putins vor Schreck fast in Ohnmacht fielen. Bei Gazprom dagegen hatte man nur darauf gewartet. Seit der orangen Revolution waren alle Beziehungen zur Ukraine auf Eis gelegt. Selbst für das bereits fertiggestellte Projekt des ukrainischen Abschnitts Bogorodtschany-Uschgorod der Gasleitung nach Westeuropa wurde kein grünes Licht gegeben, weil man es sich als Druckmittel aufheben wollte. Bei Gazprom war jetzt immer öfter zu hören, dass Russland die ukrainische Wirtschaft bis 2005 durch billige Gaslieferungen quasi subventioniert habe. Mit dieser für Russland nachteiligen Politik müsse jetzt Schluss gemacht werden.

Viktor Juschtschenko versichert allerdings, von einer Subventionierung der ukrainischen Wirtschaft durch Gazprom könne keine Rede sein: »Seit Mitte der neunziger Jahre hat niemand die Ukraine mit niedrigen Gaspreisen subventioniert, wie es russische Politiker behaupten. In der heutigen Welt gibt es das nicht mehr. Niemand verkauft zum halben Preis. Die Ukraine hat seit Mitte der neunziger Jahre Gas für 50 Dollar pro 1000 Kubikmeter bezogen. Das war zu jener Zeit der Marktpreis. Ich betone: der Marktpreis. Der Preis in Deutschland betrug damals 75 Dollar. Die Differenz ergibt sich aus den Transportkosten. Und was den Transittarif betrifft, den die Ukraine Gazprom berechnete, so war der weit niedriger als der in Europa übliche. Experten haben berechnet, dass der Ukraine dadurch etwa 10 Milliarden Dollar entgangen sind.«

Eine ganz eigene Linie im Gashandel zwischen Gazprom und der Ukraine verfolgte Julia Timoschenko, selbst ehemalige Gashändlerin, die nach der orangen Revolution ukrainische Regierungschefin wurde. Sie sagt, bei ihrem Regierungsantritt habe sie alles unternommen, um RosUkrEnergo als Vermittlerfirma auszuschalten.

»RosUkrEnergo ist unter der Schirmherrschaft von Kutschma und Janukowitsch unter direkter Mitwirkung des Chefs von Naftogas Ukrainy, Boiko, und seinem Ersten Stellvertreter Woronin gegründet worden. Die beiden Letzteren hatten den Auftrag, dort Privatinteressen zu vertreten«, erklärt Julia Timoschenko. »Als ich Ministerpräsidentin wurde, habe ich Woronin entlassen. RosUkrEnergo wurde sorgfältig überprüft. Wir haben diese Struktur mit einem chirurgischen Eingriff entfernt. Ich sehe nicht ein, wozu zwei Staaten, die durch eine Gasleitung verbunden sind, eine derart absurde Struktur brauchen. Für die Leitung ist kein Vermittler vonnöten. Das Gas strömt von selbst durchs Rohr, man braucht nicht mit den Händen nachzuhelfen.«

Julia Timoschenko hatte es seinerzeit durchaus verstanden, ein gutes Verhältnis zu Gazprom aufzubauen. Als sie zu den Verhandlungen bei Rem Wjachirew in Minirock und hohen Stiefeln erschien, hatten die Moskauer Gesprächspartner auf der Stelle alle ihre Argumente vergessen. Gazproms Erklärung, in der Ukraine werde Gas abgezapft, pflichtete Julia Timoschenko mit ernster Miene bei. Mehr noch, sie nannte sogar den exakten Wert des unterschlagenen Gases. Nach ihren Berechnungen war das weit mehr, als Gazprom bisher eingeklagt hatte. Wjachirew zerfloss vor Rührung und akzeptierte auf der Stelle alle ihre Vorschläge.

Heute ist man bei Gazprom der Meinung, Julia Timoschenko sei als Ministerpräsidentin bestrebt gewesen, Itera wieder als Vermittler einzusetzen. Mit dieser Firma hatte sie bereits als stellvertretende Ministerpräsidentin unter Kutschma und Verantwortliche für den Brennstoff-Energie-Komplex eng zusammengearbeitet. Im Sommer 2005 gingen die Manager von Itera wieder bei Gazprom ein und aus. Sie boten ihre Dienste für die Verhandlungen mit der Ukraine an. Bei ihren guten Beziehungen zu Julia Timoschenko könnten sie mit ihr alles besprechen. Aber die Gazprom-Manager zuckten nur die Achseln und meinten: »Vielen Dank, wir orientieren uns weiterhin auf RosUkrEnergo.«

Alexej Iwtschenko, der Julia Timoschenko damals unterstellt war, erinnert sich sogar, dass im Kabinett eine Vereinbarung der ukrainischen und der turkmenischen Regierung vorbereitet wurde, die vorsah, dass beide Seiten auf RosUkrEnergo als Vermittlerfirma verzichten und für die Versorgung der Ukraine mit zentralasiatischem Gas erneut Itera verantwortlich sein soll.

Den Kampf gegen RosUkrEnergo konnte Julia Timoschenko aber nicht zu Ende führen. Zunächst entband Präsident Juschtschenko sie von den Verhandlungen, und im September 2005 musste sie als Regierungschefin zurücktreten.

»Julia Timoschenko hat RosUkrEnergo hart zugesetzt«, berichtet unser hochgestellter Gesprächspartner von Gazprom. »Vielleicht wollte sie ja Anteile für sich haben. Aber es ist ihr nicht gelungen. Sie wurde vorher abgesetzt. Wenn nicht, hätte sie ihr Ziel sicher erreicht.«

Nach Julia Timoschenkos Rücktritt machte Gazprom Druck. Die Führung von Naftogas Ukrainy wurde beschuldigt, bereits früher geliefertes Gas, das in unterirdischen Speichern lagerte, unterschlagen zu haben. Im Rahmen des Übergangs zu Marktpreisen forderte Gazprom, dass die Ukraine ab 2006 90 bis 110 Dollar für 1000 Kubikmeter Gas zahlen sollte. Bei den Verhandlungen erklärten die Gazprom-Manager, der Preis werde mit dem Welttrend weiter wachsen und in zwei bis drei Jahren 230 Dollar erreichen. Lange konnte keine Übereinkunft erzielt werden.

Im Oktober kamen der Chef von Naftogas Ukrainy, Alexej Iwtschenko, und der Minister für Brennstoffe und Energie, Iwan Platschkow, nach Moskau. Sie wurden von Wladimir Putin persönlich empfangen, der ihnen die Formel für die Preisbildung mit leichter Hand aufs Papier warf.

»Es ging nicht gerade um komplizierte Dinge, aber wir waren doch überrascht, wie tief sich Putin in das Thema Gas eingearbeitet hatte und wie geschickt er es als politische Waffe gebrauchte. Dabei folgte er durchaus nicht immer Millers Ratschlägen«, berichteten die ukrainischen Unterhändler. Aber auch sie mussten mit leeren Händen wieder abreisen.

»Uns wurde bald klar, dass es gar nicht um das Gas ging. Es war die reine Politik, scharf durchdachte russische Politik«, erinnert sich Julia Timoschenko. »Die Leute, die mit Russland verhandelt haben, glaubten, sie hätten über Gas gesprochen.

Tatsächlich aber wurde dort eine komplizierte politische Patience gelegt.«

Sehr viele in der Ukraine waren damals der Meinung, Iwtschenko und Platschkow seien als Unterhändler völlig ungeeignet. Als großes Hindernis galt vor allem Iwtschenkos Vorsitz beim Kongress ukrainischer Nationalisten. Mit Entsetzen erzählte man sich in Kiew, er habe es sogar abgelehnt, mit den Gazprom-Vertretern Russisch zu sprechen, und einen Dolmetscher gefordert. Bei Gazprom kann man sich an derartige Probleme allerdings nicht erinnern. Mit Iwtschenko sei es lediglich deshalb schwierig gewesen, weil er wenig vom Gas verstand. Russisch zu sprechen habe er dagegen nicht abgelehnt.

Je näher das Jahresende heranrückte, desto weiter erhöhte Gazprom den Preis. Bald forderte der Konzern 130 Dollar für 1000 Kubikmeter, dann 160 Dollar. Bei der nächsten Verhandlungsrunde im Kreml erklärte Putin pathetisch, er werde nicht zulassen, dass das russische Volk leide, weil die orangen Revolutionäre aus der Ukraine ihr Gas nicht bezahlten. Er stellte Naftogas Ukrainy vor die Wahl, entweder akzeptiere es den geforderten Preis oder das Angebot gelte am nächsten Tag nicht mehr.

Anderntags rief der Präsident bei Gazprom an und erkundigte sich bei Alexej Miller, was die obere Preisgrenze des Unternehmens sei. Der holte sofort seine Stellvertreter zusammen. Einer warf spontan in die Debatte, wenn man das Niveau Deutschlands zugrunde lege, seien dies 230 Dollar. Diese Zahl nannte Alexej Miller dann auch dem Präsidenten. Einige Minuten später verkündete Putin sie im Fernsehen.

Nun raufte man sich bei Gazprom und bei Naftogas die Haare.

»Das war eine irre Zahl«, sagt ein ehemaliger Mitarbeiter von Gazprom. »Wenn die Ukraine uns damals 160 Dollar gezahlt hätte, wären wir an die Decke gesprungen. Und wenn der Präsident die 230 Dollar seinem ukrainischen Amtskollegen Juschtschenko per Telefon offeriert hätte, wäre vielleicht noch etwas zu ändern gewesen. Aber er hat sie öffentlich verkündet. Damit war alles vorbei.«

Das neue Jahr rückte näher, und man hatte immer noch keine Entscheidung. Im russischen Fernsehen zeigte man merkwürdige Bilder, wie Gazprom das Abschalten der Gasleitung in die Ukraine probte. Auf den Gasfeldern traf die Anweisung ein, zum neuen Jahr mit verstärkten Brigaden bereitzustehen, weil unter Umständen die Förderung kurzfristig stark zurückzufahren sei. Die Partner Gazproms in Westeuropa erhielten Schreiben, in denen von möglichen Unterbrechungen der Gasversorgung für den Fall die Rede war, dass die Ukraine illegal Gas abzweigen sollte, das für Verbraucher in Europa bestimmt sei.

So kam es dann auch. Ab 1. Januar 2006, 10 Uhr morgens, erhielt die Ukraine nur noch 120 Millionen Kubikmeter Gas pro Tag. Am 2. Januar mittags kam bei den westeuropäischen Kunden weniger Gas an: in Österreich ein Drittel der üblichen Menge, in Ungarn und der Slowakei 40 Prozent, in Polen 14 Prozent weniger.

Am 3. Januar waren Naftogas-Chef Alexej Iwtschenko und Energieminister Iwan Platschkow wieder in Moskau. Die Verhandlungen im Hotel Ukraina dauerten bis Mitternacht. Über die Beteiligten waren die wildesten Gerüchte im Umlauf. Angeblich seien alle interessierten Seiten, darunter auch die wahren Besitzer von RosUkrEnergo, dabei gewesen. Die russische Zeitung *Kommersant* schrieb, selbst der Geschäftsmann Semjon Mogiljowitsch habe teilgenommen.

Alexej Iwtschenko sagt heute, die Gazprom-Manager hätten damals erklärt, sie bestünden auf einem Preis von 230 Dollar. Es gäbe nur eine Möglichkeit, das Gas billiger zu beziehen. »Wir haben da eine Firma namens RosUkrEnergo. Gazprom hat sie mitgegründet und ist daran zu 50 Prozent beteiligt. Uns wäre es angenehm, wenn sie die Lieferungen übernähme«, zitiert Iwtschenko Alexej Millers damalige Worte.

Platschkow und Iwtschenko wollten lange nicht unterschreiben. Firtasch versuchte sie zu überreden. Dann gingen die ukrainischen Vertreter hinaus, um mit Präsident Juschtschenko zu telefonieren.

»Der Präsident verhielt sich merkwürdig«, erinnert sich ein Topmanager von Gazprom. »Er war über die Neujahrstage in die Karpaten gefahren. Wir haben Firtasch gefragt: ›Wie konnte er in dieser Situation Kiew verlassen?‹ – ›Ihn stört das nicht, er regt sich über solche Dinge nicht auf‹, war die Antwort.«

Morgens um 2.30 Uhr unterschrieben Alexej Miller und Alexej Iwtschenko schließlich im Gebäude von Gazprom die Vereinbarung. Sie wurde von den Kodirektoren des Unternehmens RosUkrEnergo, Konstantin Tschuitschenko und Oleg Paltschikow, gegengezeichnet. Danach sollte RosUkrEnergo bei Gazprom Gas für 230 Dollar pro 1000 Kubikmeter kaufen und es für 90 Dollar an die Ukraine weiterverkaufen. Den Verlust des Schweizer Gashändlers wollte man dadurch ausgleichen, dass er das Recht erhielt, russisches und zentralasiatisches Gas zu Marktpreisen nach Westeuropa zu exportieren.

Bei Gazprom sah man diese Vereinbarung als Triumph. Für den Sieg über die Ukraine wurden die Manager des Gasunternehmens mit russischen Auszeichnungen überschüttet. Im Fernsehen hieß es drastisch, Gazprom habe die Ukraine in die Knie gezwungen.

Der Gaskonflikt mit der Ukraine kann als erster eindeutiger Beweis dafür gelten, dass Gazprom zur wichtigsten politischen Waffe des Kreml geworden ist. Der *Kommersant* stellte schon im November 2005 im Zusammenhang mit den Verhandlungen fest, dass der russische Staat die Außenpolitik zur Zeit nicht mehr über das Außenministerium, sondern über

Gazprom führe. Einige Monate später, im Frühjahr 2006, sprachen die Diplomaten auf Moskauer Empfängen bereits davon, dass Gazprom dem Außenministerium in allen wichtigen Sphären den Rang ablaufe – in Europa, in der Ukraine, in Belorussland, in Zentralasien …

»Putin benutzt Gazprom tatsächlich als politisches Werkzeug«, bestätigt ein ehemaliger Mitarbeiter des Unternehmens. Es ist sein großer Knüppel. Und er tut damit, was *er* will, nicht das, was ihm die Leute von Gazprom, darunter Alexej Miller, raten.«

In der Ukraine wurde die Vereinbarung von allen Seiten heftig kritisiert, auch von den ehemaligen Ministerpräsidenten Viktor Janukowitsch und Julia Timoschenko. Als das Parlament, die Oberste Rada, im neuen Jahr zum ersten Mal zusammentrat, konnten nicht einmal die Anhänger des Präsidenten ein gutes Haar daran finden. Besonders empörte die Abgeordneten, dass die mysteriöse Firma RosUkrEnergo an den Verhandlungen beteiligt war.

»Niemand nennt den Besitzer dieser Scheinfirma. Warum traut sich keiner, den Namen Putin zu nennen?«, rief der Abgeordnete Juri Orobez.

Drei Monate später waren die orangen Parteien bei den Parlamentswahlen die Verlierer. Erneut bildete Viktor Janukowitsch die Regierung. Minister für Brennstoffe und Energie wurde ein weiteres Mal Juri Boiko, einer der Gründer von RosUkrEnergo.

Hauptgrund für die Niederlage der orangen Kräfte war ihre Uneinigkeit. Die Anhänger von Viktor Juschtschenko und Julia Timoschenko führten einen getrennten Wahlkampf, kritisierten sich gegenseitig und konnten sich nach der Wahl nicht auf eine Regierungskoalition einigen.

In Moskau löste Janukowitschs Rückkehr eine wahre Euphorie aus. Dort sah man das Wahlergebnis als einen Sieg von Gazprom und das Ergebnis einer klugen Politik an.

Seitdem gilt der Gaskrieg gegen die Ukraine als Beispiel für eine geschickt organisierte außenpolitische Kampagne. Nach diesem Muster soll auch in Zukunft weiter verfahren werden.

Im Herbst 2007 beschloss Gazprom, der Ukraine erneut einen Schrecken einzujagen. Bei den vorgezogenen Parlamentswahlen hatte der Block Julia Timoschenko einen bemerkenswerten Erfolg errungen. Im Kiewer Hotel Hyatt wurde bei Champagner und frischen Erdbeeren die ganze Nacht gefeiert. Die Ex-Ministerpräsidentin lächelte in die Kameras und versprach, so rasch wie möglich eine neue Regierung zu bilden. Als man sie fragte, was sie als Erstes vorhabe, erklärte sie ohne Zögern, sie werde sich bemühen, RosUkrEnergo als Vermittler im russisch-ukrainischen Gashandel loszuwerden. Ihre Worte gingen in Bravorufen und dem Klingen der Champagnergläser unter.

Am nächsten Tag gab Gazprom bekannt, dass bei der Ukraine erneut enorme Schulden für Gaslieferungen aufgelaufen seien. Heute zweifelt niemand mehr daran, dass der Gasgigant mit dieser Erklärung als offizielles Sprachrohr der russischen Regierung agierte. Unklar ist nur, was er damit bezweckt hat. Wollte er die politische Lage in der Ukraine beeinflussen oder die rätselhafte Firma RosUkrEnergo, die im Schweizer Kanton Zug registriert ist, vor neuen Angriffen schützen?

9. Kapitel

Gazprom an den Pforten der Hölle

Gastod

Am 21. Dezember 2006 herrschte Panik am Sitz von Gazprom in Moskau. Auch im Kreml war Unruhe zu spüren. Beamte und Manager verfolgten aufgeregt die Fernsehnachrichten. Aber die wiederholten ständig dasselbe: Um 1.10 Uhr morgens war der Präsident Turkmeniens auf Lebenszeit, Saparmurat Nijasow, verstorben. Weitere Einzelheiten waren vorerst nicht zu erfahren. Turkmenien galt seit fünfzehn Jahren als das am stärksten isolierte Land des ganzen postsowjetischen Raums.Von dort kamen keine Nachrichten. Aus Turkmenien kam nur Gas. Und das genügte. Kaum ein Korrespondent, der in Russland arbeitete, war je in Turkmenien gewesen. Gerüchte liefen um, in denen es hieß, das Land sei die Hölle.

Im Unterschied zur Mehrheit der Russen fuhren die Manager von Gazprom regelmäßig nach Turkmenien. Nachdem allerdings der turkmenische Vizepremier Elly Gurbanmuradow, ein hervorragender Fachmann und fähiger Beamter, zuständig für den Brennstoff-Energie-Komplex, plötzlich verhaftet und zu acht Jahren Freiheitsstrafe verurteilt wurde, hörten die Gazprom-Vertreter auf, sich die schwer auszusprechenden Namen ihrer Verhandlungspartner zu merken. Die wechselten dauernd, und vom Ministersessel konnte ihr Weg direkt ins Gefängnis führen. Der einzige Mann, der in Turkmenien etwas zu entscheiden hatte, war Präsident Nijasow.

Wenn die Leute von Gazprom aus Turkmenien zurückkamen, brachten sie teure Geschenke und merkwürdige Geschichten mit. So berichteten sie zum Beispiel, dass auf dem zentralen Platz der Hauptstadt Aschchabad eine goldene Statue von Nijasow steht, die sich nach der Sonne dreht. Lachend zitierten sie Namen, die sich Nijasow für die Monate ausgedacht hatte: Danach trug der Januar, der erste Monat des Jahres, Nijasows Ehrennamen »Turkmenbaschi« (»Vater aller Turkmenen«). Der April wurde zu Ehren seiner Mutter »Gurbansoltan-Edsche« genannt. Nachsichtig lächelnd zitierten sie Sätze wie diesen aus der turkmenischen Presse: »Auf den Marxismus-Leninismus kann man verzichten, aber wer die Ideologie des Turkmenbaschi nicht unterstützt, hat nicht das Recht, sich Mensch zu nennen …«

Weniger gern erinnerten sich die Gazprom-Manager dagegen an zufällige Begegnungen mit einfachen Bürgern, die sie im Flüsterton anflehten, ihnen zu helfen, aus diesem Lande herauszukommen, wo ganze Familien eingesperrt oder erschossen würden. Und wenn man Mitarbeiter von Gazprom fragte, ob Turkmenien wirklich die Hölle sei, antworteten sie prompt: »Natürlich nicht.« Dann aber kamen sie ins Grübeln. Und redeten nur noch davon, wie viel Gas es in Turkmenien zu holen gab.

Aber was sollte nun aus Turkmenien werden? Wer konnte Nijasow ersetzen? Wie sollte man auf seinen Tod reagieren? Auf all diese Fragen wusste auch der Kreml keine Antwort. Als Erste erhielt Dschachan Pollyjewa, eine der Redenschreiberinnen von Präsident Putin, den Auftrag, die Lage zu sondieren. Nicht, weil sie irgendetwas hätte wissen können, sondern einfach deshalb, weil sie Turkmenin war.

Turkmeniens Botschaft in Moskau stellte an diesem Tag die Ausgabe von Visa ein. Die Fluggesellschaft Turkmenskie Avialinii verkaufte keine Tickets für Maschinen nach Aschchabad mehr. Das Land, das nach seinen Gasvorräten den zweiten Platz im postsowjetischen Raum und den fünften

Platz in der Welt einnimmt, riegelte sich mehrere Tage lang hermetisch von der Außenwelt ab.

Die Zeitungen in Turkmenien erschienen an diesem Tag später, um die Nachricht vom Tod des Präsidenten auf Lebenszeit noch bringen zu können. Zugleich hieß es, Parlamentspräsident Owesgeldy Atajew, der laut Verfassung die Amtsgeschäfte des Präsidenten zu übernehmen hatte, sei in Pension geschickt worden. (Dass er bereits verhaftet war, schrieb man nicht.) Und das Fernsehen verkündete, zum Vorsitzenden der Kommission, die mit der Ausrichtung der Trauerfeierlichkeiten für Nijasow betraut war, sei der Vizepremier und Gesundheitsminister Gurbanguly Berdymuchammedow ernannt worden. Da erinnerte man sich der langen sowjetischen Tradition, dass die Beisetzung des verstorbenen Generalsekretärs stets von dessen Amtsnachfolger geleitet wurde.

Nijasows Tod war ein kritischer Moment nicht nur in der Geschichte seines Landes, sondern auch in der von Gazprom und des weltweiten Gasmarkts. Unabhängig davon, ob das Verhältnis sich gerade gut oder schlecht gestaltete, war Nijasow stets ein höchst wichtiger Partner für Gazprom gewesen. In den Jahren seiner Amtszeit hatte der Turkmenbaschi ein vollkommenes Gasimperium aufgebaut. Seine Macht beruhte auf dem Gas. Es war das Gas, das Gazprom in Turkmenien kaufte, mit dem sich der einst bescheidene sowjetische Parteifunktionär zu einem wahnwitzigen Diktator aufgepumpt hatte.

Als die Sowjetunion zerfiel, wurde in Turkmenien etwa ein Drittel des Erdgases der gesamten Union gefördert. Der Verlust der turkmenischen Lagerstätten war für Gazprom ein empfindlicher Schlag. Da Viktor Tschernomyrdin rasch begriff, dass Turkmenien nicht zu halten war, suchte er den Schaden zu begrenzen. Die einzige wirkliche Geldquelle für Gazprom war der Export nach dem Westen. Tschernomyrdin beschloss daher, nur noch russisches Gas zu exportieren und an Turkmenien keine Valuta mehr zu zahlen. Russland schränkte den Kauf turkmenischen Gases beträchtlich ein.

Tschernomyrdin, der die sowjetische Gasindustrie bereits seit 1985 leitete, wusste, mit wem er es zu tun hatte. Wie die anderen neuen Herren der postsowjetischen Republiken war auch Nijasow zuvor Erster Sekretär der Kommunistischen Partei seiner Republik gewesen. Im Vergleich zu anderen Parteiführern wie dem Präsidenten Kasachstans, Nursultan Nasarbajew, oder dem Usbekistans, Islam Karimow, ja selbst zu den Chefs von Gazprom war Nijasow jedoch ein Leichtgewicht. Die genannten Stützen der Sowjetunion hatten seinerzeit von der Pike auf gedient: Sie hatten Gebietsparteikomitees oder Betriebe geleitet, im ZK der Partei in Moskau gearbeitet oder sich bis zum Ersten Sekretär der Kommunistischen Partei einer Republik beziehungsweise zum Chefsessel eines Unionsministeriums hochgedient. Sie waren erfahrene Apparatschiks. Nijasow dagegen war eher zufällig auf den Posten des Ersten Sekretärs geraten. Als jungen, entwicklungsfähigen Instrukteur des ZK hatte Michail Gorbatschow ihn entdeckt und über mehrere Stufen der Nomenklatura hinweg an die Spitze Turkmeniens katapultiert. Anfang der neunziger Jahre konnte Saparmurat Nijasow wahrscheinlich als der schwächste von allen Chefs der fünfzehn Sowjetrepubliken gelten.

Es wird berichtet, in der Endzeit der Perestroika habe man auf Redaktionssitzungen der größten sowjetischen Zeitung *Iswestija* die Korrespondenten häufig ermahnt, nicht zu viel Respekt vor den Parteioberen zu zeigen. »Geniert euch nicht, Genossen! Kritisiert sie ruhig!«

Der Einzige, der etwas anderes zu hören bekam, war der Korrespondent in Aschchabad. Er wurde darauf hingewiesen, Nijasow, den jungen Ersten Sekretär der Turkmenischen KP, höflich zu behandeln und nicht zu streng mit ihm zu sein.

Als Nijasow dann im Sessel des Präsidenten des unabhängigen Turkmeniens saß, konnte er lange gar nicht glauben, dass er sich jetzt nicht mehr mit Vorgesetzten in Moskau abzustimmen hatte. In Russland und den Nachbarrepubliken brachen Revolutionen aus, wurde die Unabhängigkeit proklamiert, doch Nijasow hielt sich zurück. Er trat nicht einmal in die GUS ein, aber nicht aus grundsätzlichen Erwägungen, sondern weil er fürchtete, die Kommunisten könnten zurückkommen und ihn dafür bestrafen. Erst 1992 riskierte er zum ersten Mal Präsidentschaftswahlen. Zugleich bat er Gazprom, den Valutaerlös aus dem an den Westen verkauften turkmenischen Gas mit ihm zu teilen. Bei Gazprom lachte man ihn damals nur aus.

»Den Valutaerlös? Wovon reden Sie? Turkmenisches Gas verkaufen wir nicht an den Westen«, lautete die Antwort.

Nijasow hatte sich auf dieses Gespräch sorgfältig vorbereitet, kam dann aber doch durcheinander. Mit bebender Stimme wiederholte er, aus Turkmenien komme etwa 30 Prozent des sowjetischen Erdgases, weshalb Aschchabad 30 Prozent der Valutaeinnahmen von Gazprom aus dem Export von Gas nach Europa zustünden.

»Wir verkaufen Ihr Gas nicht nach Europa. Dorthin geht nur russisches Gas. Das turkmenische liefern wir an die Ukraine, nach Georgien und Armenien. Mit denen musst du reden. Sollen die dir was dafür zahlen.«

»Wie haltet ihr das denn auseinander? Das Gas vermischt sich doch in den Leitungen …«, wagte der irritierte Nijasow einzuwenden.

»Das lass mal unsere Sorge sein!«, gab Rem Wjachirew schroff zurück.

Da musste Nijasow klein beigeben, denn turkmenisches Gas konnte bislang nur über die noch aus der Sowjetzeit stammende Leitung Mittelasien-Zentrum ausgeführt werden.

Seinen Ärger auf Gazprom ließ Nijasow an der Ukraine aus, indem er drohte, die Lieferungen einzustellen, wenn Kiew nicht rechtzeitig für das erhaltene Gas zahlte. Da geschah etwas, das niemand erwartet hatte, auch Nijasow nicht: In der Sowjetunion hatte man sich daran gewöhnt, die Ukraine als eine der reichsten Republiken und Turkmenien als eine der rückständigsten zu sehen. Die Presse schrieb damals in vollem Ernst, die Ukraine werde Turkmenien mit ihrem Gewicht erdrücken, sie werde ihm keine Lebensmittel mehr liefern. Und doch musste die Ukraine plötzlich nachgeben.

Gasvergiftung

Da gingen Nijasow die Augen auf, welche Macht er in seinen Händen hielt. Er reiste nach Kiew, wo man ihn empfing wie einen Wohltäter. Die Ukraine hatte kein Geld, daher versprach Präsident Leonid Krawtschuk, Kiew werde mit ukrainischen Waren bezahlen. Was die beiden da miteinander verrechneten, interessierte Gazprom zunächst wenig, denn auch dem Konzern vergütete die Ukraine zu jener Zeit das Gas mit Waren, die sofort auf die Gasfelder der Halbinsel Jamal im Autonomen Bezirk der Nenzen geschafft wurden. Für Gazprom war nur wichtig, dass seine Kreise auf dem westlichen Markt nicht durch Turkmenien gestört wurden. An Expansion dachte man damals noch nicht, man wollte schlicht Geld verdienen und sich die Konkurrenz vom Leibe halten.

Nijasow kümmerte die politische Isolation damals herzlich wenig, und von der wirtschaftlichen spürte er in der ersten Zeit nicht viel, denn auf den Herrn unermesslicher Gasvorräte wurde bald das Ausland aufmerksam. Die Türkei und nach ihr auch westeuropäische Länder setzten ihre Emissäre mit teuren Geschenken nach Aschchabad in Marsch. Weil man sich Zugang zu den Schätzen des Landes erhoffte, gewährte man Nijasow großzügig Kredite. Der Respekt aus dem Ausland beruhigte ihn, verlieh ihm die Zuversicht, dass er nichts mehr zu fürchten brauchte und nun sicher im Sattel saß.

Das Gas stieg Nijasow zu Kopf. Die Kredite benutzte er, um sich prächtige Paläste bauen zu lassen. Er legte sich den Titel Turkmenbaschi zu. Bald prangte sein Konterfei auf den Banknoten Turkmeniens. Ein Nijasow-Denkmal kam zum anderen – zunächst aus Stein oder Bronze, später mit Blattgold belegt. Ausländische Staatschefs erhielten als Gastgeschenk ein Rassepferd aus dem berühmten Gestüt von Achaltekinsk. Als man dem britischen Premier John Major eine derartige Morgengabe im Wert von 3 Millionen Dollar offerierte, war er schockiert.

Während westliche Gesprächspartner ihr Befremden über das merkwürdige Gebaren des Turkmenbaschi zu verbergen suchten, löste es bei seinen ehemaligen Genossen aus der KPdSU offene Verärgerung aus. Die Präsidenten seiner Nachbarländer – Nursultan Nasarbajew aus Kasachstan und Islam Karimow aus Usbekistan – behandelten den jüngeren Nijasow als Emporkömmling und ließen keine Gelegenheit aus, sich über ihn lustig zu machen. So soll Karimow auf einem Regionalgipfel Anfang der neunziger Jahre einmal Nasarbajew quer über den Tisch gefragt haben: »Wissen Sie eigentlich, Nursultan Abischewitsch, warum unser Geld schlechter ist als das turkmenische? Wir haben kein Bild von Nijasow drauf!« Alle prusteten los, und der Turkmenbaschi lief dunkelrot an. Er war rasch beleidigt, aber kein bisschen schlagfertig.

Seine Wut ließ er an den Untergebenen aus. Bereits Anfang der neunziger Jahre nahm er in seiner nächsten Umgebung regelmäßig Säuberungen vor. Wen er für unzuverlässig hielt, der verschwand im Gefängnis. Das half ihm, Kränkungen von außen zu ertragen. Um ihnen zu entgehen, besuchte Nijasow derartige Gipfeltreffen bald überhaupt nicht mehr und erklärte sein Land für neutral. So reduzierten sich die Kontakte mit den Nachbarn auf ein Minimum.

Die störte am Turkmenbaschi nicht dessen Verhaftungswut, sondern vor allem seine Aufgeblasenheit. Islam Karimow, der Präsident von Usbekistan, wo es etwas weniger Gas gibt, war da wesentlich bescheidener. Er ließ sich nicht auf Banknoten verewigen oder goldene Denkmäler setzen. Aber auch er gönnte sich das Vergnügen, Oppositionelle und ungetreue Beamte hinter Schloss und Riegel zu bringen. Und statt sich zum Präsidenten auf Lebenszeit zu erklären, arrangierte er geschickt Volksabstimmungen, die ihm die Amtszeit immer wieder verlängerten. Wahrscheinlich musste er wegen des Mangels an Gas zurückhaltender auftreten.

Als für Saparmurat Nijasow 1994 das Geld knapp wurde, warf er Gazprom zum ersten Mal den Fehdehandschuh hin. Auf dringende Empfehlungen von Besuchern aus dem Westen fasste er den Entschluss, Gasleitungen außerhalb des russischen Territoriums zu bauen. Für den Export seines Gases ohne die Pipelines von Gazprom hatte er drei Möglichkeiten: Die erste war der Bau einer Leitung über Iran in die Türkei und von dort nach Europa. Die zweite über den Grund des Kaspischen Meeres nach Aserbaidschan und von dort weiter in die Türkei. Die dritte Option führte über Afghanistan nach Pakistan.

Am einfachsten zu realisieren war wohl die erste Variante. Am 23. August 1994 reiste der Turkmenbaschi nach Teheran, wo er mit dem iranischen Präsidenten Ali Akbar Haschemi Rafsandschani ein Abkommen über den Bau einer Gasleitung durch iranisches Gebiet in die Türkei und nach Westeuropa unterzeichnete. Die Arbeiten sollten sechs bis acht Jahre dauern und 7 Milliarden Dollar kosten.

Das Projekt passte Gazprom überhaupt nicht ins Konzept, denn es wollte selbst Gas in die Türkei exportieren. Gerade hatte man mit den Planungen für die Gasleitung Blue Stream durch das Schwarze Meer begonnen. Turkmenisches Gas konnte dem russischen da nur lästige Konkurrenz machen. Entsprechende Bedenken teilte Viktor Tschernomyrdin seinen amerikanischen Partnern, besonders Vizepräsident Al Gore, mit. Beide waren sich einig, dass Gaslieferungen aus Turkmenien Teheran nur stärken konnten, weshalb man diesem Projekt Steine in den Weg legen musste.

Die Amerikaner rieten dem Turkmenbaschi zur zweiten Variante für den Export seines Gases, dem Bau einer Leitung über den Boden des Kaspischen Meeres nach Aserbaidschan, von dort in die Türkei und nach Europa. Aber Nijasow mochte Aserbaidschan nicht. Wenn er an Präsident Gejdar Alijew dachte, lief ihm ein Schauer über den Rücken. Das langjährige Mitglied des Politbüros des ZK der KPdSU erschien dem früheren bescheidenen Instrukteur noch immer wie ein Gigant. Der ordnete denn auch ohne große Rücksicht auf Nijasow an, die Erschließung des Erdölfeldes Kapjas im Kaspischen Meer in Angriff zu nehmen. Die Turkmenen beanspruchten es für sich, weil es näher an ihrer Küste lag. Zu Ehren des Turkmenbaschi hatten sie es sogar »Serdar« (»Führer«) genannt. Nein, mit Aserbaidschan wollte Nijasow nichts zu tun haben.

Erst 1998 gelang es den Amerikanern, den Turkmenbaschi zur Unterzeichnung eines Abkommens über die Bildung eines Konsortiums zu überreden, das mit den Bau der Gasleitung über den Boden des Kaspischen Meeres beginnen sollte. Im letzten Moment forderte Alijew jedoch, von den 30 Milliarden Kubikmetern, die die Gasleitung beförderte, sollten 14 Milliarden aus Aserbaidschan und 16 aus Turkmenien kommen. Mit zusammengebissenen Zähnen erwiderte Nijasow, dass er Aserbaidschan höchstens drei Milliarden Kubikmeter zugestehen werde. Alijew willigte ein, meinte, Brudervölker fänden immer einen Weg, und kehrte dann zu seiner Ausgangsforderung zurück.

Nun blieb nur noch die dritte Variante – Afghanistan. Im März 1995 unterzeichneten Saparmurat Nijasow und die pakistanische Ministerpräsidentin Benazir Bhutto eine Absichtserklärung über den Bau einer Gasleitung aus Turkmenien nach Pakistan. Die amerikanische Gesellschaft Unocal war bereit, das Projekt zu finanzieren. Der Turkmenbaschi forderte auch Gazprom auf, sich daran zu beteiligen, und Gazprom stimmte zu. Zwar hatte das Unternehmen genügend eigenes Gas, um seine Verträge mit Europa zu erfüllen, aber Wjachirew glaubte wohl, es sei günstiger, bei der Leitung über Afghanistan mitzutun, als das Monopol über den Transport turkmenischen Gases aufrechterhalten zu wollen, für das es im Augenblick ohnehin keine Abnehmer gab.

Südlich von Turkmenien begannen bald die Vorbereitungen zur Aufnahme der Bauarbeiten. Allerdings hing die Realisierung des Projekts einer Leitung Turkmenien–Afghanistan–Pakistan von der Sicherheitslage in Afghanistan ab. Just zu dieser Zeit machte dort die Talibanbewegung von sich reden. Von Pakistan gesponsert, nahmen ihre Einheiten Schritt für Schritt ausgerechnet jene Teile des Landes unter Kontrolle, wo die Gasleitung aus Turkmenien verlaufen sollte. Nach einigen Jahren hatten sie fast das ganze Land erobert. Am meisten freute das Unocal, das öffentlich erklären ließ, der Machtantritt der Taliban sei ein positives Ereignis. Auch Saparmurat Nijasow begrüßte die neuen Herren des Landes und empfing sie sogar in Aschchabad. Den Taliban wurde eine bedeutende Mission übertragen – die Gasleitung zu schützen, durch die turkmenisches Gas in Umgehung von Gazprom exportiert werden sollte. Faktisch wurden die Taliban zu den wirksamsten Kämpfern gegen die Kontrolle der Energieressourcen Zentralasiens durch Gazprom.

Gazprom war mit dieser Situation durchaus zufrieden. Russland verurteilte zwar offiziell das Regime der Taliban und rief dazu auf, es zu bekämpfen. Es gewährte dem afghanischen Exilpräsidenten Burhanuddin Rabbani und der Nordallianz jegliche Unterstützung. Aber Gazprom interessierten diese außenpolitischen Überlegungen wenig. Es beteiligte sich am Projekt der »Taliban-Pipeline« und zeigte kein Interesse daran, um die alleinige Kontrolle über die Energieressourcen Zentralasiens zu kämpfen. Imperiale Ambitionen waren Wjachirew fremd.

Wäre das Projekt gelungen, dann hätte Gazprom die Kontrolle über die Schätze Zentralasiens für immer verloren. Vielleicht wäre eine größere Offenheit der dortigen Regime, darunter auch des turkmenischen, die Folge gewesen. Und sicher hätte dies Afghanistan vor dem Einmarsch ausländischer Truppen im Jahr 2001 bewahrt. Mit dem Gasleitungsprojekt im Rücken hätte sich das Regime der Taliban noch lange Zeit an der Macht gehalten.

Kurz bevor die Bauarbeiten beginnen sollten, erhielt die afghanische Nordallianz eine große Waffenlieferung aus Iran und Russland. Prompt startete sie den Gegenangriff und nahm den Taliban weite Teile des Landes ab. Das Projekt der transafghanischen Gasleitung musste auf Eis gelegt werden.

Auch Gazprom verlor nun das Interesse daran. Dabei beunruhigte Rem Wjachirew nicht eine mögliche Schwächung der Positionen Russlands in Zentralasien. Ihm war aufgegangen, dass es für das Gas aus Turkmenien, das bald nach Süden fließen konnte, eine bessere Verwendung gab. Rem Wjachirew hatte einen Weg gefunden, wie man turkmenisches Gas noch günstiger versilbern konnte.

Gasgeld

Im Juni 1996 traf der Turkmenbaschi bei der Amtseinführung Boris Jelzins in Moskau mit den verhassten Chefs der GUS-Staaten zusammen. Sie waren sich lange nicht begegnet, aber diesmal glaubte Nijasow, er könne sich unter ihnen sehen lassen, weil er sich als Triumphator fühlte. Stolz schritt der Turkmenbaschi zwischen seinen alten Bekannten umher, die Hände mit schweren goldenen Brillantringen geschmückt. Mit Boris Jelzin wollte er gleich zwei hochwichtige Abkommen unterzeichnen. Erstens hatte sich Gazprom unerwartet entschlossen, turkmenisches Gas nach Europa weiterzuleiten. Ab 1997 sollten es 20 Milliarden Kubikmeter jährlich sein. Allerdings verlangte Gazprom dafür, in Turkmenien auch selbst Gas fördern zu dürfen. Man gründete also die Aktiengesellschaft Turkmenrosgas, an der Turkmenien mit 51 Prozent und Gazprom mit 40 Prozent beteiligt war. 4 Prozent hatte die damals noch völlig unbekannte Firma Itera erworben.

Gazprom und Nijasow kamen überein, dass Turkmenrosgas die gesamte Förderung und den Verkauf turkmenischen Gases kontrollieren werde. Itera sollte als Vermittler auftreten. Die Firma kaufte das Gas ab der turkmenisch-usbekischen Grenze und verkaufte es ab der russisch-ukrainischen Grenze an die Ukraine. Gazprom überließ Itera Teile seiner Leitungskapazität. Um vollends das Herz des Turkmenbaschi zu gewinnen, wurde Valeri Otscherzow, ehemals Vizepremier der turkmenischen Regierung, bei Itera eingestellt.

Die erwarteten Summen erhielt der Turkmenbaschi aus diesem Geschäft jedoch nicht, denn Aschchabad musste der Ukraine sein Gas für einen jämmerlichen Preis überlassen. 1997 forderte Nijasow deshalb, dass Itera ihm mehr bezahle. Er wurde wütend und brüllte, der Unterschied der Preise, zu denen die Russen turkmenisches Gas an der Grenze kauften und zu denen sie es an die Endverbraucher weitergaben, betrage glatte 600 Prozent. Außerdem zürnte er Gazprom, weil er auch für die Gaslieferungen nach Europa noch kein Geld gesehen hatte. Der Turkmenbaschi behauptete, von den 35 Milliarden Kubikmetern, die 1996 in seinem Land gefördert wurden, seien etwa 20 Milliarden nach Westeuropa exportiert worden.

Im März 1997 kündigte der Vater aller Turkmenen die Zusammenarbeit mit Itera auf. Gazprom nahm das gleichmütig hin. Aus Moskau kam nur ein Anruf, der lautete, da die Gasleitungen sehr überlastet seien, müsse man den Transportweg für turkmenisches Gas in die Ukraine ändern. Der betrage jetzt nicht mehr 580, sondern 1050 Kilometer. Für den Transit seien also doppelte Gebühren fällig. Unter diesen Bedingungen lehnte die Ukraine ab, weiter Gas aus Turkmenien zu beziehen.

Saparmurat Nijasow versetzte all das in helle Wut. Er kündigte das Abkommen über die gemeinsame AG Turkmenrosgas. Er befahl, Bohrlöcher mit Wasser und Beton zu verschließen. Er erwartete, dass man ihn um Verzeihung bitten werde. Aber die Telefone blieben still.

Das turkmenische Fernsehen tönte ohne Unterlass die Botschaft von der Weitsicht und dem Genie des großen Führers ins Land. In Aschchabad bereitete man gerade das nächste nationale Fest vor – den Tag des turkmenischen Rennpferdes oder vielleicht auch der turkmenischen Melone. Die Kanzlei des Präsidenten wurde mit Briefen von Werktätigen überschüttet, die um die Erlaubnis baten, eine Straße, eine Schule, eine Fabrik oder eine neue Tomatensorte nach dem Turkmenbaschi zu benennen. In Aschchabad ging der Bau eines neuen Hotels mit Kongresszentrum seinem Ende entgegen, obwohl bereits drei fertige leer standen.

Der Turkmenbaschi rief nach seinem Sekretär und ordnete an, den Fernsehsprecher zu entlassen. Und die Zucht der neuen Tomatensorte zu verbieten. Denn langsam hatte er den Eindruck, dass man sich über ihn lustig machte. Gazprom wollte kein turkmenisches Gas mehr befördern und die Ukraine keines mehr abnehmen.

Im August 1997 flog Nijasow nach Moskau, um eine Einigung zu erzielen. Er wurde von Viktor Tschernomyrdin und Rem Wjachirew gemeinsam empfangen.

»Russland kommt sehr gut ohne turkmenisches Gas aus«, erklärte Ministerpräsident Tschernomyrdin dem turkmenischen Präsidenten als Erstes. Und Wjachirew fügte hinzu, er könne den Transportweg des Gases nach der Ukraine wieder verkürzen, werde aber die Transitgebühren um 150 Prozent erhöhen, weil er sich daran orientieren müsse, was Russland der Ukraine für diese Dienstleistung zahle, nämlich 1,75 Dollar für die Beförderung von 1000 Kubikmeter Gas.

»Tschernomyrdin redet, als sei er der Ministerpräsident der UdSSR«, fauchte der Turkmenbaschi, als er dessen Büro verließ. Er wollte sich bei Jelzin beschweren, aber der erklärte ihm, er unterstütze die Politik von Gazprom. Das Unternehmen stelle keine unbillige Forderung, so sei das Geschäft nun mal. »Nein, das ist eine Beleidigung!«, beharrte Nijasow. »Und geht es beim Gas denn um ein Geschäft?«

Aber am Ende musste er doch nachgeben. Er akzeptierte fast alle Bedingungen und verkaufte auch wieder Gas an Itera. Aber er wartete auf den Moment, da er sich an Wjachirew und Gazprom rächen konnte.

Binnen kurzer Zeit wurde Itera, eine kaum bekannte Firma, die der in Aschchabad geborene frühere Radrennfahrer Igor Makarow leitete, zur zweitgrößten Gasgesellschaft Russlands. Und zur einzigen, die Gas in Turkmenien kaufte. Wjachirew hatte gegen derartige Erfolge von Itera nichts einzuwenden. Im Gegenteil, sie freuten ihn sogar.

Ende der neunziger Jahre stieg der Bedarf an Gas rasch an. Gazproms Förderung dagegen ging bedrohlich zurück. Seine Spitzenmanager begannen von einer heraufziehenden Energiekrise zu sprechen.

Das war der Moment, auf den Nijasow gewartet hatte. Am 17. Dezember 1999 tauchte Rem Wjachirew nach langer Abwesenheit wieder einmal in Aschchabad auf. Saparmurat Nijasow war auf die Begegnung vorbereitet. Über die Jahre hatte er alle Interviews Wjachirews sammeln lassen, in denen der sich über Turkmenien geäußert hatte. Der Präsident empfing den Gazprom-Chef mit einem ganzen Stapel von Zeitungsausschnitten.

»Rem Iwanowitsch, wir sind doch alte Freunde. Aber ich sage Ihnen offen: In Turkmenien ist man auf Sie böse. Sie müssen sich bei unserem Volk entschuldigen. Was Sie auf Pressekonferenzen nicht alles gesagt haben: Die Turkmenen sollten doch ihren Wüstensand fressen, die Qualität des turkmenischen Gases reiche nicht aus, die Vorräte ebenfalls nicht. Aber wir haben geschwiegen. Hat Nijasow irgendwo etwas gegen Gazprom geäußert? Gegen Russland? Wir haben alles ertragen. Deshalb wäre es gut, wenn Sie uns erklären könnten, was hier los ist. Damit kein heimlicher Groll zwischen uns bleibt.«

Das Gespräch wurde im turkmenischen Fernsehen live übertragen. Dem Turkmenbaschi genügte es nicht, seinen alten Feind zu demütigen. Es hatte in aller Öffentlichkeit zu geschehen. Aber Wjachirew musste etwas Derartiges erwartet haben, denn er antwortete, ohne mit der Wimper zu zucken: »Vielen Dank. Ich bin kein kleiner Junge mehr, sondern etwas älter als Sie. Daher werde ich auch nicht rechtfertigen, wenn etwas gesagt wurde, das nicht in Ordnung ist. Ich bin persönlich gekommen. Ich persönlich! Ich erkläre hier offiziell, dass ich mich für begangene Dummheiten entschuldige.«

Aber Nijasow genügte das noch lange nicht. Er fuhr mit seinen Zitaten fort: »Hier habe ich Ihr Interview mit der *Nesawissimaja Gaseta*. Meinen Sie das, wenn Sie von Fehlern sprechen? ›Den Turkmenen bleibt nichts übrig, die kommen noch auf Knien angekrochen.‹ – ›Dieser Kunde ist noch nicht weichgeklopft …‹ Ich habe bisher nur drei solcher Aussprüche vorgetragen. Hier sind noch zwei volle Seiten davon. Sich bei unseren Menschen zu entschuldigen ist keine Demütigung, sondern ein Zeichen von Selbstachtung.«

»Wenn ich mich schwach gefühlt hätte, wäre ich nicht gekommen, sondern hätte mich irgendwo verkrochen«, antwortete Wjachirew geduldig. »Aber ich konnte Sie doch nicht einfach Ihrem Schicksal überlassen. Bald gehe ich in Rente. Es wäre eine Sünde, wenn wir im Bösen auseinandergingen. Ich könnte dann nicht ruhig schlafen. Deshalb bin ich vor allem gekommen, um für die Dummheiten um Entschuldigung zu bitten, die es gegeben hat. Das tue ich ganz offiziell.«

»Die Erfahrungen von acht Jahren Unabhängigkeit zeugen davon, dass wir einander doch zuweilen gekränkt haben …« Nijasow ließ nicht locker und fing an, alles aufzuzählen, was ihm Gazprom angetan hatte – bei der Preisbildung, beim Verhältnis von Valutaerlösen und Warenlieferungen. »Heute hat Turkmenien bereits einen bestimmten Markt. Wir liefern täglich 12 bis 15 Millionen Kubikmeter Gas an den Iran für 42 Dollar pro 1000 Kubikmeter. Das läuft recht gut. Da nicht durch unsere Schuld die Beziehungen zu Russland lange Zeit eingestellt waren, haben wir Verhandlungen mit internationalen Gesellschaften aufgenommen, um turkmenisches Gas auf den Weltmarkt zu bringen. Daran haben wir lange gearbeitet. Am Anfang mit euch zusammen. Aber als wir eine Gasleitung über Iran und die Türkei nach Europa bauen wollten, hat Tschernomyrdin in die Trickkiste gegriffen und das Projekt zu Fall gebracht. Dann haben wir eine Gasleitung über Afghanistan nach Pakistan in Angriff genommen. Wir haben uns bemüht, auch euch für die Teilnahme zu gewinnen und für euch 30 Prozent der Kapazität reserviert. Es gab eine Vereinbarung. Dann habt ihr die Sache hingezogen und seid wieder auf halbem Wege ausgestiegen. Wir haben auch mit der Ukraine verhandelt. Es gab einen langen Rechtsstreit. Ihr habt keinen Transitpreis genannt und verlangt, dass unser Gas auf einem riesigen Umweg transportiert wird. Am Ende ist auch daraus nichts geworden. Die Ukraine erwies sich als nicht zahlungsfähig. Die Waren liefert sie, aber Geld zahlt sie nicht …«

Wjachirew ließ sich demütigen, weil er wusste, dass Nijasow in einigen Monaten die Verhandlungen über die Gasleitung durch das Kaspische Meer wiederaufnehmen wollte. Im Januar 2000 wurden Vertreter von Aserbaidschan, Georgien, der Türkei sowie von Royal Dutch/Shell in Aschchabad erwartet. Doch auch Gazproms Situation hatte sich verändert. Wjachirews Gespür sagte ihm, dass er Nijasow alles Gas abkaufen sollte. Am besten über Itera. Aber der Turkmenbaschi gestand ihm nur 20 Milliarden Kubikmeter von den 60 Milliarden zu, die Turkmenien inzwischen jährlich förderte.

»Sie sind ein Wolf, ein reißender Wolf …«, zischte der Turkmenbaschi am Ende der Verhandlungen.

»Aus rein menschlichen Motiven bin ich zu Ihnen gekommen. Das schwöre ich bei meiner Mutter und meinem Vater«, erklärte Wjachirew und schaute den Turkmenbaschi treuherzig an. Das wirkte. Nijasow genoss es, einen Rivalen gedemütigt zu haben. Und verwarf das Projekt der Rohrleitung durch das Kaspische Meer erneut. Nach zehn Jahren Isolierung rissen sich plötzlich alle um ihn.

Am 19. Februar 2000 feierte Nijasow seinen sechzigsten Geburtstag. Der Geburtstag des Turkmenbaschi war in Turkmenien ohnehin längst ein nationaler Feiertag. Natürlich lud Nijasow auch seinen wiederentdeckten Freund, den »reißenden Wolf« Rem Wjachirew, ein. Vom Flughafen wurde der Gazprom-Chef direkt zur Eröffnung eines neuen Textilkombinats gefahren. Dort erwartete ihn Nijasow, der ihn anstelle einer Begrüßung anherrschte: »Entschuldige dich jetzt vor aller Ohren noch einmal dafür, dass du vor einem Jahr über unser Land gesagt hast: ›Diesen Kunden werden wir weichklopfen!‹« Wieder spielte sich das Ganze vor laufenden Kameras ab. Ein solches Déjà-vu hatte Wjachirew nicht erwartet. Aber er fing sich sofort, legte die Hand aufs Herz, blickte in eine der Kameras und sagte: »Verzeih mir, Volk!«

Das war so recht nach Nijasows Geschmack. Nun lud er Wjachirew zu seiner Geburtstagsfeier ein. Bereits eine Woche zuvor hatte er der Regierung mitgeteilt, die Festlichkeiten sollten bescheiden ausfallen. Daher hing man in aller Eile vor seine Konterfeis auf den zentralen Plätzen von Aschchabad Teppiche mit volkstümlichen Motiven. Die vergoldeten Statuen des Präsidenten blieben aber an Ort und Stelle. Über den großen Platz sprengten mehrere hundert Reiter auf Rennpferden aus Achaltekinsk, jedes einzelne mehrere Millionen Dollar wert. Nijasow beobachtete aufmerksam, wie Wjachirew reagierte. Er wusste, dass der Chef von Gazprom Probleme hatte und den Posten des Vorstandsvorsitzenden bald würde räumen müssen. Er dagegen, die geistige Leuchte aller Turkmenen, ihr erster und lebenslanger Präsident, der Oberbefehlshaber der Streitkräfte des Landes, der Armeegeneral und große Turkmenbaschi würde ewig währen. Hier eröffnete er Wjachirew, dass er Gazprom in den nächsten dreißig Jahren 50 Milliarden Kubikmeter Gas jährlich liefern werde.

Das war in der Tat Wjachirews letzter Besuch in Turkmenien als allmächtiger Chef von Gazprom. Nur wenige Wochen nach Nijasows 60. Geburtstag wurde Wladimir Putin zum Präsidenten Russlands gewählt.

Menschen für Gas

Seine erste Auslandsreise als frischgebackenes Staatsoberhaupt unternahm Präsident Putin in die gasexportierenden GUS-Länder Usbekistan und Turkmenien. In der usbekischen Hauptstadt Taschkent lief alles reibungslos. Aber der Turkmenbaschi empfing den neuen Präsidenten Russlands, der noch kein Gas gerochen hatte, auf seine Weise. Er konnte es nicht lassen, ständig auf Putins Jugend und Unerfahrenheit anzuspielen.

»Achten Sie nicht darauf, dass er das sagt. Er ist noch etwas aufgeregt …«, kommentierte Nijasow Putins Rede, zu deren Beginn er sich dafür entschuldigt hatte, dass er frei sprach. Dann setzte der Turkmenbaschi Putin auseinander, dass Russland Turkmenien wesentlich mehr schulde als umgekehrt.

Zu diesem Zeitpunkt trug sich Putin bereits mit dem Gedanken, die Führung von Gazprom komplett auszuwechseln. Daher wollte er Nijasow so schnell wie möglich kennenlernen. Für den künftigen Umgang mit Gazprom musste er genau wissen, auf wen sich das Management des Gasmonopolisten stützte und an wem es verdiente.

Von der ersten persönlichen Begegnung mit Nijasow war Putin schockiert. Er wusste nicht recht, wie er mit diesem Mann umgehen sollte. Wjachirews Tricks konnte und wollte er nicht wiederholen. Dann sahen sich die Präsidenten Russlands und Turkmeniens auf einem GUS-Gipfel wieder. Dort lernte Putin dazu. Zum ersten Mal sah er Nijasow zusammen mit dem Präsidenten Aserbaidschans, Gejdar Alijew. Als der an Nijasows Handgelenk eine schwere goldene Uhr erblickte, die mit Hunderten Brillanten besetzt war, sagte Alijew plötzlich zu ihm: »Sapar Atajewitsch, was hast du da für eine schöne Uhr! Wollen wir tauschen, ohne hinzusehen?«

Alijews Uhr war unter seinem Ärmel versteckt. Nijasow griff instinktiv nach seiner Uhr, als wollte er das gute Stück vor Alijews Zugriff schützen, und grinste töricht. Einen Moment später begriff er, dass der Präsident Aserbaidschans gescherzt hatte, und rief laut, er sei dazu bereit. Aber zu spät: Alijew runzelte nur angewidert die Brauen und zuckte die Schultern. Die übrigen Präsidenten grinsten hämisch.

Putin war begeistert. Alijew, der einst dem KGB seiner Sowjetrepublik vorgestanden hatte und bei den Sicherheitsdiensten als lebende Legende galt, hatte Putins ganze Bewunderung. Als er sah, wie Alijew sich unter den anderen Präsidenten bewegte, wusste Putin, wie er mit Nijasow umspringen musste. Es konnte doch nicht allzu schwer sein, mit diesem Diktator voller Komplexe fertig zu werden. Die neue Führung Russlands und Gazproms begann intensiv um Nijasow zu werben, denn man brauchte ihn, um Wjachirews Kind Itera aus dem Gasgeschäft Russland-Turkmenien-Ukraine hinauszudrängen.

Dass Russland Aschchabad zunehmend Aufmerksamkeit schenkte und immer mehr Gas aus Turkmenien kaufen wollte, bemerkte man auch in Kiew. Die Ukraine wollte nicht ins Hintertreffen geraten. Einige Monate nach Putins Besuch machte sich deshalb die stellvertretende Ministerpräsidentin der Ukraine Julia Timoschenko, die für den Brennstoff-Energie-Komplex zuständig war, nach Turkmenien auf. Vom Flugplatz fuhr sie allerdings nicht sofort zu Nijasow, sondern zunächst in die ukrainische Botschaft. Offiziell hieß es, sie wollte letzte Direktiven aus Kiew empfangen. In Wirklichkeit kleidete sie sich dort um und erneuerte ihr Make-up. Die Rechnung ging auf.

»So eine zarte Frau und leitet einen so riesigen Komplex!« Der Turkmenbaschi lächelte gerührt, als er der Dame aus der Ukraine ansichtig wurde. Julia Timoschenko brauchte kaum zwei Stunden, um Nijasow zu einer Umstrukturierung der ukrainischen Schulden zu überreden und außerdem neue Gaslieferungen herauszuschlagen. Ungeachtet der gewaltigen aufgelaufenen Schulden sagte Nijasow der Ukraine die nächsten 20 Milliarden Kubikmeter Gas zu.

Die allgemeine Aufmerksamkeit stieg dem Turkmenbaschi zu Kopf. Präsidenten und Premierminister rissen sich um einen Termin bei ihm. Er wurde in Europa und Amerika hofiert, Bill Clinton und Jacques Chirac lächelten ihm zu. Den Gedanken, dass sie überhaupt nicht ihn meinten, den alternden Diktator mit dem blauschwarz gefärbten Haar, den dicken Goldringen und den endlosen Moralpredigten, sondern sein Gas, ließ Nijasow nicht zu. Er war fest davon überzeugt, dass nicht das Gas, sondern seine Persönlichkeit die ganze Welt beeindruckte. Sein »Ruchnama«, der von ihm verfasste Moralkodex des turkmenischen Volkes, wurde in alle wichtigen Sprachen dieser Erde, darunter ins Zulu, übersetzt, damit die ganze Welt erfahre, dass die Turkmenen das Rad erfunden hatten, Allah den turkmenischen Staat geschaffen hatte, wie er derzeit bestand, und dass Atamurat Nijasow, der Vater des Turkmenbaschi, von den Kommunisten verraten worden war wie Christus von den Juden. Das Buch erschien in fast allen Ländern, selbst dort, wo man noch nie etwas vom Gas des Turkmenbaschi gehört hatte.

Das Gasgeld erlaubte es ihm, von niemandem abhängig zu sein, nicht einmal von seiner eigenen Umgebung. In Turkmenien startete eine Kampagne der totalen Überprüfung aller Staatsbeamten auf patriotische Gesinnung. Das geschah nach drei Kriterien: der persönlichen Moral, der Kenntnis der turkmenischen Sprache und der Treue aller Familienmitglieder des Betroffenen, einschließlich der bereits verstorbenen, zum turkmenischen Staat. Eines der ersten Opfer war Außenminister Boris Schichmuradow, der die Konzeption der turkmenischen Neutralität erdacht hatte. Er sprach nicht Turkmenisch. Er wurde abgesetzt, aber das Gefängnis blieb ihm erspart, weil er sich rechtzeitig nach Russland davonmachte.

Es versteht sich von selbst, dass seit Nijasows Amtsantritt von einer Opposition in Turkmenien nichts übriggeblieben war. Wer konnte, hatte längst das Land verlassen. Wer das nicht rechtzeitig tat, saß hinter Gittern. Aber Nijasow vertraute auch den wenigen treuen Beamten nicht, die noch in Freiheit waren.

Am 25. November 2002 berichtete das turkmenische Fernsehen, eine Gruppe von Terroristen habe ein Attentat auf den Turkmenbaschi verübt. Ein Lkw vom Typ Kamas habe sich der Wagenkolonne des Präsidenten in den Weg gestellt, und mehrere Terroristen hätten seine gepanzerte Limousine beschossen. Der Zwischenfall passte genau in die Zeit. Der 11. September und der Beginn des amerikanischen Feldzugs gegen die Taliban in Afghanistan waren noch nicht lange her. Unweit der turkmenischen Grenze wurde gekämpft.

Aber der Turkmenbaschi erklärte nicht etwa Islamisten, sondern seine eigenen ehemaligen Mitarbeiter zu Terroristen. Zum Beispiel den flüchtigen Ex-Außenminister Boris Schichmuradow und einige weitere Beamte, die im Ausland Zuflucht gesucht hatten. Um in Russland Aufmerksamkeit zu erregen, erklärten die turkmenischen Behörden, vier der Attentäter seien Tschetschenen gewesen. Aschchabad bot an, sie an Russland auszuliefern, verlangte jedoch, dass Schichmuradow in Turkmenien abgeurteilt werden müsse.

Den konnte Moskau gar nicht ausliefern, denn er hatte einen russischen Pass. Da versuchten es die turkmenischen Behörden auf andere Weise: Alle Verwandten Schichmuradows, die sich noch in Turkmenien befanden, wurden verhaftet und gefoltert. Am 25. Dezember 2002 kehrte Schichmuradow freiwillig nach Aschchabad zurück. Das Attentat auf Nijasow nannte er eine »Inszenierung der Behörden zur Abrechnung mit der Opposition«. Er kündigte an, das »Gericht über die demokratische Opposition in ein Gericht über das volksfeindliche Nijasow-Regime« umwandeln zu wollen. Vor seiner Rückreise äußerte der ehemalige Minister jedoch die Vermutung, man werde spezielle Mittel gegen ihn anwenden. Daher rief er seine Anhänger auf, auf keinen Fall zu glauben, was er nach den Verhören erklären werde.

Einige Tage nach Boris Schichmuradows Verhaftung übertrug das turkmenische Fernsehen eine Aufzeichnung seines »aufrichtigen Geständnisses«. Der krank und wie betäubt wirkende Ex-Minister erklärte: »Die Opposition ist eine verbrecherische Gruppierung, eine Mafia. Unter uns gibt es keine normalen Menschen, wir sind alle nichtswürdige Kreaturen.

Ich habe zu spät begriffen, dass Präsident Saparmurat Turkmenbaschi für das turkmenische Volk ein Geschenk des Himmels ist. Wir sind eine verbrecherische Bande von Unholden und Vaterlandsverrätern, die sich für Geld bereit gefunden haben, jedes Verbrechen zu begehen. Wir sind dreckige Schurken, die ihre Taten politisch zu bemänteln suchten, indem sie sich als Kämpfer für Demokratie und Gerechtigkeit ausgaben. In Russland haben wir Drogen genommen und im Rausch Söldner für den Terroranschlag geworben. Unser Auftrag lautete, die Lage in Turkmenien zu destabilisieren, die verfassungsmäßige Ordnung zu untergraben und ein Attentat auf den Präsidenten zu verüben.«

Die Umgebung des Präsidenten forderte für die Terroristen die Todesstrafe. Aber er lehnte das ab: »Der Tod ist für diese Leute zu wenig. Sollen sie doch ihr Leben lang hinter Gittern sitzen und leiden, wenn sie zusehen müssen, wie Turkmenien erblüht. Turkmenien vollstreckt keine Todesstrafe, weil wir ein zivilisiertes Land sind.«

Der Turkmenbaschi verkündete noch eine weitere Erkenntnis: Sein Land müsse sich verstärkter Bedrohung von außen erwehren, denn alle Drahtzieher des Anschlags hätten »die doppelte Staatsbürgerschaft von Turkmenien und Russland« besessen. Unter denen, die die Wagenkolonne des Präsidenten beschossen, seien sechzehn Ausländer gewesen.

Auch ohne solche Anschuldigungen war Turkmenien zu jener Zeit international isoliert. Bereits 1999 hatte Nijasow den Vertrag über den visafreien Verkehr unter den Mitgliedsländern der GUS gekündigt. Für die eigenen Bürger führte er Ausreisevisa ein. Ohne seine Zustimmung durfte niemand das Land verlassen. Das einzige Problem war für ihn noch das Abkommen über die doppelte Staatsbürgerschaft, das er und Boris Jelzin bereits 1993 unterzeichnet hatten. Viele seiner ehemaligen Beamten, die in Ungnade gefallen waren, hatten sich mit Hilfe russischer Pässe nach Russland abgesetzt. Nun verlangte Nijasow von Russland, dieses Abkommen aufzuheben. Als Gegenleistung versprach er, mit Gazprom eine revolutionäre Vereinbarung über Gaslieferungen zu schließen.

Im April 2002, ein halbes Jahr nach dem berüchtigten Attentat, kam der Turkmenbaschi nach Moskau. Mit Wladimir Putin unterzeichnete er einen Vertrag über den Verkauf von turkmenischem Gas bis zum Jahr 2028, ein Abkommen über Zusammenarbeit auf diesem Gebiet für den gleichen Zeitraum und ein weiteres über den gemeinsamen Kampf gegen den internationalen Terrorismus. In der Flut dieser schicksalsträchtigen Dokumente ging beinahe unter, dass man ganz nebenbei das Abkommen über die doppelte Staatsbürgerschaft außer Kraft gesetzt hatte.

»Wer es wirklich wollte, ist längst aus Turkmenien nach Russland gekommen«, bemerkte dazu der russische Präsident lakonisch.

Nach Aschchabad zurückgekehrt, verfügte der Turkmenbaschi, dass die 100 000 Personen, die noch einen turkmenischen und einen russischen Pass besaßen, binnen zwei Monaten zu entscheiden hatten, welche Staatsbürgerschaft sie annehmen wollten. Wer die russische wählte, hatte sofort auszureisen. Und wem die zwei Monate für eine Entscheidung nicht genügten, wurde automatisch Bürger Turkmeniens.

Dass dies Probleme bereitete, fiel nach einigen Monaten selbst der russischen Staatsduma auf. Dort gab es eine Anhörung über die Lage der Menschenrechte in Turkmenien. Die Abgeordneten verurteilten die Politik des Turkmenbaschi und die Vereinbarung zur Aufhebung der doppelten Staatsbürgerschaft. Die Frist, die Präsident Nijasow den Betroffenen zugestanden hatte, um sich für eine Staatsbürgerschaft zu entscheiden, war zu diesem Zeitpunkt allerdings längst abgelaufen.

»Wir sind ihm politisch entgegengekommen. Er hat die doppelte Staatsbürgerschaft aufgehoben, und wir haben es geschluckt«, bekennt der ehemalige stellvertretende Vorstandsvorsitzende von Gazprom, Alexander Rjasanow. »Praktisch hat er in seinem Land sogar die russische Sprache abgeschafft. Aber weil wir den langfristigen Vertrag mit ihm brauchten, haben wir auch dazu geschwiegen.«

Gas im Kessel

Unter Präsident Putin veränderte sich die Politik von Gazprom gegenüber Zentralasien grundlegend. Wjachirew und Tschernomyrdin konnten in der Tat erklären, Russland komme ohne turkmenisches Gas aus. Sie hatten auch Zeit abzuwarten, dass »die Turkmenen auf den Knien angekrochen kommen«. Für sie war Gazprom ein Unternehmen, ihr eigenes, und Turkmenien ein Konkurrent, dem man das Wasser abgraben musste. Für das Gazprom der Putin-Zeit ist Zentralasien zu einem Terrain geworden, das man unbedingt unter Kontrolle haben, besser noch, für sich gewinnen muss.

Neben dem Turkmenbaschi begann Gazprom sich nun auch aktiver um die führenden Köpfe von dessen Nachbarstaaten zu bemühen. Nach Turkmenien verfügt Usbekistan über die größten Gasvorkommen in der Region. Dort herrscht ein nicht weniger autoritäres, aber etwas offeneres Regime. Lange ging es mit Usbekistan nicht voran. Völlig unerwartet wurde dann doch noch eine Verständigung erreicht – im Sommer des Jahres 2005.

In diesem Jahr wurde nahezu die ganze GUS vom Fieber der »bunten Revolutionen« geschüttelt. Diese klopften auch an die Türen Zentralasiens. Im März 2005 fand in Kirgisien eine Revolution statt. Der Ausgangspunkt war eine Volkserhebung im Gebiet Osch, das im Ferghana-Tal, im Süden des Landes, gelegen ist.

Bald nach den Ereignissen in Kirgisien begann es auch in dem zu Usbekistan gehörenden Teil des Ferghana-Tals zu gären. Die Gegend ist durch eine Bergkette mit einem sehr hoch gelegenen Pass vom Rest des Landes getrennt. Die Verkehrsverbindungen von Taschkent nach den großen Städten des Ferghana-Tals, Ferghana, Namangan und Andischan, sind häufig erschwert. Für Präsident Islam Karimow war klar: Sollte es in den westlichen Bezirken des Tals zu einem ähnlichen Aufstand wie in Kirgisien kommen, dürfte er nicht zu unterdrücken sein, und das fruchtbare Ferghana-Tal könnte sich von Usbekistan abspalten. Einer derartigen Entwicklung musste er zuvorkommen.

In der Nacht zum 13. August 2005 stürmten Bewaffnete das Gefängnis von Andischan, wo einige Geschäftsleute aus der Gegend in Untersuchungshaft saßen. Die Stadtverwaltung wollte ihr Vermögen konfiszieren, weil sie angeblich eine islamistische Geheimgesellschaft gegründet hätten. Die Eindringlinge entwaffneten das Wachpersonal, öffneten die Zellen, drückten den Häftlingen Waffen in die Hand und verschwanden wieder. Verblüfft traten die Geschäftsleute auf den Platz hinaus.

Gegen Morgen fand in der Stadt eine spontane Kundgebung statt. Ein großer Teil der Beamten tauchte unter oder ergriff die Flucht. Einige hatten die Demonstranten für den Fall als Geiseln genommen, dass die Behörden versuchen sollten, die Demonstration auseinanderzujagen. Den ganzen Tag wurde auf dem zentralen Platz der Stadt demonstriert. Einwohner kletterten auf den Sockel des Denkmals des Volkshelden Babur und schwangen kühne Reden: Sie verwünschten Präsident Karimow und forderten eine Revolution wie in Kirgisien.

Binnen vierundzwanzig Stunden ging die Nachricht von einem rätselhaften Aufstand in Andischan, der mit der Eroberung des Gefängnisses begonnen hatte, um die Welt. Am Abend desselben Tages setzte Islam Karimow die Armee in Marsch, um den Aufstand der »Terroristen« niederzuschlagen.

Schützenpanzerwagen rollten auf den Platz und beschossen die Demonstranten. Die verängstigten Einwohner liefen davon. Sie flüchteten dorthin, wo sie die Freiheit glaubten – ins Nachbarland Kirgisien. Aber auf der Chaussee in Richtung Grenze erwarteten sie weitere Schützenpanzerwagen, aus denen blindlings in die Menge geschossen wurde. Die noch lebenden Andischaner stiegen über die Leichen und liefen weiter. Dann stießen sie auf eine zweite ähnliche Sperre und schließlich auf eine dritte. Mehrere hundert Menschen kamen in der Stadt ums Leben und noch einmal mehrere hundert auf der Straße. Kirgisien erreichten 526 Personen.

Den ganzen nächsten Tag wanderten wir zu Fuß durch Andischan. Soldaten, die man aus den Nachbarregionen zusammengezogen hatte, stoppten und kontrollierten alle hundert Meter vorbeifahrende Autos. Die Taxis der Stadt waren für den Abtransport der Leichen requiriert. Auf dem Pflaster lagen Hülsen großkalibriger Patronen herum. In Straßengräben sahen wir Tote. Wir besuchten Bekannte, um herauszufinden, ob sie noch am Leben waren.

Am Tag nach dem Waffeneinsatz hielt Präsident Karimow eine Rede an die Nation. Zunächst behauptete er, alle Erschossenen seien Terroristen gewesen und alle Reporter, die von Hunderten unschuldiger Opfer berichteten, deren Helfershelfer. Dann begann er zu philosophieren. »Wenn es im Kessel kocht, dann darf man den Deckel nicht fest daraufhalten. Denn von dem sich drinnen ansammelnden Gas kann der Kessel platzen. Man muss es nach und nach ausströmen lassen.«

Auch in den Häusern von Andischan, die wir aufsuchten, sah man die Rede des Präsidenten im Fernsehen. Den ganzen Tag lang hatten die Menschen ihre Angehörigen begraben. Abgestumpft hörten sie zu. Nur wenige riefen: »Lüge! Lüge!« Als Karimow aber über das Gas im Kessel zu räsonieren begann, wurden viele laut: »Wovon redet er? Was soll das bedeuten? Wenn er Usbekistan meint, da liegt der Deckel nicht nur auf dem Kessel, er ist festgeschweißt!« Nach solchen Worten prüfte man, ob man die Haustür auch fest verschlossen hatte.

Nachdem die Revolte von Andischan zusammengeschossen war, dachte keiner mehr an eine Revolution in Usbekistan. Aber Islam Karimows Regime geriet augenblicklich in eine schwere internationale Isolierung. Einen Monat später unterzeichnete der usbekische Präsident mit Wladimir Putin einen Bündnisvertrag.

Das Echo von Andischan drang bis nach Turkmenien. Im Sommer 2005 war auf unabhängigen zentralasiatischen Websites von Unruhen in Mary, einer großen Stadt im Süden des Landes, die Rede. Wenig drang darüber nach außen. Im Unterschied zu Usbekistan halten sich in Turkmenien keine ausländischen Korrespondenten auf, weshalb niemand von den Ereignissen in Mary berichtete. Es sickerte nur durch, dass alle Verkehrs- und Telefonverbindungen nach Mary mehrere Monate lang blockiert waren.

Die rätselhaften Ereignisse in Andischan und Mary haben die Gasfreundschaft Russlands mit Usbekistan und Turkmenien gestärkt. Der usbekische Präsident versprach Gazprom den Zugang zu den größten Gasvorkommen seines Landes. Auch der Turkmenbaschi wurde plötzlich so freundlich wie nie zuvor. Die neuen Gazprom-Manager waren überzeugt, dass den zentralasiatischen Diktatoren gar nichts anderes übrigblieb, als auf jeden Vertrag mit dem russischen Gasmonopolisten einzugehen.

»Nach Andischan ist es mit Karimow natürlich einfacher geworden«, berichtet Alexander Rjasanow. »Er hat begriffen, dass niemand mehr etwas mit ihm zu tun haben will und er jede Bedingung akzeptieren muss. In Worten hat er das auch getan. Aber als es dann zur Sache ging, griff er zu bürokratischen Tricks.«

In die Gasförderung einzusteigen ist Gazprom denn auch nicht gelungen. Weder Nijasow noch Karimow sahen ihre Lage als derart aussichtslos an. Sie fühlten sich weiterhin stark durch ihr Gas, das, wenn es aus der Erde strömte, ihnen zuzuraunen schien, wie mächtig sie seien. Und sie selbst predigten es tagein, tagaus über alle staatlichen Fernsehsender. Während Gazprom glaubte, die Diktatoren Zentralasiens seien ganz und gar von dem Unternehmen abhängig, meinten diese, sie hätten Gazprom nun ganz in der Hand. Als erfahrene Apparatschiks sahen sie, welch großes Interesse ihr Gas bei Wladimir Putin und den Managern von Gazprom fand. Wjachirew hatte Nijasow noch mit gespielter Gleichgültigkeit erklären können, er brauche das turkmenische Gas nicht. Der neue Vorstandsvorsitzende Alexej Miller konnte das nicht mehr. Nijasow und Karimow wussten genau, dass Gazprom neuerdings eine klare Weisung Präsident Putins ausführte, alles zentralasiatische Gas aufzukaufen, damit es um Gottes willen nicht auf Umwegen nach Europa oder auch nur in die Ukraine gelangte. Diese Aufgabe sollte die neue Vermittlerfirma RosUkrEnergo erledigen.

Das wollte Gazprom tatsächlich. Der Turkmenbaschi dagegen wollte neue Paläste bauen und sich weitere Denkmäler errichten, also brauchte er mehr und mehr Geld. Dabei war jede Seite überzeugt, dass es ihr gelingen werde, die andere zu übervorteilen.

»Im persönlichen Umgang konnte er sehr liebenswürdig sein. Er war ja sogar ein Dichter!« So erinnert sich Alexander Rjasanow an die Gespräche mit dem Turkmenbaschi. »Wir haben ihm natürlich immer Geschenke mitgebracht. Einmal fanden wir ein altes Buch, in dem Turkmenien erwähnt ist. Er hat sich riesig darüber gefreut. Dann wieder schenkten wir ihm eine hübsche Arbeit aus Gold. Nijasow wusste genau, was er tat. Mit dem Gas hatte er sich gründlich befasst. Mir fiel auf, dass sein Arbeitszimmer immer leicht überheizt war.

Wir trugen bei den Verhandlungen stets Schlips und Kragen, er dagegen nur ein kurzärmeliges Hemd. Vielleicht wollte er, das wir uns unwohl fühlten.«

Rjasanow meint, es sei nicht schwer gewesen, dem Turkmenbaschi den Bau einer Gasleitung nach Europa durch das Kaspische Meer auszureden. Gazprom schreckte ihn mit den hohen Kosten, denn Geld gab Nijasow gar nicht gerne aus. Er nahm lieber welches ein. Daher seine ständige Klage: »Ihr verkauft Gas für 250 Dollar pro 1000 Kubikmeter nach Europa. Und uns speist ihr mit Kopeken ab.«

»Aber Sapar Atajewitsch, Sie können sich gar nicht vorstellen, wie hoch die Transitkosten sind und wie viel Gas in der Ukraine abgezapft wird. Wir haben hohe Ausgaben.«

»Na gut, wir Turkmenen sind stolze Menschen. Wir zählen nicht das Geld in anderer Leute Tasche. Und Europa kann uns gestohlen bleiben. Wir verkaufen das Gas an unserer Landesgrenze. Nehmt, so viel ihr wollt.«

Gazprom wollte alles und unterschrieb mit dem Turkmenbaschi ein Abkommen über Gaskäufe auf fünfundzwanzig Jahre. Welchen Umfang die Lieferungen haben sollten, war dort allerdings nur in sehr allgemeinen Zügen festgehalten. Nijasow versprach, im Jahr 2007 sollten es 60 bis 70 Milliarden Kubikmeter, 2008 63 bis 73 Milliarden und ab 2009 70 bis 80 Milliarden sein. Bei Gazprom wusste man, dass die Pipeline Mittelasien-Zentrum in dem schlechten Zustand, in dem sie sich befand, höchstens 50 Milliarden Kubikmeter Gas über usbekisches Territorium befördern konnte. Fachleute meinten, die Förderung in Turkmenien werde zurückgehen und Nijasow gar nicht die Mengen zur Verfügung haben, die er versprach. Gazprom unterschrieb trotzdem alles, denn die eigene Förderung sank, und Putin hatte befohlen, mehr Gas zu beschaffen.

Ein weiteres Problem lag darin, das Nijasow sich nicht vorab auf den Preis festlegen wollte.

»Von was für einer Preisformel redet ihr? Wir Turkmenen mögen keine Formeln. Wir werden uns schon einigen, wenn es so weit ist.«

Seine Forderungen stiegen von Jahr zu Jahr. Als der Gaskrieg zwischen Gazprom und der Ukraine ausbrach, meinte er, völlig freie Hand zu haben. Anfangs verkaufte er das Gas für 44 Dollar pro 1000 Kubikmeter. Dann forderte er 65 Dollar. Später 80 und danach 100 Dollar. Um Gazprom unter Druck zu setzen, sagte er sein Gas mehreren Empfängern gleichzeitig zu: Gazprom, der Ukraine, China und dem Iran.

Als sie sahen, was Nijasow trieb, wollten seine ewigen Gegner Islam Karimow aus Usbekistan und Nursultan Nasarbajew aus Kasachstan ihm nicht nachstehen. Schrittweise erhöhten auch sie den Gaspreis von 44 bis 50 auf 100 Dollar für 1000 Kubikmeter.

Alexander Rjasanow erinnert sich, dass die Unterhändler von Gazprom Nijasow erklärten: »Sapar Atajewitsch, Sie sind ein weiser Mann, Sie werden verstehen, wenn wir Gas in dem vereinbarten Umfang bei Ihnen kaufen wollen, müssen wir die Leitung erneuern. Das wird etwa 1,5 Milliarden Dollar kosten. Wir müssen entweder neue Rohre legen oder die alten reparieren. Aber wir können keine eineinhalb Milliarden Dollar ausgeben, wenn wir nicht wissen, wie hoch Ihre Vorräte sind. Vielleicht sollten wir sie von unabhängiger Seite schätzen lassen.«

Der Turkmenbaschi widersetzte sich lange.

»Unser Gas reicht für alle«, behauptete er immer wieder.

Damit Gazprom endlich Ruhe gab, engagierte er schließlich Experten der Reservenprüferfirmen DeGolyer & Mac Naughton sowie Gaffney, Cline & Associates, die eine Schätzung der Gasvorräte Turkmeniens vornahmen. Das Ergebnis hielt der Turkmenbaschi jedoch geheim. Laut Rjasanow zeigte er dem Gazprom-Vorstandsvorsitzenden Alexej Miller das Gutachten während der Verhandlungen ein einziges Mal unter vier Augen. Miller durfte hineinschauen, aber es nicht einmal in die Hand nehmen. Danach räumte Miller ein, laut Angaben der unabhängigen Prüfer verfüge der Turkmenbaschi nicht über genügend Gas. Alle seine Versprechungen, die mündlichen und schriftlichen zusammengenommen, könne er nie einhalten. Öffentlich bezichtigte Gazprom Nijasow nicht der Lüge. Für alle Fälle.

Nijasow wiederum ließ für alle Fälle erklären, dass in Turkmenien eine neue Lagerstätte entdeckt worden sei – in Süd-Jolotan. Dort lagerten nach seinen Angaben 7 Billionen Kubikmeter. Bei Gazprom glaubte das zwar kein Mensch, aber niemand dachte an eine Kündigung der Verträge. Man wollte all sein Gas haben, wie viel es auch sein mochte.

»In erster Linie werden wir Russland mit Gas versorgen«, wiederholte der Turkmenbaschi ohne Unterlass. »Glaubt nicht, dass Turkmenien sein Gas irgendwo anders hinschickt. Das Projekt der Transkaspi-Pipeline ist für uns nicht aktuell.« Das konnte Gazprom gar nicht oft genug hören.

Und dann stürzte das ganze Gebäude über Nacht in sich zusammen, als der Turkmenbaschi das Zeitliche segnete. Es stellte sich heraus, dass er auch nur ein Mensch war und sein Herz versagt hatte. Vielleicht war es von all dem Gas geborsten, das er Gazprom versprochen hatte. Oder von dem Geldstrom, den er schon im Vorhinein genoss. Oder von der überwältigenden Pracht der Paläste, die er noch zu bauen gedachte. Oder vom Glanz der goldenen Statuen, die weiter für ihn errichtet werden sollten. Oder am Ende von der Menge Feinde, die er alle noch erschießen lassen wollte.

Nijasows Nachfolger wurde Gurbanguly Berdymuchammedow, einst sein Leibarzt, später Gesundheitsminister und nun Vorsitzender der Kommission für die Trauerfeierlichkeiten. Von ihm stammt die Diagnose, der Turkmenbaschi sei an einer Herzwandruptur gestorben. Als Erstes erklärte der neue amtierende Präsident, er werde alle von seinem Vorgänger unterzeichneten Gasverträge erfüllen.

Im Sommer 2007 empfing Präsident Berdymuchammedow in der Stadt Krasnowodsk, die man natürlich inzwischen in Turkmenbaschi umbenannt hatte, Wladimir Putin und Nursultan Nasarbajew als seine Gäste. Islam Karimow war auch eingeladen, erschien aber nicht. Die drei Präsidenten unterzeichneten ein Abkommen über den Bau einer neuen Gasleitung, die aus Turkmenien entlang der kasachischen Küste des Kaspischen Meeres nach Russland führen soll.

Nach der feierlichen Unterzeichnung empfing der neue Präsident Turkmeniens die Presse. Korrespondenten stellten die Frage, ob Berdymuchammedow das Projekt einer Gasleitung durchs Kaspische Meer nach Aserbaidschan, der Türkei und Europa aufgeben werde. Die Leitung, die der Turkmenbaschi nicht hatte bauen wollen, weil er Gejdar Alijew fürchtete, weil sie zu teuer war und weil Gazprom sie ihm ausgeredet hatte.

»In der ganzen Welt wird diversifiziert«, antwortete er. »Vielleicht werden wir noch einmal auf dieses Projekt zurückkommen.«

»Das heißt, es ist nicht abgeschrieben?«, fragte ein russischer Journalist erschrocken nach.

»Das ist es nicht«, wiederholte der turkmenische Präsident.

Wladimir Putin, der neben ihm stand, musste plötzlich lachen. Ihm schien aufgegangen zu sein, dass Gazprom niemals alles Gas Zentralasiens würde kaufen können.

»Werden Ihre Vorräte dafür ausreichen?« Die Korrespondenten ließen nicht locker.

»Sie werden«, gab Berdymuchammedow lächelnd zurück.

Als Arzt, der sich im Unterschied zu Nijasow seiner Sterblichkeit bewusst war, wollte Berdymuchammedow wohl sagen, das Gas reiche aus, solange er lebe. Dass er, der Präsident Berdymuchammedow, eher sterben wird, bevor seine allzu vielen Partner – Iran, die Türkei, Aserbaidschan, Russland, die Ukraine und Deutschland – darauf kommen, dass man sie betrogen hat.

10. Kapitel

Auf in den Westen!

Gas-Husaren

Am 9. Dezember 2005 gab es in dem Städtchen Babajewo im Gebiet Wologda ein Fest. Das feierten hohe Gäste, die von fern angereist waren. Für die Bewohner war es eher eine Katastrophe. An diesem Tag wurde hier an der Gasleitung Grjasowez–Wyborg, dem ersten Stück der Leitung Nord Stream, über die unter Umgehung aller bisherigen Transitländer Gas aus Russland nach Deutschland gepumpt werden soll, die erste Naht geschweißt. Korrespondenten der staatlichen russischen Fernsehsender waren schon seit einer Woche vor Ort, hatten die nötigen Stand-ups vor dem Hintergrund der Rohrleitung gefilmt und dazu mit bewegter Stimme feierliche Texte in die Kameras gesprochen. Am festgesetzten Tag wurden Gazprom-Chef Alexej Miller, der Ministerpräsident der Russischen Föderation, Michail Fradkow, der Wirtschaftsminister der Bundesrepublik, Michael Glos, sowie die Chefs von Eon und BASF herantransportiert. Da die Temperatur schon auf 30 Grad unter Null gesunken war, erschienen die hohen Gäste in riesigen Fellmützen, den Schapkas, um sich nicht die Ohren abzufrieren. Der feierliche Schweißakt begann. Die Gäste wurden in Reih und Glied aufgestellt; dann gab Alexej Miller das Zeichen: »Los!«

»Das Schweißgerät sprang an und verstummte gleich wieder«, erinnert sich Sergej Below, der stellvertretende Direktor der Montagefirma, die den Festakt zu vollziehen hatte. »Es dauerte 37 Sekunden, bis das Ersatzgerät funktionierte. So lange setzte mein Herz aus. Dann wurde die Naht doch noch gelegt.«

Michail Fradkow, Alexej Miller und die übrigen hohen Herren signierten das Rohr, dann begaben sich Bauleute und Gäste in ein vorgeheiztes Zelt, wo gedeckte Tische auf sie warteten. Das Projekt sollte begossen werden.

Nur die Korrespondenten hatten anderes zu tun. Man führte sie zu Alexej Miller, der ihnen eine wichtige Nachricht servierte: »Den Vorsitz im Aktionärsrat der Firma, die die Gasleitung Nord Stream nach Deutschland baut, wird Altkanzler Gerhard Schröder übernehmen.« Aufgeregt stürzten die Reporter davon, um ihre vorgefertigten Berichte zu korrigieren.

Am nächsten Tag, als die Gäste fort waren, wurde das Demonstrationsmuster der verschweißten Rohre in ein Lagerhaus geschafft, und die eigentliche Arbeit an der Gasleitung begann. Die Bauleute hatten Glück. Dieser Winter brachte ihnen strengen Frost. Ohne den sind die Gegenden im Gebiet Wologda und im Leningrader Gebiet, wo die Trasse verlaufen soll, nichts als unwegsamer Sumpf. Schwere Technik kann dorthin nur gebracht werden, wenn der Boden tief gefroren ist.

»In der warmen Jahreszeit kommen wir hier nur durch, wenn wir Knüppeldämme aus Baumstämmen in mehreren Schichten übereinanderlegen. Ein falscher Schritt nach links oder rechts, und man versinkt im Sumpf.« Sergej Below führt es uns vor. »Ich lege schon dreißig Jahre lang Rohrleitungen, aber so schwierigen Untergrund hatten wir noch nicht. Andererseits: Normal geht es bei uns eigentlich nie zu. Wir haben die Wahl zwischen Sumpf oder steinhartem Frostboden, etwas anderes gibt es nicht.«

An seinem Bauabschnitt zwischen Grjasowez und Tichwin liegt die Leitung bereits. Jetzt führt seine Firma mit Fachleuten vom TÜV aus Deutschland Wasserdruckproben durch. In die Leitung wird Wasser gepumpt und dann der Druck erhöht, um zu prüfen, ob sie dicht ist.

»Laut Plan waren zwei Jahre Bauzeit vorgesehen. Aber dann hat die Partei gesagt: Die Leitung muss in einem Jahr fertig sein! Da haben wir uns eben angestrengt und das Ding in einem Jahr gebaut.«

»Die Partei – das ist Gazprom?«

»Na, wer denn sonst?«

Wir fahren die Leitung entlang. Der Wald ringsum aus dünnen Kiefern ist so dicht, dass kein Durchkommen zu sein scheint. Hasen springen über den Weg. Im letzten Moment fliegen Bachstelzen auf. Wir erreichen den Fluss Kolp.

»Hier nehmen wir das Wasser für die Tests her. Unterqueren mussten wir den Fluss natürlich auch«, berichtet Below.

»Gibt es denn da noch Fische drin?«, fragen wir mit einem wehmütigen Lächeln.

»Fische? Unsere Leute angeln hier jede Menge – Äschen, Karpfen, Bleie, Welse ...« Below belebt sich sichtlich. »Hier ist die Tierwelt noch in Ordnung. Nachts kommen Elche und jagen den Wächtern einen Schrecken ein. Diese Woche hat uns sogar eine Bärin mit ihren Jungen besucht. Die haben sich schon fast an uns gewöhnt. Wir lassen sie in Ruhe, und sie tun uns nichts. Auch mit den Anwohnern kommen wir gut aus. In diesem Sommer haben wir schon drei Hochzeiten gefeiert: Unsere Jungs lernen Mädchen von hier kennen und gründen eine Familie.«

»Die reinsten Husaren!«

»Genau. Gas-Husaren!«

In der Regel wohnen die Bauleute in der Nähe der Gasleitung in Camps aus Wohnwagen oder »Fässern«, das sind Hütten in Form eines großen liegenden Fasses. Sie haben ihre Familien dabei und verbringen auf diese Weise oft mehrere Jahre, solange der Leitungsbau eben dauert. Die Kinder gehen in die nächste Dorfschule. Ist ein Bauabschnitt fertig, zieht das ganze Lager mit Fässern, Bauleuten und Familien um. Für die Kinder wird am neuen Standort wieder eine Schule gefunden. Man nennt sie »Kinder der Trasse«. Viele werden an der Gasleitung groß und gehen später meist auch zu Gazprom.

»Ich bin selber so ein Fall«, berichtet uns Leonti Wareza. »Mein Vater hat in Nadym gearbeitet. Bis zur neunten Klasse habe ich in einem ›Fass‹ gewohnt. Manche meiner Freunde haben zehn- bis fünfzehnmal die Schule gewechselt. Das galt damals als normal.« Heute arbeitet Leonti bei Lentransgas. Und damit auch beim Bau der Gasleitung Grjasowez–Wyborg.

Mit Leonti fahren wir die Trasse der künftigen Gasleitung ab. Im Leningrader Gebiet ist noch viel zu tun. Mit Entsetzen erinnert sich Leonti an den letzten Winter, der viel zu mild war. Wenn jetzt nicht bald strenger Frost kommt, wird es schwer, die Leitung bis zum Termin durch die Sümpfe zu legen.

Ein weiteres Problem für die Bauleute sind im Leningrader Gebiet Blindgänger aus der Kriegszeit. Andauernd stoßen sie längs der Trasse auf nicht explodierte Granaten. Vor sechzig Jahren war die Gegend heftig umkämpft. Von 1942 bis 1944 lag Leningrad unter deutscher Blockade. Die Bewohner hungerten. Nahrungsmittel kamen nur über die »Straße des Lebens« durch die Sümpfe im Osten in die Stadt. Heute wird fast genau entlang dieser legendären Lebenslinie eine Leitung gebaut, die Gas nach Deutschland transportieren soll.

Über Land wird die Leitung bis zur Portowaja-Bucht bei Wyborg geführt, drei Autostunden von St. Petersburg entfernt. Dort stößt man schon auf die ersten Wegweiser nach Helsinki. Kurz hinter Wyborg ist die finnische Grenze. Die Stadt selbst gehörte bis zum »Winterkrieg« von 1940 zu Finnland und hieß damals Viipuri.

Wir lassen Wyborg hinter uns und biegen wenige Kilometer vor der Grenze in den Wald ab. In dieser Gegend soll in Kürze eine der größten Kompressorstationen Europas entstehen. Sie wird das Gas aus der Überlandleitung Grjasowez–Wyborg, die hier endet, in die Unterwasserleitung Nord Stream pumpen, die hier ihren Anfang nimmt. Im Moment ist von Bauarbeiten weit und breit noch nichts zu sehen. Wir kurven im Wald umher und schauen auch in die hübschen Dörfchen. Kein Mensch weiß hier, wo die Portowaja-Bucht liegt und was dort gebaut werden soll. Längs der Waldwege stößt man andauernd auf überwachsene Schützengräben und Unterstände aus der Kriegszeit. Ob sie Russen, Finnen oder Deutsche hinterlassen haben, ist nach sechzig Jahren nicht mehr zu unterscheiden.

Endlich erreichen wir die Küste des Finnischen Meerbusens.

»Das ist die Portowaja-Bucht!« Leonti ist sich sicher. »Hier werden wir bauen. Von hier fließt das Gas nach Europa. Machen Sie Fotos, so herrliche Natur wird es bald nicht mehr geben. Als Erstes werden wir sprengen müssen, denn der Untergrund ist felsig. Anders bekommen wir die Steine nicht weg. Und dann fangen wir an zu bauen.«

Während wir reden, malt der Fotograf von Gazprom den Schriftzug der Firma mit Farbe auf die umliegenden Felsbrocken, die bald gesprengt werden. Dann ziert auch den Strand das Firmenlogo. Erst jetzt beginnt er zu fotografieren. Die Wellen spülen den Schriftzug bald wieder fort.

Gerhard Schröder

Die Idee, über den Grund der Ostsee eine Gasleitung nach Europa zu bauen, wird in Russland schon lange diskutiert. Noch 1998 erklärte Rem Wjachirew nachdrücklich, dieses Projekt rechne sich wirtschaftlich nicht und sei auch technisch nicht machbar. Zehn Jahre später sieht alles anders aus. Das Schicksal von Nord Stream entschied sich im September

2005. Für den 18. September waren in Deutschland vorgezogene Bundestagswahlen angesetzt. Nach allen Umfragen hatte die SPD minimale Erfolgschancen, und Bundeskanzler Schröder drohte der Amtsverlust. Zehn Tage vor dem Urnengang kam Präsident Wladimir Putin zu einem offiziellen Besuch nach Berlin. Der Hauptzweck dieses Besuches war die Unterzeichnung einer Vereinbarung über den Bau einer nordeuropäischen Gasleitung. Einige Monate später sollte sie »Nord Stream« getauft werden. Unterzeichner waren die Chefs von Gazprom, Eon und BASF. Wladimir Putin und Gerhard Schröder demonstrierten politische Unterstützung. Die Unterzeichnung war seit längerer Zeit vorbereitet worden, aber alles wirkte so, als habe man sich sehr beeilt, um die Sache zum Abschluss zu bringen, bevor Gerhard Schröder seinen Hut nehmen musste. Damals wurde das nicht weiter thematisiert.

Schröder verlor die Wahl tatsächlich.

Die Vereinbarung über den Bau einer Gasleitung auf dem Grund der Ostsee machte auf die europäische Öffentlichkeit gewaltigen Eindruck. Weder vorher noch nachher ist Wladimir Putin in Europa je wieder so populär gewesen. Die Kritik an der russischen Regierung verstummte. Als Putin im Oktober zum EU-Russland-Gipfel nach London flog, wurde er überall mit Ovationen begrüßt. Europäische Spitzenpolitiker lauschten andächtig, als der russische Präsident von Energiesicherheit sprach. Eifrig stimmten sie seinem Angebot zu, Europa vor dem Gasdefizit zu bewahren, das droht, wenn die Vorräte in der Nordsee zu Ende gehen.

Selbst die kritischen europäischen Journalisten waren damals merkwürdig milde gestimmt. Auf der Pressekonferenz in London fragte ein französischer Korrespondent, ob Europa damit nicht zu abhängig von Russland werde.

»Sie sollten sich freuen! Ich weiß überhaupt nicht, wovon Sie reden!«, gab der russische Präsident lachend zurück.

Kritische Töne waren nur von den Regierungen der baltischen Staaten und Polens zu hören, denn die Leitung sollte ihr Gebiet umgehen. Der polnische Präsident Aleksandr Kwasniewski nannte die Vereinbarung den »Putin-Schröder-Pakt«. Die Anspielung auf den »Hitler-Stalin-Pakt«, mit dem die beiden großen Nachbarn Polen 1939 unter sich aufteilten, war deutlich. Aber das nahm niemand so recht ernst. Kritik von dieser Seite hatte man erwartet, schließlich würden die Länder mit der Realisierung des neuen Projekts eine Menge Geld einbüßen.

Die Idylle hielt an, bis in Babajewo die erste Naht der neuen Leitung geschweißt wurde. Genauer gesagt, bis zu dem Augenblick, da Alexej Miller bekanntgab, dass Gerhard Schröder zum Vorsitzenden des Aktionärsrats der für den Bau der Leitung zuständigen North European Gas Pipeline Company (NEGPC) ernannt worden sei. Die Firma ist im schweizerischen Zug registriert. Der Aktionärsrat übt die Funktionen eines Direktoriums aus, dem vier Vertreter von Gazprom und je zwei von den deutschen Partnerfirmen angehören. Gerhard Schröder, den alle Aktionäre bereits in seiner neuen Funktion bestätigt haben, sitzt dort als Vertreter von Gazprom.

Alexej Miller soll von Schröders Ernennung selber überrascht worden sein. Erst wenige Minuten vor Beginn der Pressekonferenz habe Präsident Putin ihn telefonisch davon in Kenntnis gesetzt, sagte uns einer der Gazprom-Chefs im Vertrauen.

In Moskau hielt man Schröders Wahl für eine Bombenidee. Der angesehene Politiker würde in Europa hervorragende Lobbyarbeit für Gazprom leisten und erreichen, dass das Image des russischen Gaslieferanten sich endlich verbessert. Aber irgendwie ging der Schuss nach hinten los. Der Beifall, den man Gazprom in Europa fast drei Monate lang gespendet hatte, verstummte abrupt. Die unerwartete Arbeitsbeschaffungsmaßnahme für den deutschen Altkanzler löste bei manchen einen Schock, bei anderen ernste Bedenken aus. Die europäische Presse stellte Mutmaßungen an über geheime Verbindungen und Absprachen zwischen Schröder und Putin.

Vor diesem Hintergrund waren die kritischen Stimmen aus Polen und dem Baltikum plötzlich immer lauter zu vernehmen. Moskau musste die Europäer dringend davon überzeugen, dass die Transitländer, über die das russische Gas bisher nach Europa geliefert wurde, höchst unzuverlässige Partner waren. Daher sollten die Europäer im eigenen Interesse auf Nord Stream setzen. In diese Situation platzte der Gaskrieg zwischen Russland und der Ukraine.

Bei Gazprom gab es keinen Zweifel: Der Konflikt musste die europäische Öffentlichkeit überzeugen, dass Nord Stream ein wichtiges und notwendiges Projekt sei, denn dann war Europa nicht mehr von der Ukraine abhängig. In Moskau glaubte man, die Ukraine werde mit dem Ruf, ein unzuverlässiges Transitland zu sein, an Ansehen verlieren, Russlands Ruf als seriöser Lieferant dagegen steigen.

Aber die europäische Öffentlichkeit sah die Sache genau umgekehrt. Als Gazprom in der Neujahrsnacht der Ukraine den Gashahn zudrehte, war das Erste, was den Europäern einfiel, es könnte ihnen eines Tages genauso gehen. Die europäischen Verbraucher mussten daran denken, wie sehr sie inzwischen von den Gaslieferungen aus Russland abhängig waren. In Deutschland betrug der Anteil russischen Gases am Gesamtverbrauch 40 Prozent, in Italien und Frankreich 25 Prozent, in Österreich 75 Prozent, in der Slowakei und Bulgarien ca. 90 Prozent und in Finnland gar 100 Prozent.

Die europäische Presse explodierte geradezu. »Gazproms Erpressermethoden erinnern an sowjetische Zeiten«, schrieb der britische *Daily Telegraph*. Gazprom werde kritisiert, weil es Gas als Waffe benutze, meinte das *Handelsblatt*.

Einige Monate lang wurde Gazprom nun zum Schreckgespenst für ganz Europa. Und Gerhard Schröder galt als ein Mann, der seine Seele dem Teufel verkauft hatte. In der Tat nahm sein Geschäft mit Gazprom mit der Zeit immer zweifelhaftere Züge an. Im April 2006 wurde bekannt, dass die Bundesregierung einen Monat vor Gerhard Schröders Rücktritt als Bundeskanzler Gazprom eine Bundesbürgschaft in Höhe von 900 Millionen Euro für Kredite der KfW Bankengruppe und der Deutschen Bank für den Bau der Nordeuropäischen Gaspipeline gewährt hatte. Diese Bürgschaft hätte es Gazprom ermöglicht, Kredite zu wesentlich günstigeren Zinsen zu erhalten. Bei Zahlungsunfähigkeit von NEGPC wäre die deutsche Regierung eingesprungen. Schröder erklärte allerdings, von der ganzen Sache nichts zu wissen, und Gazprom versicherte, die Kredite nicht in Anspruch nehmen zu wollen.

Deutsche Abgeordnete, vor allem von der FDP und den Grünen, forderten den Altkanzler auf, den Vorsitz im Aktionärsrat der NEGPC niederzulegen. Aber Schröder dachte gar nicht daran. Er setzte seine Lobbyarbeit für Gazprom ungerührt fort. In den wenigen öffentlichen Reden, die er noch hielt, pries er das Unternehmen als zuverlässigen Energielieferanten. Dafür soll er nach eigenen Angaben im Jahr nur 250 000 Euro erhalten.

Schröder rief die Europäer auf, »den Stolz der Russen und die russische Seele« nicht zu missachten. Er setzte sich für Gazprom, die russische Regierung und Präsident Putin ein, als diese von allen Seiten nur Kritik erfuhren. Und sowohl der Kreml als auch Gazprom waren der Meinung, dass Schröder gute Werbung für sie mache.

Wäre nicht Gerhard Schröder unter den deutschen Managern von Gazprom aufgetaucht, hätte sich die deutsche Öffentlichkeit wahrscheinlich gar nicht dafür interessiert, wen der russische Gasmonopolist sonst noch in seinen westeuropäischen Filialen beschäftigt. Nun aber nahm man die Mitarbeiter von Gazprom genauer unter die Lupe.

Der zweite Mann von Nord Stream ist Matthias Warnig, Aufsichtsratsvorsitzender der Tochtergesellschaft der Dresdner Bank in Russland. Das *Wall Street Journal* behauptet, Warnig habe mit Putin bereits zusammengearbeitet, als der künftige russische Präsident noch KGB-Agent in Dresden war. Warnig bestreitet das.

Wie *Die Welt* ermittelte, sollen zumindest zwei Manager von Gazprom Germania früher mit der Stasi zusammengearbeitet haben. Das genügte, um Gazprom in Deutschland noch dämonischer erscheinen zu lassen. Es sah so aus, als schicke sich Moskau wie zu sowjetischer Zeit, unterstützt von der Stasi, an, Deutschland erneut unter Kontrolle zu nehmen, nur diesmal nicht mit Hilfe von Waffen, sondern von Gas.

Gerhard Schröder lehnt Interviewanfragen ab. Allem Anschein nach tritt er lieber auf sorgfältig geplanten Veranstaltungen auf, wo keine kritischen Fragen zu erwarten sind.

Wir versuchen über unsere Literaturagentin mit ihm in Berlin Kontakt aufzunehmen, wo der Altkanzler zur Präsentation eines umweltpolitischen Buches erwartet wird. Seine Referenten sagen gleich, dass Herr Schröder nicht bereit sei, auf Fragen zu antworten. Nach der Pressekonferenz gelingt es unserer Agentin dann doch, an ihn heranzukommen. Er lächelt charmant und schüttelt ihre Hand. Seine Freundlichkeit ist jedoch wie weggeblasen, als es ihr gelingt, den Satz anzubringen, dass wir ein Buch über Gazprom schreiben. Abwehrend fuchtelt er mit den Armen wie mit Windmühlenflügeln und eilt davon. Seine riesenhaften Leibwächter stürzen ihm nach. Schröders langjährige Sekretärin ruft, schon im Weglaufen: »Das macht er nie!«

Eine Woche später haben wir ihn wieder vor uns. Diesmal in Moskau. In der Buchhandlung Moskwa hat er neben dem Vorsitzenden des Gazprom-Direktoriums Dmitri Medwedew

Platz genommen und spricht über sein Buch *Entscheidungen. Mein Leben in der Politik*. Mit dem Veranstalter ist abgesprochen, keine Reporter an ihn heranzulassen. Als ob er ahnt, was man ihn fragen will, spricht er Nord Stream gleich selber an: »Dieses Projekt dient den Interessen Europas und Russlands! Wir bauen eine Gasleitung, die ganz Europa mit russischem Gas versorgen wird. Ich weiß nicht, was daran schlecht sein soll!«

Der Altkanzler signiert noch schnell ein paar Bücher und verschwindet dann hinter den breiten Rücken russischer Personenschützer. Als ein persönlicher Referent von Schröder die Worte »Interview« und »Gazprom« hört, tippt er sich nur vielsagend an die Schläfe.

Wir schreiben Gerhard Schröder einen Brief, in dem wir zu erklären suchen, dass unsere Absichten harmlos sind und er mit seiner brüsken Ablehnung sich selbst in ein schlechtes Licht rückt. Eine Woche später erhält unsere Agentin Galina Dursthoff einen Brief mit seiner Unterschrift, in dem Gerhard Schröder jedes Interview zum Thema Gazprom offiziell ablehnt.

Eine Liebesgeschichte

Burckhard Bergmann ist einer der Väter von Nord Stream. Er gehört dem Aktionärsrat der Betreiberfirma jener Leitung an, dessen Vorsitzender Schröder ist. Und er brennt für Nord Stream.

»Ich halte dieses Projekt für sehr vernünftig. Und das nicht nur, weil Eon daran beteiligt ist. Gazprom muss seine Transportwege diversifizieren. Das ist ein Grundprinzip für jedes Unternehmen. Die Transitprobleme, die Russland mit der Ukraine und mit Weißrussland hat, sind bis heute nicht vollständig geklärt. In dieser Lage war Nord Stream die naheliegende Lösung. Bisher gibt es zwei Trassen. Für die Sicherung der Erdgasversorgung in Europa brauchen wir die zusätzliche Kapazität einer dritten Leitung, nämlich Nord Stream. Ständig wird davon geredet, der Vorteil von Nord Stream bestehe darin, dass Gazprom dann keine Transitgebühren mehr zu zahlen braucht. Das trifft nicht zu. Gazprom muss an die Betreiberfirma zahlen und am Ende auch an Deutschland, weil dieses dann zum Transitland für die anderen europäischen Länder wird, wohin Gazprom ebenfalls Gas liefert. Das gilt zum Beispiel für die Gaslieferungen nach Großbritannien. Dafür wird Gazprom zusätzlich zahlen müssen. Aber der Transport ist auch ohne jedes Risiko. Dafür steht Deutschland ein.«

Bergmann ist zu taktvoll, um offen auszusprechen, dass der risikofreie Transport durch Deutschland auch deshalb so interessant ist, weil nach Meinung von Gazprom in der Ukraine illegal Gas abgezapft wird.

»Eine Gasleitung auf dem Meeresgrund zu verlegen ist natürlich teurer, als sie an Land zu bauen. Aber der Transport durch die Ostsee wird nur 10 Prozent des Preises betragen, der in Westeuropa erlöst wird. Es rechnet sich also«, versichert Bergmann.

In Russland sehen das nicht alle so, auch frühere Manager von Gazprom sind anderer Ansicht. Alexander Rjasanow, ehemals stellvertretender Vorstandsvorsitzender und für Nord Stream zuständig, ist der Meinung, dass die politische Zweckmäßigkeit des Projekts weit größer ist als die wirtschaftliche. »Es ist ein ziemlich teures Unterfangen, weil es politisch ist. Aber wir brauchen diese Pipeline natürlich, um auf Belorussland und die Ukraine Druck ausüben zu können. Wenn die Lage dort klar und eindeutig wäre, bräuchten wir keinen Nord Stream«, meint Rjasanow.

Burckhard Bergmann kann dazu nur lächeln. Wir sitzen in seinem Büro in der sechsten Etage des Eon-Hauses in Essen. Die riesigen Fenster geben den Blick frei auf zwei altehrwürdige Kirchen und große Bäume, von denen gelbe Blätter fallen. Bergmann lächelt ruhig und entspannt. Auch in seinem Leben ist der Herbst eingezogen – in einem halben Jahr geht er in Pension. Wenn er im Februar 2008 fünfundsechzig Jahre alt wird, muss er seinen Posten räumen. Und den Platz des allseits geachteten Veteranen als Hauptverbindungsmann zwischen Europa und Gazprom wird ein anderer einnehmen.

»Übrigens«, fährt er fort, »zwingt niemand Gazprom, Gas nach Großbritannien zu liefern. Wenn das zu teuer und damit unwirtschaftlich wird, muss es nicht sein. Aus meiner Sicht liegt das größere Problem darin, wie viel Gas wir im eigenen Interesse nach Europa bringen. Wenn auf dem Markt ein Überangebot entsteht, sinken die Preise. Das ist im Moment in Großbritannien der Fall. Der Großhandelspreis liegt dort niedriger als in Deutschland. Daher hängt viel davon ab, ob Gazprom die Exportmengen richtig plant.«

In Großbritannien hat Gazprom eine seiner ersten Enttäuschungen auf dem europäischen Markt erlebt. In Moskau versuchte man ziemlich lange darüber hinwegzusehen, dass sich Gazproms Image in den Augen der Europäer verschlechterte. Ausgerechnet im Januar 2006, als der Gaskrieg mit der Ukraine eben erst abgeflaut war, ignorierte man in Moskau die anhaltende Kritik an Gerhard Schröder, der sich angeblich an Gazprom »verkauft« hatte, und startete den ersten großen Versuch, im Westen Fuß zu fassen. Am 22. Januar 2006 erklärte der stellvertretende Vorstandsvorsitzende von Gazprom und Generaldirektor von Gasexport, Alexander Medwedew, in einem Interview für den *Guardian*, Gazprom werde um einen Anteil von 20 Prozent am britischen Markt kämpfen – über Centrica, die Gesellschaft, die 63 Prozent des britischen Binnenmarkts bei Gas und 23 Prozent bei Energie kontrolliert. Diese klare Ansage eines Topmanagers von Gazprom löste einen heftigen Run an den britischen

Börsen aus. Der Preis der Centrica-Aktie stieg um 8 Prozent. Zwei Wochen später bekräftigte Medwedews Stellvertreter Alexander Schkuta Gazproms Interesse an der Übernahme von Centrica. Das trieb deren Preis noch einmal um 8 Prozent in die Höhe.

Die Verhandlungen zwischen Gazprom und Centrica hatten gerade erst begonnen, aber das Geschäft versetzte die britische Regierung bereits in Unruhe. Allein im ersten Quartal des Jahres 2006 hielten britische Minister acht Beratungen ab, um die Gefahr abzuwenden, dass Gazprom die größte Gasgesellschaft des Landes schlucken könnte. Die Regierung kam zu dem Schluss, eine Gesetzesänderung sei notwendig, um das zu verhindern. Zwar erklärte Premierminister Tony Blair im Sommer, die britische Regierung sollte das sich anbahnende Geschäft zwischen Gazprom und Centrica nicht behindern. Aber das kostete ihn nicht viel, denn zu dieser Zeit waren die Verhandlungen bereits im Sande verlaufen.

Gazprom wollte für eine Firma, deren Marktwert derart angestiegen war, keine Unsummen ausgeben. In Moskau war man sicher, dass Europa von Nord Stream immer noch hell begeistert sei und daran mitarbeiten werde. Gazprom bot an, ein Unternehmen des Landes an dem Projekt zu beteiligen, das ihm Zugang zu seinem Gasverteilungsnetz gewährt. Die Gazprom-Manager glaubten, die Aussicht, an Nord Stream beteiligt zu werden, sei für Centrica so unwiderstehlich, dass die Briten ihnen ihre Gazprom-Aktien mit Freuden überlassen würden. Doch weder die britischen Medien noch die Regierung oder die Geschäftswelt zeigten sich von der Aussicht begeistert, dass der russische Gasmonopolist auf dem britischen Markt Fuß fassen könnte.

Nach dem Reinfall in Großbritannien wurde der Zugang zum europäischen Endverbraucher für Gazprom regelrecht zur fixen Idee. Die Manager des Konzerns wollten den Gasherden der Europäer so nahe wie möglich kommen. Aber für die europäischen Regierungen waren derartige Ambitionen ein Politikum: Wenn es Gazprom gelingen sollte, die Gasversorgung europäischer Haushalte unter seine Kontrolle zu bringen, könnte es den Europäern die Preise diktieren. Das bedeutete eine fast absolute Abhängigkeit Europas von Gazprom und damit vom Kreml. Nachdem Gazprom der Ukraine das Gas abgedreht hatte, war das Vertrauen der Europäer zu diesem Partner dahin.

Im April 2006 willigte die BASF, die bereits an Nord Stream beteiligt war, in Gazproms Bedingungen ein. Auf dem deutsch-russischen Gipfel in Tomsk unterzeichneten Gazprom und BASF in Anwesenheit von Bundeskanzlerin Angela Merkel und Präsident Wladimir Putin ein Rahmenabkommen, wonach der Anteil des russischen Gasmonopolisten am Verteilungsnetz von BASF erhöht werden und die BASF als Gegenleistung Zugang zum südrussischen Gasvorkommen Juschno-Russkoje erhalten sollte. Zunächst bestand auch die Absicht, eine analoge Vereinbarung mit dem zweiten Nord-Stream-Partner Eon zu schließen. Aber Eon zog die Sache zunächst hin und lehnte Gazproms Forderung nach Zugang zu seinem Gasverteilernetz schließlich ab. Burckhard Bergmann als Chef von Eon-Ruhrgas vermeidet böse Worte und bestreitet natürlich, dass die europäischen Firmen Gazprom keinen Zugang zu den Verteilernetzen gewähren, weil sie nicht wollen, dass ihre Regierungen in Abhängigkeit von diesem Monopolisten geraten. Er ist allerdings der Meinung, dass es für Gazprom unrentabel sei, sich in europäische Verteilernetze einzukaufen. Nach seiner Auffassung sollte sich Gazprom besser darauf konzentrieren, seine inneren Schwierigkeiten zu überwinden als mit einem Handstreich Europa zu erobern.

»Gazprom muss natürlich volle Freiheit und die Möglichkeit haben, sein Gas direkt an die Verbraucher zu verkaufen. Die wirtschaftlichen Gesichtspunkte sollten dabei im Vordergrund stehen. Die Welt hat sich verändert, und an den Endverbraucher kommt man auch mittelbar heran – über die Verteilersysteme von Drittfirmen zum Beispiel. Die Tarife werden reguliert, darunter auch durch die EU, so dass die Gefahr nicht mehr besteht, keinen Zugang zum Endverbraucher zu erhalten. Deshalb sind Beteiligungen von Gazprom an Verteilersystemen der EU nicht mehr nötig. Man muss doch darüber nachdenken, warum andere Großproduzenten diesen Weg nicht mehr gehen. Statoil, Exxon und Shell verkaufen ihre Transportsysteme inzwischen. Als Mitglied des Direktorenrats von Gazprom bin ich der Meinung, dass es für Gazprom wirtschaftlicher wäre, mehr in die Gasförderung zu investieren als in die Verteilersysteme zu den Endverbrauchern.«

Bergmann macht eine lange Pause. Von der gotischen Kirche, auf die der Blick aus seinem Fenster fällt, klingt Glockengeläut herüber.

»Es geht doch darum, wo unsere Prioritäten liegen. Ich denke, für Gazprom sind das die Förderung, die technische Rekonstruktion und die Sanierung der vorhandenen Leitungsnetze sowie die Stromerzeugung in und außerhalb Russlands.«

Wir fragen nach, wie effizient die großen Investitionen sind, die Gazprom in Russland bereits tätigt. Wenig überraschend erwidert Bergmann, sie seien genau das, was man brauche: »Nehmen Sie zum Beispiel Sachalin. Der Erwerb von Anteilen in Sachalin wird sich auszahlen. Er ist wirtschaftlich zweckmäßig und vernünftig. Allerdings muss man wissen, dass die Finanzierung derartiger Projekte langfristig angelegt ist.«

Wie es sich für ein Mitglied des Gazprom-Direktoriums gehört, äußert sich Bergmann über Sachalin vorsichtig. Dabei sind die Vorgänge in Sachalin vom Sommer 2006 geradezu symbolisch für das Verhältnis der Europäer zu Gazprom.

Zu dieser Zeit sah Europa Gazprom nach wie vor mit Misstrauen und Zweifeln. In Moskau nahm man das den Europäern übel. Am 25. Juli 2006 verfügte das Ministerium für Naturressourcen der Russischen Föderation eine Überprüfung des Projekts Sachalin-2, das von der Firma Sakhalin Energy betrieben wird, an der der britisch-niederländische Konzern Royal Dutch/Shell mit 55 Prozent, die japanische Mitsui mit 25 Prozent und Mitsubishi mit 20 Prozent der Aktien beteiligt waren. Die russischen Behörden erklärten das Projekt für »umweltschädlich«. Am 18. September unterzeichnete Minister Juri Trutnew einen Erlass, der das positive Ergebnis des staatlichen ökologischen Gutachtens für das Projekt aus dem Jahr 2003 zurücknahm. Ausländische Medien beschuldigten Gazprom, es benutze administrative Mittel, um Konkurrenten aus Russland zu verdrängen. Shells Anteil wurde bald darauf von Gazprom erworben.

Fast zur gleichen Zeit fiel auch die Entscheidung über das Stockmann-Feld. Drei Jahre lang hatte Gazprom europäische und amerikanische Interessenten für Beteiligungen an der Erschließung dieser Lagerstätte geworben. Die norwegischen Firmen Statoil und Hydro, die französische Total sowie Chevron und ConocoPhilips aus den USA kämpften um das Recht, Partner von Gazprom zu werden. Aber im harten Herbst 2006 wurde alles anders. Am 9. Oktober erklärte Gazprom-Chef Alexej Miller, am Stockmann-Feld werde niemand beteiligt. Von dort werde man über die neue Pipeline Gas nach Deutschland liefern, und die Erschließung nehme Gazprom allein vor. Für die ausländischen Partner war das wie eine Ohrfeige.

Bald darauf wollte Wladimir Putin Europa noch einmal demonstrieren, wie man ein gestörtes Verhältnis kitten kann. Schon im Dezember 2006 bot der russische Präsident Bundeskanzlerin Angela Merkel bei einem Deutschlandbesuch an, fast die gesamte Ausbeute des Stockmann-Feldes (55 Milliarden Kubikmeter voraussichtliche Jahresförderung) für Deutschland zu reservieren. Außerdem schlug Putin einen »Energiepakt« vor: Nach dem Grundsatz »Gazprom liefert, Deutschland verteilt und verkauft« sollte Deutschland faktisch zum europäischen Gasverteilungszentrum werden. Angela Merkel stimmte höflich zu, Gaslieferungen anzunehmen, erwähnte aber den Energiepakt mit keinem Wort. Stattdessen vereinbarte sie einen Monat später eine Energieallianz mit Frankreich – ohne Russland. Mit der Liebe zwischen Europa und Gazprom war es nun vorbei. Die Früchte dieses kurzen, skandalösen Verhältnisses sind für Gazprom ein kaum begonnenes Projekt Nord Stream und die Verpflichtung von Gerhard Schröder für 250 000 Euro pro Jahr.

Ein Problem am Meeresboden

Während Gazprom und Westeuropa sich über ihr Verhältnis klarzuwerden suchten, blieb Osteuropa unbeachtet. Polen und die baltischen Staaten arbeiteten jedoch weiter eifrig gegen das Projekt Nord Stream. Beispielsweise erklärten sie, auf dem Grund der Ostsee würden chemische Waffen aus dem Ersten Weltkrieg lagern. Das interessierte kaum jemanden. Plötzlich aber erhielten die Gegner von Nord Stream unerwartet Schützenhilfe aus Moskau.

Den empfindlichsten Schlag gegen Nord Stream führte ausgerechnet das kleinste baltische Land: Estland. Im Sommer 2007 verweigerten die dortigen Behörden die Genehmigung, die Pipeline durch estnische Territorialgewässer zu legen. Eine andere Reaktion war von dort auch kaum zu erwarten gewesen, und Russland hatte kräftig daran mitgewirkt. Kaum einen Monat vor dieser für Gazprom so wichtigen Entscheidung war es zu einem heftigen Konflikt zwischen Russland und Estland gekommen, in dessen Mittelpunkt das Denkmal für die sowjetischen Befreier, der sogenannte Bronzene Soldat, stand. Bereits im Jahr 2006 war ins Auge gefasst worden, dieses Denkmal von einem zentralen Platz der estnischen Hauptstadt auf einen Gedenkfriedhof zu versetzen. Darüber stritt man ein ganzes Jahr lang, denn in Estland standen Wahlen an. Einige Parteien machten die Versetzung des Bronzenen Soldaten zu ihrem Wahlslogan, andere, die sich vorwiegend auf russischsprachige Wähler orientierten, sprachen sich dagegen aus. Bei den Wahlen siegten die Befürworter der Versetzung des Denkmals. Bald darauf gingen sie daran, ihr Vorhaben zu realisieren.

Nun geschahen merkwürdige Dinge. Die geplante Versetzung des Bronzenen Soldaten löste in Russland heftige Reaktionen aus. Sie übertrafen um ein Vielfaches jene beim Abriss der Berliner Mauer oder beim Sturz der Statue des Tscheka-Gründers Felix Dserschinski auf dem Platz vor der Lubjanka in Moskau. Fünfzehn Jahre lang hatte sich die russische Öffentlichkeit kaum dafür interessiert, was in den Nachbarrepubliken vorging, schon gar nicht im Baltikum, das nicht der GUS angehört. Im April 2007 jedoch konzentrierten auf einmal alle russischen Fernsehsender ihre Aufmerksamkeit auf Estland. Die Behörde der Präsidialadministration, die für die Verbindung zu den Landsleuten im Ausland zuständig ist, ließ den Organisationen der russischsprachigen Bevölkerung in Estland, besonders ihrem radikalen Flügel, aktive Unterstützung angedeihen.

Am 26. April 2007, dem Tag, da das Denkmal versetzt wurde, kam es zu Vorfällen, die viele Europäer noch mehr erschreckten als der Streit um das Gas. Eine Kundgebung der Gegner der Versetzung in Tallinn schlug nachts in gewalttätige Ausschreitungen um. Dann belagerte die dem Kreml nahestehende Jugendorganisation Naschi die Botschaft und das Konsulat Estlands sowie den ganzen umliegenden Wohnblock im Zentrum der russischen Hauptstadt. Die Jugendlichen attackierten mehrmals den Wagen von Botschafterin Marina Kaljurand und verbrannten die auf der Botschaft gehisste estnische Flagge. Noch merkwürdiger ist, dass sie den ganzen Häuserblock abriegelten, die Mitarbeiter der Botschaft und damit auch die Bewohner der umliegenden Häuser rund um die Uhr mit dröhnender Musik beschallten und jeden Passanten durchsuchten, der zufällig vorüberging. Die Miliz stand untätig dabei und ließ sie gewähren.

Die Nachrichten des russischen Fernsehens grenzten an Frontberichterstattung. Man hatte den Eindruck, dass Estland, das nach Fläche und Bevölkerung kleinste Land, das an Russland grenzt, mit der Verlegung des Denkmals von einem Ort zum anderen Russland den Krieg erklärt hatte. Zum ersten Mal stand Russland im offenen Konflikt mit einem Mitglied der EU.

Nach dem »Tag des Sieges« am 9. Mai, mit dem des Endes des Zweiten Weltkriegs gedacht wird, legten sich die Leidenschaften ziemlich rasch wieder. In Moskau war dieser jüngste »Krieg« schon bald vergessen. Weshalb man die ganze Kampagne überhaupt inszeniert hatte, blieb unklar. Die nahezu einzige Folge scheint darin zu bestehen, dass Gazprom dabei einige Milliarden Dollar verloren hat, denn kurz nach dem Konflikt lehnte Estland es ab, den Meeresboden in seinen Territorialgewässern für Nord Stream zu öffnen. Dabei hatten nahezu alle Fachgremien, die die estnische Regierung zuvor befragt hatte, die Verlegung der Gasleitung befürwortet. Aber dank der Affäre um den Bronzenen Soldaten platzte der Plan, und Gazprom musste in Verhandlungen mit Finnland eintreten, um die Leitung durch dessen Territorialgewässer führen zu dürfen. Die Beschaffenheit des Meeresbodens ist dort wesentlich komplizierter, was den Bau um ein Jahr verzögerte. Gazprom musste den nächsten Sommer abwarten.

Seinen Beitrag zu dem Konflikt leistete auch Gerhard

Schröder. Wohl auf Bitten seiner russischen Partner übte er nahezu als einziger europäischer Politiker heftige Kritik an Tallinns Vorgehen. Er behauptete, die Verlegung des Bronzenen Soldaten geschehe im Widerspruch zu allen nur denkbaren Gesetzen. Diese Erklärung gab er ausgerechnet am Vorabend eines geplanten Besuchs in Tallinn ab, wo er mit Ministerpräsident Andrus Ansip über das Problem der Gasleitung verhandeln wollte. Nach Schröders Erklärung lud ihn Ansip demonstrativ aus. Die Verhandlungen haben nie stattgefunden.

»Die Absage Estlands kann das Projekt nicht verhindern«, versichert uns Burckhard Bergmann.

Die Kinder von Gazprom

Im Bürohaus von Eon, nicht weit von Bergmanns Arbeitszimmer, dringen russische Laute an unser Ohr. »Das sind Leute von Gazprom. Sie kommen oft für Praktika zu uns nach Essen. Wir haben ein umfangreiches Austauschprogramm«, erläutert man uns.

Für die Fahrt von Essen nach Gelsenkirchen braucht man kaum acht Minuten. Dort begegnen uns noch mehr »Leute von Gazprom«. Ganz normale Deutsche spazieren stolz in T-Shirts mit dem Schriftzug der Firma durch die Straßen.

Gelsenkirchen ist wahrscheinlich einer der wenigen Orte in Europa, wo man Gazprom aufrichtig liebt: Der Konzern ist der Hauptsponsor von Schalke 04.

»Früher wussten wir nichts von Gazprom. Wir dachten, das ist die russische Mafia«, sagt uns Schalke-Manager Andreas Steiniger, der für das Marketing zuständig ist. »Aber als sie uns besucht haben, ist uns klargeworden, dass das ganz normale Geschäftsleute sind. Sie vertreten ein transparentes europäisches Unternehmen, das gute Geschäfte macht.«

»Warum hat Gazprom von allen deutschen Fußballklubs gerade Schalke ausgewählt?«

Steiniger lächelt verlegen und zieht sich auf Formulierungen zurück, die auch Gazprom-Manager bei dieser Frage von sich geben: »Gazprom findet unsere Werte gut, die Traditionen, die unsere Mannschaft stark machen. Wir schätzen vor allem die Liebe zur Arbeit. Gelsenkirchen ist eine Bergarbeiterstadt. Anfang des 20. Jahrhunderts, als unser Klub gegründet wurde, war das eine Mannschaft der Kohlekumpel. Wir fördern von früh bis spät Kohle aus dem Schacht. Gazprom fördert Gas. So sind wir zusammengekommen.«

In Wirklichkeit ist die Geschichte der Annäherung von Gazprom und Schalke 04 ein wenig komplizierter. Andreas Steiniger räumt ein, dass der erste Russe, der sich für seinen Klub interessierte, der Chef von Lentransgas, Sergej Fursenko, war. In Deutschland ist von ihm bekannt, dass er auch Präsident des Fußballklubs Zenit St. Petersburg ist, der 2007 russischer Meister wurde. In Russland kennt man ihn darüber hinaus als den Bruder des Ministers für Bildung und Wissenschaft, Andrej Fursenko, und als langjährigen Freund von Präsident Putin. Angeblich soll Fursenko aufgefallen sein, dass Schalke 04 und Zenit in den gleichen Farben spielen.

Das war Anfang 2006, als sich Gazproms Image in Europa rapide verschlechterte. Schließlich musste man den Tatsachen ins Auge sehen. Da entstand die Idee, den eigenen Ruf mit Hilfe des Fußballs aufzubessern. Wahrscheinlich kam den Topmanagern von Gazprom der russische Oligarch Roman Abramowitsch in den Sinn, der mit dem Kauf von Chelsea in Großbritannien zu einer Berühmtheit wurde. Gazprom sollte eine Art kollektiver Abramowitsch werden. Nach den Regeln der UEFA konnte das Unternehmen aber keinen Fußballklub in einem europäischen Land kaufen, weil es mit Zenit bereits einen besitzt. Zwei Klubs, die in einem Turnier gegeneinander spielen können, zum Beispiel beim UEFA-Pokal, dürfen nicht denselben Besitzer haben. Die einzige Möglichkeit bestand darin, Sponsor eines Klubs zu werden.

Es scheint ziemlich sicher, zumindest sagt man das in Gelsenkirchen, dass Gazproms Entscheidung, aus der Vielzahl europäischer Fußballmannschaften ausgerechnet Schalke 04 zu wählen, gefallen sei, nachdem Sergej Fursenko mit Gerhard Schröder telefoniert hatte. Der Präsident von Zenit soll den Altkanzler gebeten haben, ihm bei der Kontaktaufnahme mit deutschen Fußballklubs, darunter auch Schalke, behilflich zu sein. Das Problem bestand aber darin, dass Schröder, milde gesagt, kein Schalke-Fan ist. In Deutschland weiß jedes Kind, dass sein Lieblingsklub Borussia Dortmund heißt. Borussia und Schalke aber sind wie Feuer und Wasser. Selbst zwischen ihren Fans herrscht abgrundtiefe Verachtung.

Der Altkanzler, der unter starker Kritik der deutschen Medien stand, konnte sich denken, dass man ihn mit neuen Anschuldigungen überhäufen würde, sollte er Gazprom mit seinem Lieblingsklub zusammenbringen. Möglicherweise deshalb kam am Ende genau das Gegenteil heraus, und Gazprom trat ausgerechnet mit dem Klub in Kontakt, den ein Dortmund-Fan am wenigsten mag.

Im Sommer 2006 richtete Deutschland die Fußballweltmeisterschaft aus. Mehrere Topmanager von Gazprom, alle große Fußballfans, darunter auch Vorstandsvorsitzender Alexej Miller, kamen aus diesem Anlass nach Berlin. Die Auswahl Russlands hatte sich nicht qualifiziert, und die ukrainische Mannschaft zu unterstützen hätte kaum ein halbes Jahr nach dem »Gaskrieg« doch reichlich zynisch gewirkt. Die Gazprom-Chefs suchten sich ausgerechnet Dortmund aus, wo Gerhard Schröders geliebte Borussia zu Hause ist. Von dort fuhr Alexej Miller ins benachbarte Gelsenkirchen, um sich das Stadion und die Mannschaft anzusehen. Bald war das Geschäft in Sack und Tüten. Die Unterzeichnung des Vertrags zwischen Gazprom und Schalke 04 verschob man auf den

Herbst, wenn Präsident Putin Deutschland einen Besuch abstatten wollte. Aber zu diesem Zeitpunkt hatte sich das Verhältnis von Gazprom zu Europa weiter verschlechtert.

Am 10. Oktober 2006, drei Tage nach seinem Geburtstag und nur einen Tag nach der Mitteilung, dass Gazprom das Stockmann-Feld allein erschließen werde, traf Putin in Dresden ein, der Stadt, in der er einmal gedient hatte. Die Verhandlungen mit Angela Merkel liefen nicht besonders gut, aber Gazprom gab bekannt, dass es Schalke 04 sponsern werde. Wladimir Putin schlug Angela Merkel vor, bei der Unterzeichnung der Vereinbarung durch Clemens Tönnies und Sergej Fursenko dabei zu sein. Die Kanzlerin lehnte ab. Offenbar wollte sie nicht noch zusätzlich Werbung für Gazprom machen. So gab Wladimir Putin der Verbindung von Gazprom und Schalke 04 allein seinen Segen. Dabei erklärte er, die Gerüchte, Gazprom könnte Schalke 04 kaufen, würden bald verstummen, denn wenn Gazprom in Deutschland etwas hätte kaufen wollen, dann gleich die ganze Bundesliga.

Heute flattern vor der Arena AufSchalke die Fahnen von Gazprom. Es gibt eine Gazprom-Tribüne und unter den Sponsorenlogen auch eine, die Gazproms Namen trägt. Es ist nicht die größte, und sie liegt auch nicht sehr zentral, denn bei Spielen von Schalke 04 sind Fans aus Moskau oder St. Petersburg eher seltene Gäste.

Das Wichtigste aber ist, dass der Schriftzug von Gazprom heute die Brust jedes Spielers der Mannschaft ziert. Mit ihrem blauweißen Dress gleichen die Spieler von Schalke denen von Zenit aufs Haar.

Wir gehen über das Gelände von Schalke 04. Das große Stadion eingeschlossen, besitzt der Klub vier Fußballplätze. Auf zweien trainieren gerade Jugendmannschaften. Knirpse von kaum sechs Jahren laufen schreiend an uns vorbei, den Namen von Gazprom auf dem schicken Dress, wie es auch die erwachsenen Spieler von Schalke 04 tragen.

»An Gazprom gefällt uns, dass die gar nichts von uns wollen«, freut sich Andreas Steiniger. »Wir wissen, dass sie unseren Klub nicht kaufen werden, und sei es nur, weil sie es nicht können. Der Klub hat keinen Besitzer. Er gehört seinen 30 000 Mitgliedern, unseren Fans. Gazprom nimmt keinen Einfluss auf unsere Politik, mischt sich nicht ein, wenn wir Spieler kaufen oder verkaufen. Gazprom hat nicht einmal einen Platz im Vorstand gefordert. Das ist sehr gut. Ich hoffe, dass unsere Partnerschaft lange hält. Der Vertrag läuft bis 2010, aber ich denke, wir werden ihn verlängern.«

Der Schriftzug von Gazprom ist erst Mitte 2007 in die offizielle Symbolik des Klubs aufgenommen worden, aber unter den Fanartikeln von Schalke gibt es bereits jede Menge Teddybären im blauweißen Dress mit der Aufschrift »Gazprom«.

»Was kostet so ein Bär?«

»8,50 Euro. Sie sind aus Russland? Kaufen Sie einen, das ist der russische Bär.«

In Europa kann man den russischen Bären also auch lieben. Wenn er aus Plüsch ist.

11. Kapitel

Gazprom-Land

Bürgersinn

Ein Mädchen spielt auf dem Hof mit einem Reifen. Es ist ein Werbespot. Keiner weiß, wozu ein Gasmonopolist überhaupt Werbung braucht, da die Abnehmer, die das Gas dringend benötigen, sowieso jeden Preis dafür zahlen. Aber Gazprom nimmt Werbung ernst. Vielleicht sind diese Fernsehspots ja nur eine legale Möglichkeit, den Medien, die dem Konzern gehören, Geld zukommen zu lassen. Vielleicht auch mehr.

Das Bild wechselt. Das Mädchen, das gerade noch mit dem Reifen auf dem Hof gespielt hat, schwingt ihn nun elegant als Sportgymnastin. Das Gas fließt durch die Leitungen und tritt als blaue Flamme aus dem Brenner. Im Kopf des Zuschauers soll der Gedanke entstehen, dass das Gas durch die Leitungen fließt, damit aus dem einsamen Mädchen vom Hof, das niemand beachtete, eine Meisterin des Sports wird. »Uns gelingt alles«, sagt eine Stimme aus dem Off. Keine Ahnung, was wem gelingt. Aber die Stimme klingt so ruhig, so eindringlich und überzeugend, dass man glauben möchte, allen gelinge alles: dem Mädchen – eine berühmte Gymnastin zu werden, Gazprom – seinen Marktwert auf 500 Milliarden Dollar zu steigern, Russland – dank Gazprom endlich ein glückliches Land zu werden, den Gazprom-Aktionären – eine tolle Dividende zu erhalten. Uns! Allen! Gelingt es! Dass alle Träume wahr werden! Denn das Gas strömt durch die Leitungen! Denn Gazprom kontrolliert es! Glaubt das einfach! Das Mädchen! Die blaue Flamme im Brenner! Wärme! Glück!

Man möchte meinen, in Russland halten mehr Menschen das Gas für eine Gottheit als wirklich an Gott glauben. Man möchte denken, die überwiegende Mehrheit der Menschen sieht die Chefs von Gazprom nicht einfach als Manager, die gewaltige Finanzströme regulieren, sondern eher wie Priester, die einen unbekannten, unsichtbaren, mächtigen, aber auch menschenfreundlichen Götzen anbeten. Denn das Mädchen ... die Flamme ... dass all das gelingt ist ein Wunder!

In den neunziger Jahren nannten die Angestellten von Gazprom ihr Unternehmen gern »das einzige, das Russland zusammenhält«. Keiner wollte das verstehen. Die Mehrheit meinte, Sprache, gemeinsame Kultur, Schicksal, demokratische Werte oder gar das Fernsehen hielten das Land zusammen. Die meisten Bürger Russlands hatten die Steuerzentrale im Gazprom-Hochhaus an der Uliza Namjotkina in Moskau nie gesehen. Vielleicht konnten sie deshalb keinen Zugang zu dem esoterischen Wissen der Gazprom-Leute finden. Seitdem sind die Gaspreise beträchtlich gestiegen, kosten Gazprom-Aktien heute fast das Zwanzigfache, hat der Staat ein Aktienpaket von über 50 Prozent fest in der Hand, wurde die Steuerzentrale viele Male im Fernsehen gezeigt. So ist ein Glaubenssymbol entstanden.

Hauptdispatcher ist heute Alexander Rusajew, ein für Gazprom typischer Gutmensch, der diese hohe Position von ganz unten her erklommen hat. Er weiß, wie Gas aussieht und wie Gas riecht, er hat im Winter in der Tundra gefroren und im Sommer unter der Mückenplage gelitten. Jetzt lässt er auf dem Monitor eine Gasleitung nach der anderen aufleuchten, erzählt lustige Geschichten und genießt den Eindruck, den die Tatsache, dass dieses Netz im Grunde der Blutkreislauf des Landes ist, auf jeden Betrachter macht.

»Die Leute vom Gas haben alles herausgefunden«, sagt Rusajew. »Selbst das Geheimnis des Bermudadreiecks haben sie enthüllt.«

Was folgt, ist eine Geschichte im Stil von Jules Verne über Wasserpflanzen, die angeblich in der Tiefe des Bermudadreiecks Gas produzieren, das Schiffe und Flugzeuge verschlingt. Aber jetzt, da die Leute vom Gas dahintergekommen sind, werden im Bermudadreieck keine Schiffe und Flugzeuge mehr verschwinden; stattdessen werden einfache, lebensfrohe Gutmenschen wie Rusajew Gas vom Meeresboden fördern.

Inzwischen blitzen auf dem Monitor leuchtende Linien auf. Das sind die Pipelines. Als Erstes verbinden sie Moskau und Saratow, die Hauptstadt mit der Wolga, dem großen russischen Fluss. Dann wird eine Blutbahn von Moskau in den Westen gezogen. Danach eine aus Richtung Osten zur Hauptstadt und eine andere nach Norden, den Ural entlang, um die dortigen Betriebe mit Energie zu versorgen. Schließlich laufen Gasleitungen in dicken Strängen von der Halbinsel Jamal und aus Sibirien nach Westen. Im Nordural überschneiden sie sich und bilden das Große Kreuz, das aus der Vogelschau wirkt wie ein Signal an den Himmel und auf dem Monitor der Steuerzentrale aussieht wie eine Fahne der Kreuzritter. Weitere Linien laufen über die Ukraine und Belorussland nach Europa. Und übers Schwarze Meer zur Türkei. Und über den Balkan nach Italien. Und über die Nordsee nach Deutschland.

»Schauen Sie her!«, sagt Rusajew stolz, als führe er die Niagarafälle, den Grand Canyon, den Kölner Dom oder den Eiffelturm vor. »Das ist unser Land!«

Er hat wirklich das ganze Land auf seinem Monitor. Russland – wenn auch ohne den Fernen Osten und den Kaukasus. Ganz Russland, so wie wir es kennen (lieben, hassen, beschwören, rühmen, reformieren, verlieren), das weder als russisch-orthodoxes, als slawisches oder europäisches Land definiert werden kann, sondern höchstens als Gasland. Ein merkwürdiges Gefühl, von dem mindestens die 300 000 Menschen durchdrungen sind, die für Gazprom arbeiten, dazu die Herde von Fernsehleuten, die an den Werbespot mit dem Reifen spielenden Mädchen glauben.

Gazprom schüttet kümmerliche Dividenden aus. 2006 machte das Unternehmen 25 Milliarden Dollar Gewinn. Davon wurden ganze 10 Prozent als Dividende verteilt. Der stellvertretende Vorstandsvorsitzende Alexander Medwedew sagt, das sei normal. Man könne nicht alle Erlöse aufteilen und damit das Weite suchen. Man müsse an die Zukunft denken, investieren, neue Lagerstätten erschließen und neue Gasleitungen bauen.

Wir sitzen in seinem Büro in der sechsten Etage des Hauptsitzes von Gazprom. Wir wissen, dass westliche Großunternehmen in der Regel etwa die Hälfte ihres Gewinns als Dividende verteilen. Medwedews Büro ist mit Säbeln und Schwertern dekoriert. Er bietet uns Kaviarschnittchen an und sagt: »Gesellschaften, die heute einen großen Teil ihres Gewinns als Dividende ausreichen, sind nicht seriös. Das sind Eintagsfliegen. Die Aktionäre von Gazprom haben in den letzten Jahren nicht daran verdient, dass wir sie stark am Profit des Unternehmens beteiligt haben, sondern daran, dass Gazproms Marktwert in schwindelerregende Höhen gestiegen ist. In zehn Jahren fast auf das Zwanzigfache! Jetzt, da die Kapitalisierung des Unternehmens gerade von 300 Milliarden auf 250 Milliarden Dollar gesunken ist, scheint uns nicht der richtige Zeitpunkt zu sein, Aktien zu verkaufen, um den Gewinn mitzunehmen. Vernünftiger ist es, die Aktien zu behalten, sich als Teil von etwas Großem zu sehen und die Hoffnung zu bewahren, dass früher oder später riesige Gasvorkommen erschlossen werden, die erste Gasleitung nach China und eine neue nach Europa gebaut wird, dass Terminals entstehen, von denen verflüssigtes Gas in Tankern nach Amerika verschifft werden kann. Vernünftig ist, Gazprom nicht als Unternehmen zu sehen, dessen Aktien man besitzt, sondern als ein Land, dessen Bürger man ist. Von dort wandert man doch auch nicht gleich aus, wenn das Parlament die Sozialleistungen kürzt.«

Die 10 Prozent Dividende, die Gazprom zahlt, korrespondieren auf erstaunliche Weise mit den 9 Prozent des Staatshaushalts, die die Regierung Tschernomyrdin Ende der neunziger Jahre für Sozialleistungen ausgab. Gazprom behandelt seine Aktionäre quasi wie Sozialfälle und zahlt so viel Dividende, wie die Regierung Tschernomyrdin für Renten ausgab. Die Regierung Putin wendet dafür übrigens nur noch die Hälfte auf. In diesem Sinne ist Gazprom ein Land. Ein besseres Land als jenes, auf dessen Gebiet seine Lagerstätten und Gasleitungen liegen. Der ehemalige Minister für Brennstoffe und Energie, Boris Nemzow, behauptet allerdings, Gazprom weise zu niedrige Gewinne aus. Nach seinen Worten habe es im Jahr 2006 nicht 25 Milliarden, sondern etwa 30 Milliarden Dollar verdient. Die verschwiegene Summe sei in den Taschen der Spitzenmanager von Gazprom verschwunden – ganz nach Boris Beresowskis Erkenntnis, dass man in Russland nicht ein Unternehmen besitzen, sondern seine Finanzströme kontrollieren müsse. Möglicherweise.

»Wir können nicht beweisen, ob Nemzow recht hat oder nicht«, sagt Alexander Medwedew, »aber selbst wenn er recht hat, dann liegt diese Korruption mit 20 Prozent weit unter dem russischen Durchschnitt.«

Was ein Land ausmacht

Wenn man durch die Gazprom-Zentrale in Moskau geht, wird man das Gefühl nicht los, dass das Unternehmen tatsächlich wie ein Land funktioniert und, ohne darüber viele Worte zu verlieren, sich selbst und nicht Russland als das realere Land sieht. Der Konzern verfügt über sein eigenes

Gesundheitswesen: Die Gazprom-Poliklinik nimmt im linken Flügel des Gebäudes eine ganze Etage ein. Er hat sein eigenes Bankensystem: die Gazprom-Bank, deren Filialen nicht dort zu finden sind, wo die Menschen leben, sondern wo das Gas ist. Die Währung im Gazprom-Land ist übrigens nicht der Rubel, sondern jeweils die, mit der es sich besonders gut einkauft – der Euro, der Dollar oder auch der chinesische Yuan. Derartige Währungssysteme haben Länder, die sich von einer früheren Metropole gelöst haben und darauf warten, dass man sie in die EU aufnimmt, Montenegro zum Beispiel. Das Unternehmen besitzt eine eigene Fluggesellschaft: Gazprom-Avia fliegt nicht dorthin, wohin viele Menschen normalerweise fliegen, sondern dorthin, wo Gasgeschäfte zu tätigen sind. Man geniert sich fast, Alexander Medwedew zu fragen, weshalb Gazprom Vermögen außerhalb seines Kerngeschäfts besitzt, wozu es Fernsehen, Rundfunk und Zeitungen braucht. Weil ein Land eben Fernsehen, Rundfunk und Zeitungen braucht, verstehen Sie das nicht? Törichte Frage, was Gazprom mit Energieunternehmen oder Kohleschächten will, weshalb fast jede Untergliederung von Gazprom Schweinezucht, Ziegeleien und Wasserwerke ihr Eigen nennt. Wie kann man nur so begriffsstutzig sein? All das braucht ein Land, wie Gazprom eines ist. Haben Sie schon einmal erlebt, dass irgendwo die Landwirtschaft, selbst wenn sie unrentabel war, zum Outsourcing freigegeben wurde? Bestimmt nicht. Ein Konzern hat den Zweck, seinen Aktionären Gewinn zu bringen. Ein Land dagegen hat den Zweck, zu leben.

Dumme Frage, weshalb Gazprom für seine Niederlassung in St. Petersburg den berüchtigten Wolkenkratzer bauen muss, gegen den alle Geistesgrößen der Stadt vehement protestieren: Eine Dominante in seinem Zentrum braucht doch jedes Land. In Großbritannien ist das Big Ben, in Frankreich der Eiffelturm, in den USA waren es die Zwillingstürme ewigen Angedenkens. Und das Land Gazprom wird seinen

Wolkenkratzer im Petersburger Bezirk Ochta haben. Als die Petersburger Intellektuellen sich darüber aufregten, dass das Gebäude die Skyline der Stadt verderbe, rief das Gazprom-Management in aller Stille die Chefredakteure der großen Zeitungen und Fernsehsender zusammen und teilte ihnen im Vertrauen mit, das Hochhaus werde gebraucht, weil in seiner Spitze eine militärische Funkortungsstation installiert werde, ein Auge, das alles sehe, was in den Nachbarländern passiert. Die Medienchefs fielen auf die ziemlich offensichtliche Gazprom-Ente herein und hielten still. Dabei ist ihnen völlig entgangen, dass die Gazprom-Leute die Idee aus dem Film *Der Herr der Ringe* hatten, wo der böse Herrscher Sauron in einem Turm haust, von dessen Spitze sein alles sehendes Auge die Welt kontrolliert.

Im Sommer 2007 hat das russische Parlament ein Gesetz beschlossen, das es Gazprom gestattet, seine Sicherheitskräfte mit Feuerwaffen auszurüsten. »Wie schrecklich! Gazprom schafft sich seine eigene Armee!«, heulten liberale Journalisten auf, darunter auch die Verfasser dieser Zeilen. Gazprom erläuterte geduldig, bewaffnete Sicherheitskräfte brauche das Unternehmen, um seine Gasleitungen zu schützen. Und die »schreckliche« Logik wird verständlich: Wenn Gazprom ein Land ist, dann hat auch das kleinste und friedlichste Land eine Armee, die das Nationalvermögen und die Menschen verteidigt. Gazprom aber ist kein kleines Land, es ist riesig und braucht eine Armee, um sein Nationalvermögen, das Gas, zu sichern.

Zwischen dem Land Gazprom und Russland, deren Territorien sich zum Teil überlappen, gibt es merkwürdige Ähnlichkeiten. Wie es zum Beispiel die führenden Männer Russlands nicht für möglich halten, gemeinsam mit den einfachen Bürgern im dichten Verkehrsstrom durch die Straßen Moskaus zu rollen, so halten es auch die Chefs von Gazprom nicht für möglich, mit ihren Mitarbeitern zusammen in einem Fahrstuhl zu fahren. Rechts vom Zentraleingang des Hauptgebäudes gibt es einen eigenen Lift für Vorstandsmitglieder. Gar nicht schlecht: Sicher wären auch die Moskauer froh, wenn man nicht jeden Tag vierzig Minuten lang die zentralen Straßen sperrte, damit der Präsident zu seinem Amtssitz gelangt, sondern für den geliebten Führer gleich eigene Straßen baute.

Im Büro jedes Gazprom-Chefs, der etwas auf sich hält, hängen Bilder des russischen Präsidenten Wladimir Putin und des Vorstandsvorsitzenden Alexej Miller. Aber irgendwie wirkt das nicht recht ernst, blitzt Ironie auf. Wenn man Schilderungen des Hauptgebäudes von Gazprom in der westeuropäischen Presse liest, dann glaubt man, die Europäer, die Anfang des 19. Jahrhunderts die Ironie erfunden haben, hätten es Anfang des 21. Jahrhunderts verlernt, sie zu verstehen. Westliche Korrespondenten schreiben, das Gazprom-Gebäude sei düster, dabei ist die Grundfarbe weiß. Sie schreiben, Pressesprecher Sergej Kuprianow laufe stets mit grimmiger Miene herum, dabei schaut Kuprianow, der beileibe kein Engel ist, eher hilflos drein wie die meisten kurzsichtigen Menschen. Aber keinem einzigen westlichen Reporter ist bisher aufgefallen, dass in Kuprianows Büro anstelle eines Putin-Porträts ein stark vergrößertes Titelbild des *Spiegel* mit Leisten an die Wand gepinnt ist, auf dem Putin in Militärmütze über Gasrohre wie über Kanonenrohre hinweg nach Europa blickt. Und neben dem Foto des Vorstandsvorsitzenden Alexej Miller klebt bei Kuprianow eine Werbung für Miller-Bier an der Wand, verziert mit dem Werbespruch »It's Miller-time«. Merkwürdig, diese Begriffsstutzigkeit.

Wir fragen Alexander Medwedew, warum Gazprom im Westen so ein schlechtes Image hat, warum zu dessen Aufbesserung eine amerikanische Werbeagentur angeheuert und der deutsche Fußballklub Schalke gesponsert wird. Medwedew meint, das schlechte Image komme daher, dass die Artikel der meisten Korrespondenten von der Konkurrenz inspiriert sind. Merkwürdig, dieses Selbstmitleid.

Andere Gazprom-Chefs haben Bilder von Putin und Miller in ihren Büros, die keine Karikaturen aus ausländischen Magazinen sind, sondern entweder Aufnahmen zusammen mit dem jeweiligen Büroinhaber oder solche von eher familiärer Art.

Offizielle Porträts der Gründungsväter des Konzerns und aller seiner Leiter findet man im Vestibül vor dem Sitzungssaal, wo der Vorstand tagt. Es sind Ölbilder in Lebensgröße, die da in schweren Eichenrahmen hängen. Mit weisem, gütigem Blick schauen die Herren auf den Beschauer herab, in den Händen schicksalsträchtige Dokumente. Da haben wir den sowjetischen Minister für Erdöl- und Erdgasindustrie Alexej Kortunow, seine Nachfolger Sabit Orudschew und Wassili Dinkow, den letzten sowjetischen Minister für Gasindustrie und ersten Konzernchef von Gazprom, Viktor Tschernomyrdin und dessen Nachfolger Rem Wjachirew. Der aktuelle Vorstandsvorsitzende, Alexej Miller, findet sich noch nicht in diesem illustren Kreis. Wie auch im britischen Parlament eine Statue von Margaret Thatcher sicher erst aufgestellt wird, wenn die große Baroness sich ins Jenseits verabschiedet hat. Ein Bild von Präsident Putin gibt es in dieser Galerie ebenfalls nicht, und das wird auch so bleiben. Denn für das Land Gazprom hat Präsident Putin keine Bedeutung. Er ist höchstens das Oberhaupt eines Nachbarstaates.

Ein Rezept zum Glücklichsein

Im Land Gazprom leben die Menschen nicht schlecht. Besser als sonst wo in Russland. Sie sind beschäftigt und glücklich, nüchtern, fröhlich und wohlhabend. Zusammen mit einem Gazprom-Ingenieur fliegen wir im Hubschrauber weit über die Halbinsel Jamal bis zur Baidarazker Bucht am nördlichen Eismeer, wo eine Gazprom-Siedlung für jene errichtet werden soll, die einen Teil der Gasleitung durch die Tundra verlegen und mitten in der Einöde eine Kompressorstation bauen werden. Mit der Hubschraubergesellschaft gab es Probleme. Leider war diesmal keine Maschine der Gesellschaft Gazprom-Avia für uns frei, und wir mussten die Dienste der örtlichen Fluglinie Jamal in Anspruch nehmen. Der Kommandant der klapprigen MI-8 wollte nicht zum Eismeer fliegen, das Wetter sei schlecht. Als wir den Wetterbericht zu sehen wünschten, lenkte er ein: »Also gut, das Wetter geht so.« Dann kam die Ansage, er könne nicht fliegen, weil sein Treibstoff nicht reiche. Wir wollten das an seinen Messgeräten nachprüfen. »Na, dann fliegen wir eben«, hieß es schließlich. Er hatte einfach keine Lust, vier Stunden lang über der ewig gleichen Tundra zu schweben. Dass am nächsten Tag den Leuten im Lager Lebensmittel und Diesel zum Heizen ihrer Wagen ausgegangen wären, störte ihn nicht. Der Ingenieur, der mit uns fliegt, meint, ein Hubschrauberpilot von Gazprom würde sich derartige Kapriolen nie erlauben. Dort werde ordentlich gearbeitet.

Hinter uns liegen die nördlichen Ausläufer des Ural, der endlos breite Ob, der hier kaum noch zu überblicken ist. Wir haben jedes Gefühl dafür verloren, wie lange wir schon über dieser Leere zugebracht haben, wo nur dann und wann ein Lager der Nenzen auftaucht. Ein paar runde Jarangas, mit Rentierfellen bedeckt, dicht dabei eine Rentierherde. Ringsum eine so undurchdringliche Einöde, dass man kaum begreift, wie dort unten überhaupt Menschen existieren können. Endlich sinkt der Hubschrauber über der Polarstation von Gazprom herab, und der Ingenieur weist beim Lärm der Motoren auf die Wohnwagen, die wie verloren mitten in der Tundra stehen: »Zum Winter«, ruft er, »wird hier eine Kantine gebaut, das Lager mit Stacheldraht eingefriedet und eine

Wache aufgestellt.« Er muss selber lachen. »Dann ist es wie im Gulag.«

Wenn man bedenkt, dass auf den Polarstationen von Gazprom Alkoholverbot herrscht, dass man nicht einmal ein Bier trinken darf, dass es unmöglich ist, einfach in die Tundra hinauszulaufen, dass man die Station nicht verlassen kann, wann man will, sondern warten muss, bis man abgeholt wird, dann unterscheidet sich dieser Ort, zu dem wir nun gelangt sind, tatsächlich nicht sehr von einem Gefängnis. Mit dem einen Unterschied, dass die Leute hier freiwillig herkommen – für hohen Lohn und das berühmte Sozialpaket: Krankenversicherung, kostenloser Urlaub an einem warmen Meer, unentgeltliche Heimreise, kulturelle und sportliche Betätigungsmöglichkeiten und eine frühe Verrentung bei hohen Bezügen. Mit uns fliegen zwei Köchinnen zur Station, die dort die Arbeiter für 1000 Dollar im Monat verpflegen werden. Die eine ist schon älter, die andere ein ganz junges Mädchen. Sie schläft. Es schreckt sie nicht, in diesem vorsintflutlichen Hubschrauber zu fliegen, es ein halbes Jahr mitten in dieser Einöde in einer Baracke aushalten zu müssen, die von Männern mit Feuerwaffen bewacht wird und von Stacheldraht umgeben ist. Man möchte sie fragen: Und wo wirst du tanzen gehen?

Singen und Tanzen

An Tanzen übrigens ist im Land Gazprom auch gedacht. Mit dem Mitarbeiter der Presseabteilung Roman Sachartow sitzen wir im Großen Saal des Unternehmens, ebenfalls in dem riesigen Haus in Moskau. Dort tritt jedes Jahr einmal die Aktionärsversammlung zusammen. Heute aber wird gefeiert – der Tag des Gasarbeiters. An diesem Tag gehört die Bühne den Mitarbeitern, die im künstlerischen Unternehmenswettbewerb Fackel gewonnen haben. Sachartow kennt sie alle und stellt sie uns während des Programms im Flüsterton vor. Die Grußansprache hält der stellvertretende Vorstandsvorsitzende Ananenkow. Aus der Jackentasche zieht er ein zusammengelegtes Blatt mit der vorbereiteten Rede. So etwas in eine feierliche rote Mappe zu legen ist bei Gazprom nicht üblich. Von Protokoll hält man hier nichts.

Dann beginnt das Programm. Zum Auftakt führt ein Mädchen von kaum sieben Jahren wahre Wunder der Gymnastik vor. Sie verknotet ihren Körper, ihr Gesichtchen schaut verschmitzt zwischen den eigenen Knöcheln hervor, wie es sonst nur chinesische Akrobatinnen fertigbringen. Sachartow erzählt, das Mädchen habe mit Gazprom nichts zu tun. Seine Eltern seien dem Wodka verfallen, die Großmutter habe es zu sich genommen und in ein Studio gebracht, das von Tomsktransgas betrieben wird.

Kinder aus dem Tjumener Ensemble Lapuschki (»Pfötchen«) führen einen Tanz der Pinguine vor. Hübsch anzusehen und richtig gut gemacht. Wenn das Bild nur nicht so sehr an die Sowjetzeit erinnerte.

Eine Sängerin namens Alina stimmt ein getragenes Lied an, und wieder glaube ich, ich sei in ein sowjetisches Festkonzert geraten:

»Sing mir, Mütterchen, sing
von Menschen mit schöner Seele.
Sing mir, du Liebe, sing
von unserem Mütterchen Russland.«

Sachartow sagt uns, was die Sängerin bei Gazprom beruflich macht, aber ich höre nur zu und denke bei mir, dass Gazprom doch ein Tochterland Russlands sein muss, so wie es selbst von Tochtergesellschaften umgeben ist.

Dann wieder eine Tanzgruppe, mit dem beziehungsreichen Namen »Kasatschok«. Jetzt kommt ein Mädchen mit einem phantastischen Balanceakt, mit dem sie in einem professionellen Zirkus auftreten könnte. Sachartow flüstert uns zu, sie arbeite beim westsibirischen Sapsibgazprom als Buchhalterin. Ihr folgt ein Mitarbeiter von Orenburggazprom namens Viktor mit dem Lied des Mister X aus der *Fledermaus.*

Jetzt tritt eine erstaunlich gute Tanzgruppe aus Surgut auf, deren Mitglieder, wenn sie einmal nicht tanzen, Gasleitungsventile bedienen. Dann eine Band mit einem Foxtrott. Ihr Leader, der virtuos Akkordeon, Trompete und Dudelsack spielt, ist Bohrarbeiter. Ihm hat die Jury angeboten, als Solist ohne die Gruppe aufzutreten. Der erste Platz unter den Instrumentalsolisten wäre ihm sicher gewesen. Er aber wollte unbedingt mit seiner Band spielen und ist deswegen leer ausgegangen.

Nun kommt Ljudmila Neswetajewa von Orenburggazprom auf die Bühne und trägt ein selbstverfasstes Lied vor:

»Und wie ein Feuer über die Erde,
die wir zerstört haben,
fliegt ein Pferd, ein weißes Pferd.«

Sie ist eine gute Sängerin, eine begabte Texterin und wunderschön dazu. Warum beteiligt sie sich nicht an einem Fernsehwettbewerb, wo sie ein Produzent in wenigen Monaten zum Star machen kann?

»Warum?«, fragen wir Sachartow.

Der versteht die Frage nicht. »Sie ist doch hier – beim Fackel-Wettbewerb von Gazprom!«

Das Land Gazprom genügt sich selbst. Außerhalb seiner Grenzen existiert nichts von Bedeutung. Für Ljudmila Neswetajewa wäre es genauso unvorstellbar, an einem anderen Wettbewerb teilzunehmen, wie für eine junge Sängerin aus Italien, sich in eine russische Starfabrik zu verirren.

Zu Kultur- oder Sportveranstaltungen von Gazprom können durchaus Gäste von außerhalb eingeladen werden. Mit dem Leadsänger der Rockgruppe Chaif, Wladimir Schachrin, sitzen wir in einem Café am zentralen Platz der Stadt Belgorod beisammen, wo gerade die alljährliche Gazprom-Spartakiade stattfindet. Heute ist der Abschlusstag. Die Wettkämpfe in Fußball, Tischtennis und Gewichtheben sind bereits beendet. Um das Niveau in einigen Sportarten zu erhöhen, hat man Profis von außerhalb dazugeladen. Soeben wird der Gouverneur von Belgorod, Jewgenij Sawtschenko, zum Endspiel des Volleyballturniers in den Saal geführt. Seine Leibwächter stoßen die Leute grob beiseite, drücken sie mit den Gesichtern gar gegen die Wand, damit der Gouverneur seinen Platz neben dem Chef von Mostransgas, Alexej Golubnitschi, der die Spartakiade in diesem Jahr ausrichtet, ungehindert einnehmen kann. Zuvor hat das Finale im Basketball stattgefunden. Als die Mannschaft von Mostransgas die von Wolgatransgas in Grund und Boden stampfen will, ruft Golubnitschi seinen Leuten zu: »Lasst ihnen einen Korb! Lasst ihnen einen Korb!« Auch das gehört zu Gazprom: Großzügigkeit. Man will gewinnen, lässt den Gegner aber nicht beschämt vom Feld ziehen.

Auf dem Platz vor dem Sportzentrum, das den Namen der Weltmeisterin Swetlana Chorkina trägt und mit einer überlebensgroßen Figur der berühmten Turnerin geschmückt ist, werden die Medaillen vergeben. Alexej Golubnitschi sagt uns, dass man bei Dingen wie der Spartakiade nicht sparen darf. Die Aktionäre müssen begreifen, dass Menschen keine Maschinen sind, die nur für den Profit zu schuften haben. Und von dem eifrigen Pressemann Sachartow erfahren wir, dass während der Spartakiade in Sportstätten und Hotels – allesamt von

Gazprom renoviert, saniert und der Stadt Belgorod als Geschenk übergeben – zwar Alkoholverbot herrscht, aber Diskoabende und andere Vergnügungen veranstaltet werden, damit die jungen Leute sehen, dass man sich amüsieren kann, ohne sich zu besaufen.

Die Spartakiade ist zu Ende. In einer Stunde beginnt das Konzert Wladimir Schachrins mit seiner Gruppe Chaif, zu dem die Organisatoren 70 000 Menschen erwarten – jeden zweiten Einwohner von Belgorod. Tatsächlich aber kommen gerade einmal die 3000, die an der Spartakiade teilgenommen haben.

Mit Wladimir Schachrin reden wir über Gazprom und die Spartakiade.

»Das ist hier wie eine Insel der Seligen, wo man dir sagt, wie du dich vergnügen sollst, wie du zu arbeiten, Sport zu treiben und deine Freizeit zu verbringen hast, wann du trinken und wann du nicht trinken darfst … Vielleicht braucht die Mehrheit unseres Volkes das ja. Zu seinem Glück gezwungen zu werden …«

»Aber?«, fragen wir zurück.

Es folgt eine lange Pause. Wladimir sucht nach Worten. Er ist einmal Bauingenieur gewesen. Rockstar ist auch er über Amateurkonzerte geworden. Nur hat die niemand unterstützt oder gar gesponsert. Im Gegenteil, in den achtziger Jahren wurden sie vom KGB verboten und sein Publikum von der Miliz auseinandergejagt. Er sagt: »Ich will aber nicht, dass jemand mein Glück organisiert. Ich brauche niemanden, der mir sagt, wann und wie ich arbeiten, ob ich Sport treiben, ob ich trinken und wie ich mich amüsieren soll. Darin liegt etwas von …«

»Unfreiheit?«, haken wir nach.

»Vielleicht.« Wladimir nickt. »Vielleicht brauchen andere ja diese Unfreiheit zum Überleben.«

Das Konzert wird gleich beginnen. Wladimir wird auf die Bühne gehen und Titel singen wie »Wir atmen den freien

Wind« oder »An diesem Ort kann man nicht anders leben«. Beim Abschied fragen wir ihn: »Sie mögen Gazprom wohl nicht sehr? Warum singen Sie dann für ein Unternehmen, das die Freiheit seiner Leute einschränkt?«

»Ich singe für die Leute«, antwortet Wladimir. »Auf dem Platz hier stehen gute, einfache Menschen, die hart arbeiten. Es wäre nur wichtig, wenn sie verstünden, dass sie unser Gas fördern.«

»Wie meinen Sie das?« Wieder müssen wir nachfragen.

»Gas, das dem ganzen russischen Volk gehört. Für die Förderung müssen sie natürlich Lohn bekommen, guten Lohn. Aber das Gas gehört uns allen. Manchmal fürchte ich, dass ihnen das nicht bewusst ist.«

Bei der Arbeit an diesem Buch sind auch wir darauf gestoßen, dass die Bürger des Landes Gazprom wirklich zu glauben scheinen, das Gas gehöre Gazprom, nicht Russland. Vielleicht liegt das daran, dass es eine ungeheuer schwere Arbeit ist, das Gas im hohen Norden aus der Erde zu holen und abzutransportieren, eine Arbeit, die ihnen echte Opfer abverlangt. Oder daran, dass die Leute von Gazprom an ihren Lagerstätten kein lebendiges Land um sich sehen. Vielleicht gibt es ein lebendiges Land dort auch gar nicht. Oder es existiert doch, aber es lebt nur in dem, was unter der Erde liegt – Erdöl, Erdgas und Schächte voller ballistischer Raketen mit atomaren Sprengköpfen.

12. Kapitel

Mitten im Nichts

Wie sich das Nichts anfühlt

Wir stehen mitten im Nichts, weit jenseits des Polarkreises auf der Halbinsel Jamal, bei der Baidarazker Bucht am Ufer des Nördlichen Eismeeres. Eigentlich hatten wir die Gazprom-Führung gebeten, das Stockmann-Feld besichtigen zu dürfen, mit dessen Gas einmal die Leitung Nord Stream gespeist werden soll. Dabei stellte sich heraus, dass dieses Vorkommen unweit der Ortschaft Widjajewo liegt, dem Heimathafen der Nordmeerflotte, wo auch das untergegangene U-Boot Kursk lag. Um dorthin zu gelangen, braucht man eine Sondergenehmigung. Gazprom-Pressesprecher Sergej Kuprianow meinte nur: »Was wollen Sie denn auf dem Stockmann-Feld? Dort ist überhaupt noch nichts, was man sich anschauen kann. Wenn Sie einen Ort sehen wollen, wo nichts ist, dann am besten die Baidarazker Bucht.«

Da sind wir nun an dem Ort, wo in einigen Jahren eine Kompressorstation gebaut werden soll. Im Moment steht hier noch gar nichts. Man kann mit dem Hubschrauber drei Stunden in jede Richtung fliegen, ohne auf menschliche Spuren zu stoßen.

Wer nur einmal auf dieser feuchten Erde der Tundra gestanden hat, der erkennt: Hier, jenseits des Polarkreises, gelten die Gesetze und Regeln der Zivilisation nicht mehr. So ähnlich muss es sein, wenn man auf einem Achttausender des Himalaja steht. Selbst Grundwissen aus dem Geographielehrbuch ist hier nichts wert. Wie viele Tage hat das Jahr? Sie meinen, 365? Falsch. Es hat 120 Tage. Wenn die Projektierungsinstitute von

Gazprom ein Bauvorhaben planen und Termine festlegen, dann gehen sie von einem Jahr mit 120 Tagen aus. Während der übrigen Zeit können die Bauleute nämlich nicht einmal ihre Nasenspitze aus dem Wohnwagen stecken. Denn draußen herrscht entweder Schneesturm, Orkan oder Sintflut – der Aufruhr des Nichts.

Sie glauben, Fleisch schmeckt hier wie Fleisch? Nein, Rentierfleisch schmeckt wie Leber. Rohe Rentierleber und frisches, noch warmes Rentierblut sind keine Nahrung, sondern Medizin oder, besser gesagt, Zaubermittel. Die Nenzen, die Ureinwohner von Jamal, leiden nur deshalb nicht an der Mangelkrankheit Skorbut, weil sie, wenn sie ein Rentier schlachten, wie Vampire das frische Blut aus der noch pulsierenden Schlagader des Tieres trinken.

Sie glauben zu wissen, woran man einen Mann von einer Frau unterscheidet? Da denken Sie falsch. Hier unterscheidet man sie am Ornament auf der Pelzjacke.

Ist Ihnen aufgefallen, dass Sie soeben den Ausdruck »Erde der Tundra« gelesen haben, ohne sich zu wundern? Hier gibt es nämlich gar keine Erde. Einen Gegenstand legt man nicht »auf die Erde«, sondern »auf die Tundra«. »Erde« nennt man hier die Welt jenseits dieser Einöde. Wenn man drei Stunden mit dem Hubschrauber bis nach Salechard, der Hauptstadt von Jamal, fliegt und weitere drei Stunden mit dem Flugzeug, dann ist man auf der Erde. Hier ist nur Tundra – ein schwankendes Gemisch aus Wasser, Sand, so fein wie Staub, Sumpfgräsern und Moos. Wenn man hier auch nur ein winziges Häuschen bauen will, von einer Kompressorstation ganz zu schweigen, dann muss der Bulldozer die Tundra zu einem riesigen Hügel aufschieben, der dann einige Jahre ruht. Mit der Zeit sickert das Wasser nach unten, der Hügel trocknet ab, und es entsteht mehr oder weniger geeigneter Baugrund. Ein Stückchen Erde, die es hier eigentlich gar nicht gibt.

Trinkwasser findet man auch nicht so ohne weiteres. Zwar

ist die Tundra mit Seen bedeckt wie ein Kindergesicht mit Sommersprossen, aber aus den meisten Seen und Flüssen darf man nicht trinken. Das Wasser der Seen kann stehend und mit Schwermetallen versetzt sein, wie man sie zuweilen ehemaligen KGB-Agenten in japanischen Restaurants in London in den Tee mischt. Und die Flüsse wimmeln vielleicht von unbekannten Bakterien, die schon darin geschwommen sind, als hier noch das Mammut lebte.

Bauarbeiten, von einfachsten Vorkehrungen abgesehen, sind hier nur im Winter möglich. Lasten können ausschließlich über die Eistrasse befördert werden. Wenn die Tundra gefriert und eine Schneedecke trägt, dann wird ein Spezialfahrzeug eingesetzt – ein Schneepflug, an dessen Schild Brenner angebracht sind. Die bringen den Schnee zum Schmelzen, der Schneepflug walzt ihn glatt, und das Ganze gefriert zu einer ebenen Trasse aus Eis, über die Lastwagen fahren können. Im Dunkeln, versteht sich, denn im Winter ist hier rund um die Uhr Polarnacht. Wenn ein Lkw auf der Trasse liegenbleibt, muss er binnen fünfzehn Minuten wieder in Gang gebracht werden. Sonst kann man ihn nur noch abfackeln und zu Gott beten, dass das Feuer von einem Rettungshubschrauber oder vom nächsten Lager der Nenzen bemerkt wird. Das ist selten der Fall. Wahrscheinlicher ist der Tod durch Erfrieren. Denn im Nichts ist der Mensch ein Niemand. Und wer etwas von Gazprom begreifen will, der muss sich zumindest vorstellen können, was es bedeutet, ein Niemand zu sein. Und wie es sich anfühlt, das Nichts.

Niemand

Um die Kritiker und Gegner von Gazprom zu verstehen, gilt es die Eigenschaften des Nichts zu bedenken. Seit Gazprom das Monopol auf das Gas und Präsident Putin das Monopol auf Gazprom erhalten haben, ist ein Kritiker und Gegner von Gazprom wie ein Niemand im Nichts. Solche Leute kritisieren Gazprom nicht deshalb, weil sie politisches Gewicht, ökonomisches Ansehen und andere Auffassungen als der Präsident von der Führung des Unternehmens haben. Umgekehrt wird ein Schuh draus: Wenn ihnen überhaupt politisches Gewicht zukommt, wenn sie überhaupt noch existieren, dann nur, weil sie Gazprom kritisieren. Etwas anderes haben sie nicht. Es ist, als säßen sie in der endlosen Tundra fest, aus der kein Weg herausführt.

Boris Nemzow, einst Minister für Brennstoffe und Energie und stellvertretender Ministerpräsident, ist so ein Niemand im Nichts. Oder doch nicht ganz? Er trägt sich mit der Absicht, bei den Präsidentschaftswahlen 2008 zu kandidieren. Zum Zeitpunkt unseres Gesprächs wissen wir das allerdings noch nicht.

Heute bleibt ihm nur, gute Miene zum bösen Spiel zu machen. Aber er hält sich tapfer. Er bemüht sich, seine sportliche Form zu halten, und gibt den Playboy, der immer gut drauf ist. Zum Surfen fliegt er um den ganzen Erdball. Aus alter Gewohnheit wird er noch zu internationalen Wirtschaftsforen und zu Empfängen eingeladen, die ausländische Botschafter in Moskau für ins Nichts gefallene Oppositionspolitiker veranstalten. Auch bei Talkshows im Fernsehen will man ihn manchmal noch haben, damit er die liberalen Werte verteidigt. Das geschieht öfter als bei anderen Oppositionspolitikern. Aber auch Nemzow erhält solche Einladungen so selten, als habe das Jahr nicht 365, sondern 120 Tage.

Allerdings werden die Talkshows in der Regel vorab aufgezeichnet. Wenn sich Nemzow mit Witz und Sachkenntnis für die liberalen Werte schlägt, dann werden Witz und Sachkenntnis von einem sorgsamen Redakteur herausgeschnitten. Dafür geht jeder Unsinn, den er verzapft, ungekürzt über den Bildschirm. Daher wirkt er meist etwas dümmlich, was ihn nicht daran hindert, auch die nächste Einladung wieder anzunehmen. Da steht er dann vor der Kamera und legt sich für Ideen ins Zeug, von denen jeder weiß, dass die Zuschauer darauf pfeifen. Er kommt, wenn er gerufen wird, und kritisiert Gazprom wie ein Mops, der den Mond anbellt. Das ist seine letzte Möglichkeit, daran zu erinnern, dass er einmal Minister für Brennstoffe und Energie war.

Boris Nemzow hat nichts zu verlieren. Wenn er einmal nicht mehr im Fernsehen auftaucht, vergessen die Leute auch noch sein Gesicht. Vom Oppositionspolitiker wird er dann endgültig zum alternden Rentier, den die boomenden Aktien von Gazprom immer reicher machen.

»Wissen Sie, warum der Große Pu« – so nennt Nemzow Präsident Putin – »mich immer noch Opposition spielen lässt? Weil ich als Staatsdiener nichts unterschlagen, bei meinem Rücktritt kein Staatseigentum mitgehen lassen und weder Putin noch Russland verraten habe. Ich darf Opposition sein, dazu vielleicht noch Grigori Jawlinski [der Führer der liberalen Jabloko-Partei] oder Irina Hakamada [die ehemalige stellvertretende Duma-Präsidentin von der Union der Rechtskräfte]. Sonst niemand. Der Rest sind in Putins Augen Gauner und Verräter.«

»Wirklich alles Gauner und Verräter, Boris Jefimowitsch?«, fragen wir, lächeln ungläubig und knabbern Studentenfutter.

Wir sitzen in dem Büro, das Nemzow im Hochhaus an der Uferpromenade Kotelnitscheskaja Nabereschnaja gemietet hat. In diesem Haus am Zusammenfluss von Jausa und Moskwa, nur wenige Kilometer vom Kreml entfernt, haben Wissenschaftler gewohnt, die die sowjetische Atombombe entwickelten und Stalin mehr fürchteten als den Atomkrieg. Es hat Literaten beherbergt, die aus Furcht vor Stalin die sowjetische Lebensweise propagierten, Parteifunktionäre, die genug Angst vor Stalin hatten, um ihn wie einen Gott zu verehren, dazu kühne Heerführer, denen Stalin so viel Schneid abkaufte, dass sie bereit waren, im Krieg für eine seiner Launen ganze Divisionen zu opfern. Dieses Bauwerk, das an ein wie Sauerteig aufgegangenes Empire State Building erinnert, ist ein Denkmal der großen und schrecklichen kommunistischen Epoche. Und das Büro, genauer gesagt, die zum Büro umfunktionierte Vierzimmerwohnung, die der Zerstörer des Kommunismus Boris Nemzow hier gemietet hat, erinnert an die Zeit, da Boris Nemzow ein Held war.

Möbel gibt es hier kaum. Dafür hängen die Wände voller Fotos, auf denen Nemzow zusammen mit Präsident Boris Jelzin abgelichtet ist. Seite an Seite mit Jelzin hat er beim Putsch des Jahres 1991 das Weiße Haus verteidigt. 1997 holte der Präsident ihn in die Regierung, machte ihn zum stellvertretenden Ministerpräsidenten und Minister für Brennstoffe und Energie. Als die Regierung 1998 abdanken musste, trat Nemzow an die Spitze der Partei »Union der Rechtskräfte« und deren Fraktion im Parlament. Unter Präsident Putin kamen ihm dann Fraktion und Partei abhanden. Heute ist Jelzin fort und die Fraktion auch. Nemzow ist ein Niemand im Nichts.

Wir sitzen uns in seinem Büro gegenüber und reden wie Kriegsveteranen von vergangenen Zeiten. Nemzow hält sich sportlich fit, um über das Berufsverbot für Oppositionspolitiker hinwegzukommen. Wir rauchen wie die Schlote, um das Berufsverbot für Journalisten mit eigener Meinung zu vergessen.

Nemzow sagt: »Versuchen Sie doch mal, sich in Putin hineinzuversetzen: Michail Kasjanow« – Nemzow meint den früheren Ministerpräsidenten – »darf nicht Opposition sein, weil Putin erstens der Meinung ist, dass der von jedem Vertrag, den er abgezeichnet hat, 2 Prozent in die eigene Tasche gesteckt hat. Zweitens hat er beim Rücktritt seine Staatsdatsche mitgehen lassen. Drittens meint Putin, da Kasjanow ihm einmal unterstellt war, darf er jetzt nicht gegen ihn sein. Das ist für ihn Verrat, verstehen Sie?«

»Und was hat Garri Kasparow Putin getan?«, fragen wir nach dem zweiten prominenten Oppositionellen. »Gilt der Titel des Schachweltmeisters jetzt auch als Verrat oder Unterschlagung?«

»Kasparow«, erklärt uns Nemzow, »hat eine Zeitlang bei einer amerikanischen Stiftung gearbeitet. Damit hat er in Putins Augen Russland verraten.«

»Und Sie dürfen also Opposition sein, weil Sie Putin nie unterstanden und nichts unterschlagen haben?« Wir können nicht von der Reportergewohnheit lassen, das Gegenüber in die Enge zu treiben.

»Genau«, antwortet Nemzow. »Putin hat mir unterstanden, ich ihm nie. Und ich habe mir nichts unter den Nagel gerissen.«

»Woher haben Sie dann Ihre Millionen, Boris Jefimowitsch?« Es macht uns Spaß, ihn mit dieser scharfen Frage zu schocken.

»Nach der Krise von 1998 bin ich mit Vorträgen durch Amerika getourt.« Unsere scharfe Frage scheint ihn überhaupt nicht zu beeindrucken.

»Ich habe einen Haufen Geld verdient und dafür Gazprom-Aktien gekauft. Die kosteten damals 60 Cent das Stück. Ein paar Jahre später habe ich sie verkauft, da stand der Preis bei 16 Dollar. Gekauft habe ich sie, weil Gazprom im Herbst 1998 eindeutig unterbewertet war.«

»Das verstehen wir. Aber warum haben Sie sie jetzt verkauft?«

»Weil Gazprom heute überbewertet ist. Es steht vor einer Krise.«

»Na, mal langsam!« Vor Verblüffung hören wir auf, Nüsse zu knabbern, zu rauchen und Tee zu schlürfen.

Nemzow kommt ins Erzählen. Er redet, als habe er sich nur für uns einen ganzen Vortrag zurechtgelegt. Wir brauchen ihn nicht zu unterbrechen und nicht nachzufragen. Es ist, als hätte er, während er im Ausland surfte, es sich an gedeckten Botschaftstischen wohl sein ließ und im Fernsehen den Clown spielte, immerzu nur über Gazprom nachgedacht. Er erklärt: »Gazprom ist einer der größten Energiekonzerne der Welt. Der Welt! Nach seiner Kapitalisierung kann er mit Exxon Mobil, Microsoft oder General Electric mithalten. Ich rede von zirka 300 Milliarden Dollar. Das Eineinhalbfache des russischen Staatshaushalts. Vom Gazprom-Kapital könnte das ganze Land über ein Jahr lang leben! Europa hängt zu 35 bis 40 Prozent von Gazprom ab. Natürlich gibt es noch weitere Gaslieferanten – Algerien, Großbritannien, Norwegen und Holland. Trotzdem hat Gazprom einen gewaltigen Einfluss darauf, ob es in Europa warm ist und die Lichter brennen.

Gazprom steht unter der Kuratel des Staates. Der besitzt das Kontrollpaket. Alle Personalentscheidungen, nicht nur an der Spitze, sondern auch auf der mittleren Ebene, werden von Staatsbeamten gefällt. Die Führung, das heißt die Direktoren und ihre Stellvertreter, ernennt Präsident Putin persönlich. Das muss man wissen.«

Wir wissen es. Wir haben darüber ein Buch geschrieben. Wir verstehen nur nicht, worauf Nemzow hinauswill. Er fährt fort: »Ich verrate Ihnen jetzt ein Geheimnis: Gazprom ist ein künstliches Monopol. Im russischen Gasgeschäft sind außer Gazprom noch weitere Unternehmen tätig – Surgurneftegas, Lukoil, Rosneft, TNK-WR, Nortgas und Nowotek. Gazprom verweigert ihnen die Nutzung seiner Gasleitungen und zwingt sie stattdessen, ihm das Gas für ein Butterbrot zu verkaufen. Das ist nachteilig für sie, deshalb fackeln viele Erdölfirmen das Begleitgas einfach ab, das zusammen mit dem Öl ausströmt.

Gazprom-Chef Alexej Miller ist ein enger Freund des Präsidenten, den er aus seiner Petersburger Zeit kennt. Wladimir Putin und Alexej Miller haben ihre Führungsposten fast gleichzeitig angetreten – der eine beim Staat, der andere bei Gazprom. Seit sie am Ruder sind, hat Gazprom nicht eine einzige Lagerstätte neu erschlossen und keine einzige große Gasleitung neu gebaut. Die Gasleitung Nord Stream oder das Stockmann-Feld – das sind alles Pläne, aus denen in ferner Zukunft vielleicht mal was werden kann.«

Wir genießen wieder Tee, Nüsse und Zigaretten. Wenn man es mit den Tatsachen genau nimmt, dann hat Nemzow nicht ganz die Wahrheit gesagt. Denn auch unter Miller hat Gazprom Pipelines gebaut und neue Lagerstätten erschlossen wie zum Beispiel Sapoljarnoje. Das hat zwar Wjachirew vorbereitet, aber Miller hat die Eröffnung vorgenommen. Außerdem ist da noch die Lagerstätte Juschnorusskoje in Südrussland.

Wir hören weiter zu. Auf Politikerart vereinfacht Nemzow die Dinge. Nach seiner Auffassung ist ein großes Hindernis für Gazprom die übermäßige Politisierung. Niemand in der Welt sieht Gazprom als Wirtschaftsunternehmen. Im In- und Ausland gilt es als Werkzeug der Politik Putins. Gazprom müsste eigentlich das Stockmann-Feld erschließen, stattdessen zwingt man es, Medien zu kaufen. Gazprom hat sich an dem Geschäft mit Roman Abramowitsch beteiligt und dafür 13 Milliarden Dollar hingeblättert. Die hätte es auch in die Gasförderung investieren können.

Wir hören Nemzow zu und lächeln in uns hinein. Ganz Politiker, wählt er unter den Fällen, da Gazprom branchenfremde Firmen erwarb, die zwei am meisten debattierten Beispiele – NTV und die Erdölgesellschaft Sibneft. Der Kauf von Sibneft war in der Tat ein sehr fragliches Geschäft. Gazprom kaufte die Firma zum Höchstpreis. Der Oligarch Roman Abramowitsch, der die leicht zugänglichen Ölvorräte längst ausgebeutet, den Rahm abgeschöpft und damit den Wert des Unternehmens in die Höhe getrieben hatte, wollte es dringend loswerden. Und er hätte es im Ausland verkauft, wenn man dort nichttransparente Firmen verkaufen könnte. Wenn Präsident Putin das Monopol des Staates an den Energieressourcen nicht so wichtig gewesen wäre. Wenn der Staat nicht im Grunde aus diesen Energieressourcen bestehen würde. Soviel wir wissen, hat Gazprom Sibneft gekauft, weil es dem Konzern so befohlen wurde. Kaum war der Kauf getätigt, da ging bei Sibneft auch schon die Ölförderung zurück. Andererseits erhielt die Gesellschaft Gunvor, die das Erdöl von Gazprom exportiert, nun auch noch Öl von Sibneft hinzu, stach damit alle Konkurrenten aus und wurde zum drittgrößten Erdölhändler in Russland. Ausgerechnet Gunvor, das in engstem Verhältnis zu einem alten Bekannten (und wie es heißt, persönlichen Freund) von Präsident Putin steht, zu Gennadi Timtschenko.

Nemzow meint nachsichtig, statt sinnlose aufgabenfremde Käufe zu tätigen, sollte Gazprom sich lieber auf das Gas konzentrieren. Uns aber scheint, dass viele der Käufe von Gazprom durchaus sinnvoll sind. Dazu fällt uns folgendes Beispiel ein: Im Mai 2005 wurde bekannt, dass die Kontrolle über die bislang zu Gazprom gehörende Versicherungsgesellschaft Sogas an die Petersburger Rossia-Bank übergegangen ist. Hauptaktionäre der Bank waren Ende 2004 Nikolai Schamalow (9,7 Prozent) und der Vorsitzende des Direktoriums der Bank, Juri Kowaltschuk (37,7 Prozent). Beide kennen Präsident Putin aus seiner Petersburger Zeit. Schamalow war Anfang der neunziger Jahre bei Siemens Medical Solutions tätig, die im Auftrag der Petersburger Stadtregierung die Ausrüstungen für alle städtischen Zahnarztkliniken lieferte. Von Regierungsseite zeichnete für dieses Projekt der stellvertretende Oberbürgermeister Wladimir Putin verantwortlich. Die Bank Rossia betreute damals die Außenhandelsprojekte der Stadtregierung, die ebenfalls in Putins Ressort fielen. Mit dem Kauf von Sogas bekamen die Besitzer der Rossia-Bank ein Geschäft in die Hand, dessen

Umfang mit ihrem bisherigen vergleichbar war. Ihr Wert ist also auf fast das Doppelte gestiegen – der von Sogas auf 13 Milliarden Rubel und jener der Bank auf etwa 10 Milliarden Rubel. Dabei hängt das finanzielle Wohlergehen von Sogas zu drei Vierteln von Gazprom samt Tochterfirmen ab, woher etwa 75 Prozent der Einnahmen der Versicherungsgesellschaft kommen. Das geht uns bei Nemzows Worten durch den Kopf.

Nemzow wirft Gazprom weiter vor, der Konzern habe sinnlos Kohleschächte und Kraftwerke erworben. Der Gerechtigkeit halber muss man sagen, dass Gazprom nicht nur kauft, sondern auch verkauft. Im April 2006 veräußerte es an die Bank Rossia ein weiteres Stück seines Finanzimperiums – die Firma Leader, die ein Vermögen von über 6 Milliarden Dollar verwaltet. Dabei handelt es sich im Wesentlichen um die Reserven von Gasfond, des Rentenfonds von Gazprom, der auch 3 Prozent der Gazprom-Aktien hält. Gasfond verkaufte an die Bank Rossia 75 Prozent plus eine Aktie der Firma Leader. Der Hauptaktionär von Rossia, Juri Kowaltschuk, gilt als persönlicher Freund von Präsident Putin. Die Verfasser des Buches *Operazia naslednik* (»Operation Nachfolger«), Wladimir Pribylowski und Juri Felschtinski, nennen Kowaltschuk und Putin auch unter den Mitbegründern der Datschengenossenschaft Osero im Leningrader Gebiet. Im Frühjahr 2007 erwarb Gasfond bei Gazprom 25 Prozent der Aktien der Sibur-Holding. Außerdem erhielt Leader 50 Prozent plus eine Aktie der Gazprom-Bank, die wiederum die restlichen 75 Prozent der Aktien von Sibur kontrolliert. Auf diese Weise wurden die Strukturen von Gasfond faktisch Besitzer von 100 Prozent der Sibur-Aktien. Sie haben also erreicht, was dem Sibur-Gründer Goldowski nicht gelang.

»All das sind für Gazprom Verlustgeschäfte«, meint Nemzow. »Da braucht es keinen zu wundern, dass die Produktionszahlen des Konzerns schlecht sind. Während die Wirtschaft

Russlands in den letzten Jahren im Schnitt um 6 bis 7 Prozent zugelegt hat, trat die Gasproduktion nahezu auf der Stelle. Es musste zu einem Gasdefizit kommen. Das haben wir bereits.

Das Kraftwerk Nordwest, das im Eiltempo hochgezogen wurde, um den Energiemangel in Petersburg zu beseitigen, steht jetzt ohne Gas da. Präsident Putin persönlich hat es in Betrieb genommen. Aber nun muss es mit Heizöl betrieben werden. Da kann man auch gleich Gold verbrennen. Es ist viel, viel teurer.«

Wieder müssen wir lächeln, denn dazu fällt uns eine amüsante Geschichte ein. Der Gazprom-Ingenieur, der mit uns nach Jamal flog, hat sie uns erzählt. Bei der Inbetriebnahme sollte Präsident Putin feierlich den Hauptschalter betätigen. Auf dem Schaltpult sollten die Zeiger hochschnellen und das Kraftwerk in Funktion treten. Aber die Ingenieure befürchteten, die neue und noch nicht erprobte Sicherheitsautomatik könnte anspringen und das Werk sofort wieder abschalten. Daher wurde das Kraftwerk vom Hauptschalter getrennt. Der setzte nur die Geräte am Steuerpult in Gang. Dort schnellten die Zeiger hoch, und der Präsident fuhr zufrieden davon. Das Kraftwerk aber nahm erst zwei Monate später den Betrieb auf.

Nemzow versteht nicht, warum wir lächeln. Tiefernst fährt er fort: »Die russische Wirtschaft wird sich weiter stürmisch entwickeln. Damit werden wir 2010 ein katastrophales Gasdefizit haben: 60 bis 100 Milliarden Kubikmeter werden fehlen. Die ganze Ukraine verbraucht etwa 70 bis 75 Milliarden Kubikmeter im Jahr. Immerhin leben dort 50 Millionen Menschen. Das ist eine Lage, die an die Konsumgüterknappheit in der Endzeit der Sowjetunion erinnert. Damals hat es an allem gefehlt – vom Waschpulver bis zur Räucherwurst. Als die Märkte freigegeben wurden, war es damit vorbei. Heute erinnert man sich kaum noch daran. So unfrei wie zur Sowjetzeit ist heute nur Gazprom.«

Nemzow ist bei seinem Thema: »Das Gasdefizit in Putins Russland unterscheidet sich von der Verbrauchsgüterknappheit in der Sowjetunion dadurch, dass alle spürten, wenn keine Wurst da war. Dann gab es leere Läden, Schlangen und Lebensmittelkarten. Gas wird aber nicht über den Ladentisch gehandelt. Es ist nicht sichtbar. Und der Kreml hat genügend Speichellecker, die uns genau erklären, warum die Preise steigen: Amerika, rundum Feinde und Spione … Kein Wort davon ist wahr.«

Um der Wahrheit die Ehre zu geben, entgegnen wir Nemzow: »Wir haben bei Gazprom nachgefragt. Die schließen jeden Gedanken an ein Gasdefizit aus.«

»Mit der Zeit werden sie es zugeben müssen. Putin hat zu dieser Frage schon mehrere Beratungen einberufen. Man kann nur staunen, wie wenig diese Leute aus dem Zusammenbruch der Sowjetunion gelernt haben. Sie gehen genauso vor wie Gorbatschows Ministerpräsident Nikolai Ryschkow, als der Tambower Schinken aus den Läden verschwand. Damals schlug der Premier vor dem Obersten Sowjet vor, den Preis für den Tambower Schinken um zwei Kopeken anzuheben. Dasselbe hat jetzt auch unsere Staatsmacht vor. Sie will den Gaspreis erhöhen. Für die Bevölkerung ändert sich bis zu den Wahlen 2008 natürlich nichts, aber für die Industrie steigt er jetzt schon um 15 Prozent jährlich. Dabei muss man wissen, dass die Kraftwerke heute bereit sind, für Gas jeden Preis zu zahlen. Die Preiserhöhung ändert aber nichts an dem Gasmangel. Davon wird nur der Strom teurer und damit alles andere. Was der Staat also tut, um mit dem Gasdefizit fertig zu werden, ist sinnlos und folgenschwer.«

»Sie meinen also«, fragen wir nach, »wir werden in der Küche bald kein Gas mehr haben?«

»Nein«, antwortet Nemzow, »für die Küche wird es reichen. Aber der Gasmangel wird das Wachstum bremsen. Weniger Wohnungen werden gebaut. Es gibt keine neuen

Arbeitsplätze. Die kommunalen Dienstleistungen werden teurer. Alle Preise ziehen an. Der Staatshaushalt wird weniger einnehmen. Gegenwärtig werden Renten und Löhne noch an die Inflationsrate angeglichen. Damit ist es nach den Wahlen vorbei. Das zum Ersten. Da Russland sich, zweitens, zu riesigen Gaslieferungen ins Ausland verpflichtet hat, wird sich der politische Druck im Land erhöhen, weniger Gas zu exportieren, wenn es für uns selber nicht reicht. Das wird mehr an Russlands Ansehen nagen als alle Verletzungen von Menschen- und Bürgerrechten. Drittens wird die Korruption ins Kraut schießen. Wie in der Sowjetunion die Fressalien säckeweise durch die Hintertür aus den Läden weggeschleppt wurden, wird es in Russland nach 2008 einen blühenden Schwarzhandel mit Gas geben. Wenn das Defizit 50 Milliarden Kubikmeter jährlich ausmacht, dann wird man für die Verteilung des vorhandenen Gases 5 Milliarden Dollar Schmiergeld im Jahr einstreichen. Zusätzlich zu dem, was jetzt schon genommen wird.«

»Und was ist da zu tun?«, fragen wir.

»Mit dem Defizit kann man fertig werden.« Nemzow wird gleich einige Zentimeter größer, denn endlich hat er Gelegenheit, sein liberales Wirtschaftsprogramm an den Mann zu bringen.

»Dazu müsste man aber allen Förderunternehmen gestatten, ihr Gas durch die Leitungen von Gazprom zu transportieren. Und zwar nicht zu Wucherpreisen, sondern für normale Entgelte. Wirtschaftlich gesprochen, müsste also der Gasmarkt liberalisiert und es allen erlaubt werden, ihr Gas zu kaufen, bei wem sie wollen, nicht nur bei Gazprom. Wenn das geschieht, dann ist das Defizit in zwei bis drei Jahren vergessen. Gazproms Monopol für den Gasexport müsste dafür nicht angetastet werden. Im Lande hätten wir dann einen freien Markt, und an den Westen verkaufte nur Gazprom. Das wäre äußerst vorteilhaft für Russland. Aber dazu wird es nicht kommen. Es bleibt, wie es ist. Wenn Putins Politik der extremen Monopolisierung sich nicht ändert, und bei diesen Ölpreisen auf dem Weltmarkt wird sie sich nicht ändern, dann bleibt es bei dem jährlichen Kampf ums knappe Gas und den jährlichen Preiserhöhungen. Erst wenn Gasleitungen platzen, wenn ganze Städte im Frost erstarren und die Lieferverpflichtungen gegenüber dem Ausland nicht mehr erfüllt werden können, wenn es zu Massenunruhen kommt, dann wird der Gasmarkt liberalisiert.«

Nemzow lehnt sich in seinem Sessel zurück. Das Bild, das der ehemalige Minister für Brennstoffe und Energie da gezeichnet hat, ist geradezu apokalyptisch. In so einem Fall stellt man gewöhnlich die tiefsinnige Frage: »Und was nun?«

»Ich will nicht behaupten«, fährt Nemzow fort, »dass Gazprom von Dummköpfen geführt wird. Ich denke, Medwedew und sogar Miller sehen durchaus, was vorgeht. Aber sie müssten den Mut haben, Putin die Wahrheit zu sagen. Der begreift nicht, wie wichtig die Freigabe des Markts ist, denn er denkt nur in Begriffen der Monopolisierung. Er hat ja auch das politische Leben monopolisiert. Er hat die Führung der Regionen monopolisiert. Und er monopolisiert die Wirtschaft mit jedem Tag mehr. Leider ist er kein Ökonom und sieht deshalb nicht ein, dass der Erfolg unseres Landes direkt vom Grad der wirtschaftlichen Freiheit abhängt. Putin erklären zu wollen, dass er den Bereich, den er persönlich führt, gegen die Wand fährt, ist sinnlos und gefährlich. Er würde wohl antworten: ›Was wollen Sie denn, die Wirtschaft wächst doch!‹ Und wenn man ihm entgegenhält, dass das mit ihm überhaupt nichts zu tun hat, dass Saddam Hussein und George Bush Russland dieses Wachstum beschert haben, dann lacht er und sagt: ›Das russische Volk sieht das aber ganz anders!‹«

Nemzows Ansicht, Gazproms Entscheidungen würden häufig nicht von wirtschaftlichen, sondern von politischen Erwägungen diktiert, bestätigt sich auf überraschende Weise an dem Tag, da wir den Sitz des Unternehmens in Moskau aufsuchen, um zu erfahren, was der stellvertretende Vorstandsvorsitzende Alexander Medwedew zu Nemzows Kritik zu sagen hat. Denn dessen Thesen werden dort im Allgemeinen als Mythen abgetan. An diesem Tag sind die Parlamentswahlen in der Ukraine zu Ende gegangen, wo die in Moskau ungeliebte Julia Timoschenko den Sieg davongetragen hat und nicht der als prorussisch geltende bisherige Ministerpräsident Viktor Janukowitsch. Bei Gazprom summt es wie in einem aufgeschreckten Bienenschwarm. Nach diesem Wahlergebnis kann das Unternehmen nun endlich bekanntgeben, dass die Ukraine schon seit mehreren Monaten ihr Gas nicht bezahlt. Solange es noch Hoffnung auf einen Sieg Janukowitschs gab, bewahrte Gazprom Stillschweigen. Wie man sich denken kann, nicht deshalb, weil das Unternehmen sein Geld nicht wollte, sondern weil das nicht in die politischen Spiele des Kreml passte. Dabei geht es der Führung von Gazprom in Moskau nicht besser als den Bauleuten in der Tundra. Die haben nur 120 Tage im Jahr, weil sie in der restlichen Zeit die Nasenspitze nicht aus dem Wohnwagen stecken können, und die Führung von Gazprom, weil es ihr die politische Konjunktur im Rest des Jahres nicht gestattet, wie ein Wirtschaftssubjekt zu agieren.

Als Unterschied zwischen Nemzow und Medwedew fällt uns auf, dass Ersterer uns Studentenfutter vorsetzte und Schrecken verbreitete, Letzterer uns dagegen mit Lachsschnittchen bewirtet und zu beruhigen sucht. Medwedew räumt ein, dass die von Nemzow beschriebenen Probleme tatsächlich existieren, aber lösbar sind und auf jeden Fall gelöst werden.

»Langfristig gesehen«, spricht Medwedew in besänftigendem Ton, »sind nur drei Staaten der Welt in der Lage, Gas in großem Umfang zu fördern und zu liefern: Russland, Katar und Iran. Alle übrigen kann man – ohne ihnen zu nahe zu treten – vergessen.«

Medwedew lächelt uns an, als wollte er sagen, die ganze Welt müsste eigentlich an freundschaftlichen Beziehungen zu Russland, Katar und Iran interessiert sein, wenn sie auch weiterhin auf Wärme und Licht nicht verzichten will. Freundschaft ist das gewiss nicht.

Aber Medwedew fährt lächelnd fort: »Unsere Sache ist ja nicht nur das Gas, sondern das sind auch Öl und Elektroenergie – alles lebenswichtige Dinge, an die sich die Menschen gewöhnt haben wie an die Luft zum Atmen.«

Das ist es! Wie ein Mensch, der plötzlich Asthma bekommt, den Arzt fragt, wie lange er noch wird atmen können, so fragen wir Medwedew, wie lange wir noch Wärme und Licht in unseren Häusern haben werden: »Und was ist mit der Gasbilanz? Der ehemalige Minister für Brennstoffe und Energie, Boris Nemzow, hat uns das Gespenst eines Gasdefizits an die Wand gemalt.«

Wieder lächelt Medwedew. »Sie fürchten, dass das Gas nicht reicht?«

»Genau.«

»Wovon Nemzow spricht, das sind Tendenzen, die in der Gasbranche herrschten, als er Minister war. Dank hoher Investitionen sind sie heute überwunden. Wir haben für die nächsten zwanzig Jahre Gasvorräte, die nicht nur die gegenwärtige, sondern auch die künftige Nachfrage berücksichtigen. Dabei gehen wir von Wachstumsraten der Gasförderung aus, die denen der gesamten Wirtschaft entsprechen. Tatsächlich aber wird es so sein, dass man wegen der steigenden Gaspreise mehr für die Einsparung von Energie tun wird. Der Gasverbrauch wird also voraussichtlich langsamer wachsen als die gesamte Wirtschaft.«

Zur Erläuterung fügt Medwedew an: »Vor einem halben Jahr hat die russische Regierung beschlossen, dass für Gas keine Festpreise mehr gelten, sondern diese nach einer bestimmten Formel an die Erdölpreise gebunden werden.« Medwedew weist auf die appetitlichen Häppchen vor uns und sagt lächelnd: »Bedienen Sie sich.«

»Danke.«

»Sie müssen etwas essen. Essen beruhigt. Wir denken, dass die neue Preisformel den Gasverbrauch der russischen Industrie nach und nach senken wird. Die Gasbilanz aber haben wir ohne Berücksichtigung dieses Faktors berechnet. Denn da war von freien Preisen noch keine Rede. Natürlich haben wir auch die vielen neuen Märkte berücksichtigt, wohin wir Gas exportieren wollen – von China bis Amerika. Das sind allerdings nur Prognosen. Selbst wenn sie alle eintreffen, bleiben wir lieferfähig. Die nötigen Vorkommen und Transportmöglichkeiten sind vorhanden. Der extrem strenge Winter 2005/2006 hat gezeigt, dass wir selbst mit den jetzigen Anlagen in der Lage sind, nicht nur 550 Milliarden Kubikmeter Gas jährlich zu fördern, sondern die Menge auf 620 bis 630 Milliarden zu steigern. Dafür brauchen wir keine zusätzlichen Investitionen. Aber wir investieren natürlich in neue Lagerstätten. An dem Vorkommen in Südrussland, unserem Paradestück, hat der Probelauf begonnen. Im Dezember 2007 werden wir die volle Förderung aufnehmen. Von dort kommen zwanzig Jahre lang 25 Milliarden Kubikmeter Gas im Jahr. Die Erschließung weiterer Felder ist geplant. Nur wer sehr oberflächlich analysiert oder uns übelwill, kann behaupten, uns könnte bald das Gas ausgehen. Essen Sie noch etwas.«

»Warum veröffentlichen Sie diese Gasbilanz dann nicht?«, fragen wir beim Kauen.

»Weil es Zahlen gibt, die Geschäftsgeheimnis sind. Zur Bilanz gehört auch die Verteilung des Gases auf die Vorkommen und Förderkapazitäten.«

»Was soll denn schon passieren, wenn Sie das Geheimnis lüften?«

»Die Bilanz ist ein internes Dokument. Alles, was international üblich ist, veröffentlichen wir auch.«

»Aber warum hat dann das Kraftwerk Nordwest in Petersburg kein Gas erhalten?« Die beruhigende Wirkung des letzten Schnittchens lässt nach, und wir sehen neuen Grund zur Sorge.

»Was das Kraftwerk Nordwest betrifft«, Medwedew lächelt immer noch, »das ist gebaut worden, ohne rechtzeitig Verträge über Gaslieferungen abzuschließen. Tschubais hat wahrscheinlich gedacht, Gas bekommt er auf jeden Fall, und noch dazu billig. Aber man kann kein Feld bestellen, ohne zu wissen, wer den Weizen kaufen wird. Inzwischen sind Verträge mit der RAO EES unterzeichnet. Wir haben uns verpflichtet zu liefern, und sie sich, unser Gas zu kaufen und ordentlich zu bezahlen.«

»Aber Ihre Förderung sinkt doch! Oder etwa nicht? Vielleicht steigt sie nur dann, wenn Sie das Gas aus Turkmenien hinzunehmen?«

»Das Gas aus Zentralasien«, das Lächeln weicht nicht aus Medwedews Gesicht, »hat, erstens, eine Vorgeschichte. Traditionell geht es in die Ukraine. Zweitens arbeitet jede Gasgesellschaft nicht nur mit eigenem, sondern auch mit fremdem Gas. In der Bilanz von Gazprom ist weniger ausländisches Gas enthalten als bei jedem anderen Gaslieferanten der Welt.«

»Steigt nun die Gasförderung entsprechend dem Wirtschaftswachstum oder nicht?«

»Wir haben die Nachfrage nach Gas bisher stets befriedigt und werden das auch weiter tun, besonders da nun der Beschluss über die neue Art der Preisbildung vorliegt. Es ist nicht korrekt, die Rate des Wirtschaftswachstums allein mit der Steigerung der Gasförderung bei Gazprom zu vergleichen. Wir besitzen nur 68 Prozent der nachgewiesenen Gasvorräte Russlands. Es gibt selbständige Produzenten, die ihre Förderung ebenfalls steigern werden. Die neue Preispolitik wird auch ihnen zusätzliche Anreize bieten.«

Na bitte! Jetzt sagt Medwedew faktisch das Gleiche wie Nemzow. Die Entmonopolisierung des Gasmarkts in Russland ist unausweichlich. Daher fragen wir: »Zu welchen Bedingungen werden Sie selbständigen Produzenten die Benutzung Ihrer Rohrleitungen gestatten?«

Wieder lächelt Medwedew.

»Noch so ein Mythos, dass wir das angeblich nicht zulassen. Der selbständige Produzent schließt mit uns einen Vertrag, in dem lediglich festgelegt ist, wie viel Gas wir zu welcher Zeit für ihn befördern sollen. Dort gibt es keine Klausel, dass wir ihm das verweigern können. Und da an unseren alten Lagerstätten die Förderung sinkt, entstehen Reserven in den Leitungssystemen. Die füllen wir gern mit dem Gas selbständiger Produzenten auf. Wir sind zwar ein Monopolist, aber auch wir müssen uns an die Gesetze halten.«

Es geht also gar nicht darum, wie groß Gazprom ist und in welchem Maße die in- und ausländischen Verbraucher von dem Konzern abhängen. Es geht nur darum, von welchen Gesetzen das Monopol Gazprom geregelt wird. Medwedew versucht uns zu erklären, dass es physisch unmöglich ist, Gazprom in mehrere konkurrierende Firmen aufzuteilen.

»Gas ist ein ganz besonderer Stoff«, meint Medwedew. »Der Gasmarkt unterscheidet sich beträchtlich von dem für Erdölprodukte oder Elektroenergie. Die Infrastruktur spielt eine andere Rolle. In Großbritannien ist es gelungen, das Gassystem in mehrere Teile aufzuspalten. In den USA hat sich das Leitungsnetz von mehreren Zentren her entwickelt. Aber in der Sowjetunion wurde es als einheitlicher, zentralisierter Organismus geschaffen. Daher bringt es nicht mehr Wettbewerb, wenn Gazprom aufgeteilt wird. Mehr Wettbewerb bringt die neue Preisbildung. Nun werden Gazprom und selbständige Produzenten miteinander konkurrieren.«

Wir fragen Medwedew, ob es ein fairer Wettbewerb sein wird. Ob es fair ist, dass Gazprom nicht zu seinem Profil passende Erdölgesellschaften erwirbt und das Öl in die Firma Gunvor pumpt, die einem Freund Präsident Putins gehört. Ob es fair ist, dass Gazprom seine Versicherungsgesellschaft an die Bank Rossia abtritt, die einem Freund von Präsident Putin gehört. Ob es fair ist …

»Hören Sie«, unterbricht uns Medwedew, immer noch lächelnd, »glauben Sie wirklich, dass man den Öltransport einfach so an seinen Freund, Bruder oder Schwiegervater weitergeben kann? Stellen Sie sich vor, ich biete Ihnen einen Tanker voller Öl zu einem Billigpreis oder gar als Geschenk an. Was machen Sie mit dem Öl? Sie haben keine Infrastruktur, keine Käufer und keine Erfahrung. Die Firma Gunvor hat das alles.«

In diesem Moment klingelt in dem kleinen Nebenraum, der sich an Medwedews Büro anschließt, das Telefon. Der stellvertretende Vorstandsvorsitzende von Gazprom steht rasch auf, entschuldigt sich, geht nach nebenan, schließt die Tür und spricht so leise, dass wir nichts verstehen können. Wir sitzen allein in dem riesigen Büro. Irgendwie fühlen wir uns wie in der Tundra. Uns umgibt das Nichts. Nie werden wir erfahren, mit wem Medwedew nebenan gerade spricht und worüber. Und es wird noch lange dauern, bis wir wissen, ob der russische Staat durch den natürlichen Entwicklungsgang der Wirtschaft gezwungen sein wird, selbständige Produzenten die Leitungen von Gazprom nutzen zu lassen, die Gasindustrie zu entmonopolisieren und danach die Politik und das Leben im Lande überhaupt. Oder ob Gazprom, umgekehrt, im Interesse der Politik so lange an seinem Monopol festhält, bis wir eine Gaskrise haben, die Wirtschaft stagniert, wir mit unseren Nachbarn in Streit geraten, Städte in Schnee und Eis versinken, die Menschen aufwachen und rebellieren.

Heute wissen wir es nicht. Medwedew kommt zu uns zurück, lächelt verschwörerisch, weist auf das Telefon und sagt: »Das war nicht Präsident Putin.«

Nachwort

Russland im Rohr

Am 10. Dezember 2007 wurde der stellvertretende Ministerpräsident Russlands und Vorsitzende des Direktoriums von Gazprom, Dmitri Medwedew, als Präsidentschaftskandidat und damit als Putins Nachfolger nominiert. Das erklärten gemeinsam vier Parteien, darunter auch die Partei Einheitliches Russland, die die jüngsten Parlamentswahlen gewonnen hatte. Präsident Putin unterstützte Medwedews Kandidatur, woraufhin dieser vorschlug, Putin möge doch als Premierminister die Regierung führen. Nun, da wir dieses Buch in Druck geben, wissen wir noch nicht, welche Konfiguration nach der Präsidentschaftswahl im März 2008 an der Spitze der Staatsmacht herrschen wird. Dafür ist jetzt umso klarer, weshalb unser Buch über Gazprom im Grunde zu einem Buch über Russland geraten ist: Das Unternehmen und das Land sind miteinander verkoppelt wie kommunizierende Röhren. Wir haben durch das Rohr der Gasleitung geschaut und Russland erblickt: ein Land, das Berija und Chruschtschow geschaffen haben, das aber Stalin nicht vergessen hat. Dessen Politik, Kultur, Wirtschaft und soziales Leben vom Gas durchdrungen sind. Das beim Export von Gas den ersten Platz in der Welt einnimmt, aber selbst nur zu 50 Prozent gasifiziert ist.

Wir haben dieses Land durch das gewundene Gasrohr beschaut und dabei begriffen: Hätte das Rohr an einer Stelle eine andere Wendung genommen, dann lebten wir heute in einem anderen Land. Was wäre, wenn Tschernomyrdin Gazprom nicht zusammengehalten hätte? Wenn er, gestützt auf die Macht des Gasgiganten, gewagt hätte, Boris Jelzin als Präsidenten abzulösen? Oder wenn Jelzins Favorit Boris Nemzow, der gegen Gazprom kämpfte, Jelzin im Amt gefolgt wäre? Wenn Rem Wjachirew das Tandem Primakow-Luschkow konsequent unterstützt hätte, wie es Jelzins »Familie« befürchtete? Wäre Wladimir Putin zu dem großen und gefürchteten Führer Russlands geworden, hätte er Wjachirews Mannschaft bei Gazprom nicht so geschickt ausgehebelt? Und wäre Alexander Lukaschenko heute der letzte Diktator Europas, säße er nicht auf einem Rohr, durch das Gas strömt? Hätte es die orange Revolution gegeben, wenn die anrüchigen Gasgeschäfte der Ukraine die Administration Leonid Kutschmas nicht korrumpiert hätten? Und wäre aus dem Turkmenbaschi der irre Einsiedler geworden, hätte ihn Gazprom nicht ein ganzes Jahrzehnt lang allein mit seinen unvorstellbaren Gasreichtümern eingeschlossen? Und wer von den deutschen Politikern hatte nun recht? Adenauer, der der Sowjetunion die Röhren für Gasleitungen verwehrte? Willy Brandt, der Europa für sowjetisches Gas öffnete? Gerhard Schröder, der sich auf Putins Freundschaft und dessen Nord Stream einließ? Oder Angela Merkel, die sich weigerte, Deutschland zu Gazproms Gasverteiler und Vorposten in Europa zu machen?

Und was wird nun aus Gazprom? Steht dem Konzern (und uns) ein Gasdefizit oder noch größere Machtfülle bevor? Entsprechen die verschlissenen Leitungen den politischen Ambitionen des Gasgiganten?

»Jetzt ist nicht die Zeit, bohrende Fragen an Gazprom zu stellen. Das mögen die nicht«, sagten uns ehemalige Gazprom-Leute mit einem bedauernden Lächeln.

»Wir haben doch alle Ihre Fragen beantwortet«, erklärten jetzige Gazprom-Manager mit freundlicher Miene, »außer denen, die Firmengeheimnisse betreffen.«

Wir wollten wissen, was die Geheimniskrämerei soll.

»Sehen Sie nicht, dass wir Krieg haben? Den dritten Weltkrieg …«, antwortete uns ein Topmanager, der den zum Konzern gehörenden Fernsehsender NTV leitet.

»Krieg um Energie?«, fragten wir.

»Nein, um Ideologie«, antwortete er.

Da ist uns klargeworden, dass über die Pipelines nicht nur Gas, sondern auch Ideologie verbreitet wird. Die Ideologie Russlands, die tatsächlich brennen, explodieren und ersticken kann.

Endlich ist es heraus. Wir befinden uns im Krieg, und Gazprom ist eine Waffe. Dass Sie, verehrte Leser, jetzt dieses Buch in Händen halten, bedeutet, dass es uns gelungen ist, die Waffe, diesen Gegenstand unseres Interesses, auseinanderzunehmen und dabei nicht in die Luft zu fliegen. Aber vielleicht nur deshalb, weil wir nicht bis zum Zünder vorgedrungen sind und noch lange nicht begriffen haben, wie dieses Ding wirklich funktioniert. Möglich.

Aber einige wichtige Dinge haben wir doch herausgefunden.

Erstens: Gazprom ist weder gut noch schlecht. Wie Kalaschnikow oder Colt nicht gut und nicht schlecht sind. Mit einer Waffe kann man töten und einschüchtern, aber auch verteidigen und schützen. Der moralische Wert einer Waffe wird nicht davon bestimmt, wie sie gebaut ist, sondern wer sie in der Hand hält und welche Absichten er damit verfolgt.

Zweitens: Eine Waffe ist ein seelenloses Ding. Sie kennt keine Angst, keine Liebe und kein Erbarmen. Sie hält ihrem Besitzer nicht die Treue, wenn sich die Zeiten ändern.

Register